KATHERINE ELLISON

Mutter sein macht schlau

W0233375

Buch

Frohe Botschaft für Mütter, die immer noch mit dem Klischee zu kämpfen haben, mit dem Mutterwerden schwinde der Verstand und mit jungen Müttern könne man bald über nichts anderes mehr reden als über Babyfläschchen und Einschlaftricks. Die Journalistin und Pulitzer-Preisträgerin Katherine Ellison fand sich als Mutter jedenfalls wacher und effizienter denn je und wollte es genauer wissen: Was sagt die Wissenschaft? Wie erleben andere kluge Mütter ihre Situation? Dass neue Herausforderungen zum Lernen anregen, weiß die Hirnforschung seit langem. Neu ist die Erkenntnis, dass die überwältigende Erfahrung, ein Kind zu bekommen und es aufzuziehen, dauerhafte Spuren im Gehirn der Mutter hinterlässt. Vielfältige Sinneseindrücke schärfen ihre Wahrnehmungsfähigkeit, das tägliche Multitasking steigert die Effizienz. Die Motivation, ihre Kinder zu schützen, schließlich hilft Müttern, schnell, kreativ und selbstbewusst zu handeln – kurz: Was Manager in teuren Seminaren üben, lernen Mütter im Umgang mit ihren Kindern. Langsam spricht es sich auch herum, wie gut sich die neu erworbene emotionale Intelligenz in Beruf und Karriere einsetzen lässt. Locker, witzig und gut recherchiert hat Katherine Ellison endlich ein positives, ein kluges Buch über die Intelligenz der Mütter geschrieben.

Autorin

Katherine Ellison, Journalistin, Pulitzer-Preisträgerin und Buchautorin, ist Mutter zweier Kinder und lebt in San Anselmo, Kalifornien. Sie schreibt für die New York Times, die Los Angeles Times, Time, Fortune, Atlantic Monthly und Working Mother und hat sich auch mit ihren Kolumnen zu Umweltthemen einen Namen gemacht.

Katherine Ellison

Mutter sein macht schlau

Kompetenz durch Kinder

Aus dem Englischen
von Barbara Steckhan, Sonja Schuhmacher
und Katharina Förs

GOLDMANN

Die Originalausgabe erschien 2005 unter dem Titel
»The Mommy Brain: How Motherhood Makes Us Smarter«
bei Basic Books, New York.

Für Bernice

FSC

Mix

Produktgruppe aus vorbildlich
bewirtschafteten Wäldern und
anderen kontrollierten Herkünften

Zert.-Nr. SGS-COC-1940
www.fsc.org
© 1996 Forest Stewardship Council

Verlagsgruppe Random House FSC-DEU-0100
Das FSC-zertifizierte Papier *München Super* für Taschenbücher
aus dem Goldmann Verlag liefert Mochenwangen Papier

1. Auflage
Taschenbuchausgabe März 2008
Wilhelm Goldmann Verlag, München,
in der Verlagsgruppe Random House GmbH
Copyright © der Originalausgabe 2005 by Katherine Ellison
Copyright © der deutschsprachigen Ausgabe 2006 by
Verlag Antje Kunstmann GmbH, München
Umschlaggestaltung: Design Team München
Umschlagabbildung: Antje Damm/auserlesen – ausgezeichnet
KF · Herstellung: Str.
Druck und Bindung: GGP Media GmbH, Pößneck
Printed in Germany
ISBN: 978-3-442-15438-8

www.goldmann-verlag.de

INHALT

IV UND NUN?

I

DIE GROSSE VERÄNDERUNG

1 KLÜGER, ALS WIR MEINEN

klug, klüger, klügste [Adj.]: a) *intelligent, begabt, gescheit, vernünftig*: ein kluger Kopf, Rat; b) *geschickt, schlau, diplomatisch im Vorgehen, Handeln …*
DUDEN, Band 10[1]

EINIGE WOCHEN NACH DER GEBURT MEINES ERSTEN SOHNS hatte ich einen beunruhigenden Traum. Es war im September 1995, ich hatte eine Stelle als Auslandskorrespondentin in Rio de Janeiro und befand mich im Mutterschaftsurlaub. In meinem Alptraum waren Außerirdische in der Hauptstadt Brasilia gelandet, doch ich blieb zu Hause, weil ich mich nicht entscheiden konnte, ob die Story etwas hergab. Dieser Traum war ein Paradebeispiel für meine Angst, ich könnte meinen Verstand gegen mein Baby eingetauscht haben.

Genau diese Angst war es, die mich und viele andere aus meiner Generation die Entscheidung für ein Kind bis zum letzten möglichen Zeitpunkt hinauszögern ließ. Denn mit meinem Verstand verdiente ich mir nicht nur meinen Lebensunterhalt, ich verdankte ihm auch mein Selbstwertgefühl und meine Unabhängigkeit. Als junge Mutter jedoch wäre ich in Gefahr, mir ein modernes Gebrechen zuzuziehen, das man in den USA als »Mommy Brain« bezeichnet – die launige Umschreibung für urplötzliche Gehirnerweichung der zum Muttertier mutierten Frau. Der Ausdruck beschwört das Bild einer hysterischen Schwangeren herauf, die bei jedem Kleenex-Werbespot in Tränen ausbricht, oder das einer überforderten Mami, deren ganzes Denken sich darum dreht, wann sie ihr Kind wo abholen muss und was noch alles auf dem Einkaufszettel steht.

Neben Krampfadern und größerer Leibesfülle scheint die Verminderung der Gehirnleistung zu den unabwendbaren, ja schicksalhaften Risiken zu gehören, die der Frau bei einer Schwangerschaft drohen. So jedenfalls sehen es viele, die keine Kinder haben. Als man im Rahmen eines Forschungsprojekts Probanden Videos zeigte, auf denen eine Frau in verschiedenen Situationen am Arbeitsplatz zu sehen war – immer dieselbe Frau am selben Arbeitsplatz, in manchen Szenen jedoch mit einem Kissen vor dem Bauch, das eine Schwangerschaft vortäuschte –, wurde die »Schwangere« als weniger kompetent und für eine Beförderung weniger geeignet eingestuft.[2] Auch wir Mütter tragen zum Fortbestand dieses Vorurteils bei. »Mommy Brain«, mütterliche Gehirnerweichung, lautet unsere Entschuldigung, wenn wir etwas Dummes gesagt haben. »Mit der Plazenta verschwindet auch ein Teil des Hirns aus deinem Körper«, warnte mich eine Freundin schon früh.

Doch der Chor der Pessimisten war nicht immer so laut. Der Begriff »Mommy Brain« ist auch in den USA noch relativ neu; er entstand Anfang der sechziger Jahre, als Frauen in Scharen die Arbeitswelt eroberten. Diese Entwicklung wurde von vielen misstrauisch beäugt, verschaffte Müttern jedoch ein neues Selbstbewusstsein. Da in den Vereinigten Staaten inzwischen annähernd zwei Drittel der Mütter mit Kleinkindern berufstätig sind[3] – viele in Positionen, die gehörigen Scharfsinn und Weitblick verlangen –, sind wir wachsamer denn je, was jede Beeinträchtigung unserer Verstandesleistung anbelangt. Und heutzutage erfordern nicht nur unsere Jobs mehr Köpfchen, sondern – angesichts der Informationsüberflutung und heftigen Debatten über nahezu jeden Aspekt des Elterndaseins – auch die Erziehung der Kinder.

Heute würden wohl nur wenige Mütter bestreiten, dass Kinder unser geistiges Stehvermögen auf die Probe stellen. Hormonschwankungen, Schlafmangel, voreingenommene Chefs, öde Routinetätigkeiten und Dauerberieselung aus Kinderkassetten sind lediglich ein Teil des Tributs, den wir zu zahlen haben. Da die Männer trotz einiger bemerkenswerter Fortschritte in letzter Zeit die Belastung noch immer nicht partnerschaftlich mit uns teilen, müssen Frauen mit ihrer misslichen Lage meist allein fertig werden. Bestimmte Relikte des Feminismus machen die Sache nicht leichter. Die gleiche Rhetorik, die Frauen einst den Mut gab, sich einem Arbeitsmarkt zu stellen, der sie nicht willkommen hieß, schuf das verletzende Schlagwort »Mommy Brain«, das auf die heutigen Mütter zurückfällt, selbst die, die damals wie ich gerade erwachsen wurden.

In ihrem 1963 erschienenen Buch *Der Weiblichkeitswahn* erklärt Betty Friedan Frauen, die sich ganz und gar der Hausfrauenrolle verschrieben, »sterben eines langsamen geistigen und seelischen Todes«. Sie seien »abhängig, passiv, unreif, sie orientieren sich nicht mehr an den Werten von Erwachsenen, sondern leben auf einer minderen menschlichen Ebene, geprägt von der Jagd nach Nahrung und Gegenständen. Für die Arbeit, die sie verrichten, benötigt man nicht die Fähigkeiten von Erwachsenen; sie hat kein Ende, ist monoton und wird nicht belohnt.«[4] Einige Jahre später konnte man die Verkörperung von Betty Friedans hirntotem Muttchen im Roman beziehungsweise im Kino studieren, und zwar in Gestalt von Tina, der entscheidungsunfähigen, pillenverschlingenden Heldin des Bestsellers *Diary of a Mad Housewife* (dt. Filmtitel: *Tagebuch eines Ehebruchs*).[5]

Die Warnungen vor dem Sturz ins Verderben verstummten mit dem Ende des letzten Jahrhunderts keineswegs, sondern wurden im Privaten und erstaunlich oft auch in der Öffentlichkeit zu einer ständigen Litanei. »Wenn jemand behauptet, dass dein Leben durch ein Kind nicht rundum und unwiderruflich ruiniert wird, lügt er«, erklärt Julie Applebaum, Hauptfigur des 2001 erschienenen Bestsellers *Unter guten Freunden* von Ayelet Waldman, einer ehemaligen Strafverteidigerin. Julie, ebenfalls Strafverteidigerin, gibt ihre Karriere auf, um nach der Geburt ihrer Tochter zu Hause zu bleiben. »Alles ist anders geworden. Deine Beziehung ist kaputt. Du siehst schrecklich aus. Deine Kreativität versiegt. Und du verblödest allmählich.

Wirst begriffsstutzig. Doof. Schwangerschaft und Stillen führen zur Verdummung. Das ist wissenschaftlich erwiesen.«[6]

Das ist alles andere als »wissenschaftlich erwiesen«, wie wir noch sehen werden. Und wirkt auf Mütter, die das lesen, nicht sonderlich ermutigend. Ähnliches gilt für den Kommentar der *Newsweek*-Journalistin Anna Quindlen, die 2004 über ihren eigenen Weg in die Mutterschaft schrieb:

»Es kam mir vor, als hätten meine Eierstöcke die Vormacht über den Verstand übernommen. Und kaum ein Jahr später hatte ein Säugling die Herrschaft über alles Übrige an sich gerissen. Mein Verstand funktionierte nicht mehr so recht, vor allem als knapp zwei Jahre später ein weiteres Baby hinzukam und bald darauf ein drittes.«[7]

Halten wir fest, dass Anna Quindlen während jener Zeit für ihre Beiträge in der *New York Times* mit dem Pulitzerpreis ausgezeichnet wurde und danach mehrere erfolgreiche Romane und Ratgeber schrieb. Keine geringe Leistung für eine Mutter von drei Kindern. Dennoch fühlte sie sich aus irgendeinem Grund bemüßigt, ihren Lesern weiszumachen, die Mutterschaft habe ihrem Intellekt geschadet.

Vielleicht beugte sie sich einfach nur dem Druck der öffentlichen Meinung. Umfragen der letzten Jahrzehnte belegen, dass viele Eltern die Aufgabe, ein Kind aufzuziehen, nicht mehr als sehr befriedigend empfinden – ein Abwärtstrend, der größtenteils darauf zurückzuführen ist, dass Kinder als große Belastung wahrgenommen werden.[8] Das Jammern darüber, wie uns unsere Kinder auf dem Geldbeutel liegen, auf Stimmung, Geist und Hüften schlagen, ist ein beliebtes Partythema und Gegenstand zahlreicher kürzlich erschienener Bücher. *Senilität erbt man von den eigenen Kindern*, wird gescherzt. Doch diese neue Angst der Eltern sollte man ernst nehmen, denn sie ist zweifellos einer der Gründe, weshalb viele Frauen das Kinderkriegen so lange hinauszögern, bis es fast zu spät dafür ist.

Ich selbst habe es gerade noch rechtzeitig geschafft. Bis ich als »Spätgebärende«, wie es mein Frauenarzt höflich ausdrückte, Kinder bekam, hatte ich so lange gewartet, dass sich kaum noch sagen ließ, ob meine gelegentlichen geistigen Aussetzer auf das Mommy Brain oder frühe Vergreisung zurückzuführen waren. Joey kam zur Welt, als ich 38 war, Joshua drei Jahre später. Dabei war ich mir bewusst, dass ich womöglich überhaupt nicht mehr schwanger werden konnte, wenn ich mir zu lange Zeit ließ. Doch falls dabei mein Verstand Schaden nehmen würde, so fürchtete ich, riskierte ich, den Job zu verlieren, den ich mir seit meiner Jugend erträumt hatte.

Ich bin als jüngste von vier Geschwistern in einem Vorort aufgewachsen; mein Vater war Arzt, meine Mutter – früher einmal die Schönheitskönigin ihres Colleges – hatte das Studium aufgegeben, um zu heiraten und Hausfrau zu werden. Wir nannten sie »die Geisha« oder »die Märtyrerin«. In der Familie galt als ausgemacht, dass ihr Schicksal und das von uns Kindern allein vom beruflichen Erfolg unseres brillanten Vaters abhing. Erst viel später erkannte ich, wie klug es von meiner Mutter gewesen war, diesen Mythos stillschweigend zu akzeptieren, aber insgeheim ihre eigenen Ziele anzusteuern. Geschickt knüpfte sie Beziehungen, um ihre Familie in die Gemeinde zu integrieren und die Chancen ihrer Kinder zu verbessern, und wartete, bis ich aufs College ging, um ihren Studienabschluss nachzuholen und danach zehn Jahre als Grundschullehrerin lernbehinderte Kinder zu unterrichten.

Auch wenn das Beispiel meiner Mutter nahe legte, das höchste Ziel der Frau sei der Dienst an ihrer Familie, war sie stolz auf die Leistungen ihrer beiden Töchter und ermutigte uns bei unseren Berufsplänen. Uns erschien das selbstverständlich, denn wir hielten uns – im Gegensatz zu ihr – für viel zu klug, um unsere Zeit mit Kochen und Saubermachen zu vergeuden. Meine drei Geschwister wurden alle Ärzte, ich jedoch zog schon früh von zu Hause aus. Mit 16 ging ich als freiwillige medizinische Helferin der Amigos de las Americas in das damals noch von Anastasio Somoza regierte Nicaragua. Dass dieser Diktator, der humanitäre Hilfsgelder stahl und das Land spaltete, von meiner Regierung unterstützt wurde, entsetzte mich. Wenn das mehr meiner Landsleute wüssten, dachte ich, würde die Unterstützung ein Ende haben.

So kehrte ich heim mit dem Entschluss, Auslandskorrespondentin zu werden, und fünf Jahre später fand ich eine Anstellung bei den *San Jose Mercury News*. Schon bald darauf berichtete ich aus Mittelamerika, was sich in mehr als einer Hinsicht als Glückstreffer erwies: 1982 lernte ich im Presseraum der Regierung in Managua meinen späteren Mann kennen. Jack bereiste als freiberuflicher Journalist Nicaragua. Wir waren acht Jahre lang zusammen, bis wir schließlich heirateten und uns in Rio niederließen, nachdem mich der *Miami Herald* als Korrespondentin engagiert hatte. Drei Jahre später war ich mit Joey schwanger.

Als ich sah, wie sich mein Körper veränderte, schwante mir, dass mir noch weit dauerhaftere Veränderungen bevorstanden. Als Journalistin hatte ich stets die Freiheit und Unabhängigkeit genossen, die meine Stellung mit sich brachte. Ein Kind, befürchtete ich, würde mich teuer zu stehen kommen. Damals konnte ich mir schlichtweg nicht vorstellen, was ich im Gegenzug dafür gewinnen würde.

Wir blieben vier Jahre in Rio. 1999, ein Jahr nach der Geburt von Joeys Bruder Joshua, zogen wir in die Umgebung von San Francisco. Jack nahm eine feste Stellung an, und ich kündigte beim *Herald*, um ein Buch über Umweltschutz zu schreiben. Unseren bisherigen brasilianischen Lebensstil mit Kindermädchen tauschten wir gegen das gängige US-amerikanische Vorortmodell ein, und das hieß, ich versuchte, alles allein zu schaffen.

Jetzt war ich wirklich im Land des Mommy Brain, sieben Tage die Woche rund um die Uhr abgelenkt, von alberner Musik berieselt und mit öden, sich ständig wiederholenden Haushaltspflichten befasst wie Pinkelspuren vom Toilettensitz zu wischen. Meine Schwester Jean, eine Psychiaterin, deren Kinder zu dieser Zeit schon auf dem College waren, verstand meine Not augenblicklich, als sie mich eines Abends anrief, als ich gerade versuchte, gleichzeitig Abendessen zu kochen, einen Streit wegen einer Pokémon-Karte zu schlichten und einen Computertechniker von AT&T zurückzurufen. »Keine Angst«, meinte sie, als ich mich mit schriller Stimme meldete. »Das ist kein bleibender Schaden.«

Zu diesem Zeitpunkt hatte ich jedoch schon eine überraschende Entdeckung gemacht: Ich fühlte mich eigentlich überhaupt nicht geschädigt. Zwar beschwerte ich mich öfter als zuvor. Aber ich schaffte auch viel mehr. Obwohl ich mich häufig völlig ausgelaugt fühlte, war ich motivierter und konnte mich für alles begeistern, was ich beruflich und zu Hause lernte. Meine Kinder hatten nicht nur mein zukunftsorientiertes Interesse an der Umwelt geweckt, sondern dienten mir auch als »Entschuldigung«, wenn ich auf flexibleren Arbeitsbedingungen bestand, die mir zugleich mehr Kreativität ermöglichten. Außerdem verschafften mir die Kinder ständig neue Einsichten in die menschliche Natur, ihre und meine.

Von meiner journalistischen Arbeit wusste ich zwar, was Termindruck heißt, aber nichts war je so dringlich wie ein Baby, das nach der Brust verlangt, so wichtig wie die Absprache mit der Kindergärtnerin, und ich merkte, wie beides meine Aufmerksamkeit und Konzentration schärfte. Trotz ständiger Unterbrechungen beendete ich in den zwei Jahren nach unserem Umzug nach Kalifornien die Arbeit an meinem Buch, ging auf eine Vortragsreise, erarbeitete mir eine Position als Freiberuflerin, half meinen Kindern bei der Eingewöhnung in die neue Umgebung, überwachte die Renovierungsarbeiten an unserem Haus, baute mir einen großen Freundeskreis auf und vermittelte einer Babysitterin, die an Lepra im Frühstadium litt, einen fachkundigen Arzt. Obwohl ich mir um vieles hätte Sorgen machen können, fühlte ich mich überraschenderweise ausgeglichener denn je. Und ich begegnete immer wieder Müttern, denen es ähnlich erging.

Hätte ich diese Phase, die mir größere berufliche Erfüllung und neue, dauerhafte Beziehungen brachte, auch erlebt, wenn ich keine Kinder gehabt hätte? War dies alles eine Folge der Weisheit, die sich angeblich mit dem Älterwerden einstellt? Ich glaube nicht. Vielmehr kam ich zu der Überzeugung, dass Mutterschaft nicht nur Schatten-seiten hat. *Vielleicht war das mit dem Mommy Brain ja gar nicht so schlimm.* So begann ich in der Zeit, die ich mir von meiner Arbeit als Journalistin, Hausfrau und Mutter abknapsen konnte, dieses Kli-schee genauer unter die Lupe zu nehmen.

Dazu angeregt wurde ich durch einen Bericht aus dem Jahr 1999 über die Forschungen von zwei Neurowissenschaftlern aus Virginia, Craig Kinsley und Kelly Lambert. Sie hatten die Leistung von weib-lichen Ratten mit und ohne Junge in Bezug auf Lernen und Ge-dächtnis verglichen und herausgefunden, dass die Muttertiere deutlich überlegen waren.[9] Und dieser Vorsprung im Lern- und Er-innerungsvermögen blieb bis ins Alter erhalten, weit über die gebär-fähigen Jahre hinaus. Die beiden Forscher veröffentlichten ihre Er-gebnisse in der angesehenen Zeitschrift *Nature*, was einen gewissen Publicityrummel zur Folge hatte, darunter auch eine Schlagzeile, die kühn verkündete: »Kinderkriegen macht Frauen klüger«.[10]

Bei weiteren Recherchen fand ich heraus, dass Kinsley und Lam-bert nicht die Einzigen waren, die Veränderungen oder gar Verbes-serungen im Gehirn von Müttern festgestellt hatten. Schließlich in-terviewte ich Dutzende von Wissenschaftlern in den Vereinigten Staaten und im Ausland, darunter viele, deren Forschungsergebnisse ausreichen würden, das Stigma des Mommy Brain ein für allemal zu widerlegen. Meine Aufregung wuchs, als mir klar wurde, dass sie einen ganz neuen Bereich des Wissens erschlossen, der ebenso weit-reichende Folgen haben würde wie die Forschungen zu den Ge-schlechtsunterschieden im Jahrzehnt zuvor.

Im Gegensatz zu den traditionellen »Elternschaftsstudien«, bei denen das Kind im Mittelpunkt steht, beschäftigen sich die neuen Arbeiten mit den Folgen des Elternseins für Mütter und Väter. Dreh- und Angelpunkt ist dabei die Hypothese, dass bei der Geburt und dem Aufziehen von Kindern das Wechselspiel von Liebe, Genen, Hormonen und Erfahrung im weiblichen Gehirn nachweislich zu vermutlich lang anhaltenden Veränderungen führt – Veränderungen von ähnlicher Tragweite wie die Pubertät und die Menopause. Das Spannende bei diesem Übergang zur Mutterschaft ist jedoch, dass er, anders als die Pubertät, nicht isoliert geschieht, sondern Teil einer auf Dauer angelegten Beziehung ist – der leidenschaftlichsten und engsten aller Beziehungen. Die geistigen Folgen für die beiden daran unmittelbar Beteiligten und aller anderen, die mit ihnen zu tun haben, können tiefgreifend sein.

Wir alle kennen den Spruch, dass »ein Baby alles verändert«. Dennoch erschien mir die Vorstellung, dass die Mutterschaft tatsächlich Veränderungen im Gehirn hervorruft, eigenartig und ergreifend. Im Februar 2003 veröffentlichte ich das vorläufige Ergebnis meiner Recherchen in einer Titelgeschichte in der Zeitschrift *Working Mother*.[11] Darin schrieb ich, das Phänomen des Mommy Brain sei womöglich Teil unseres modernen Gesellschaftsprojekts, bei dem Frauen mehr denn je versuchen, sich auf zwei Dinge gleichzeitig zu konzentrieren. Außerdem schilderte ich die wohl bekannten Belastungen und auch die weniger bekannten Vorzüge, die dieser Zustand mit sich bringt. Die Reaktionen machten mir klar, dass ich an einen wunden Punkt gerührt hatte. »Vielen Dank!«, schrieb mir eine berufstätige Mutter. »Ihr Artikel hat meine Befürchtungen zerstreut … Gewiss, manchmal maile ich meine Kreditkarten-Überweisungen an die falsche Adresse, aber dafür ich kann einem Patienten seine Untersuchungsergebnisse erläutern und gleichzeitig überlegen, wo meine Tochter ihren rosa Barbie-Schuh wohl wieder hingelegt hat.« Jedes Mal, wenn ich die Wendung »Was Mutterschaft für Ihren Verstand bedeutet« einflocht, führte das zu großem Interesse und lebhaften Debatten. Offenbar war ich auf eine neue und bisher weithin unbekannte Wissenschaftsgeschichte gestoßen, und so beschloss ich, dieses Buch zu schreiben.

In den darauf folgenden Monaten führte ich weitere Gespräche mit Wissenschaftlern und ergänzte meine Recherchen durch unmittelbare Erfahrungen mit meinen Söhnen Joey und Joshua. Meine beiden Jungs wurden von ihren Lehrern abwechselnd als »sehr aufgeweckt«, »voller Tatendrang« und »betreuungsintensiv« bezeichnet, von meinen Eltern hingegen als *vilde chayas*, Jiddisch für »wilde Tiere«. Doch seltsamerweise hielt mich das Zusammensein mit meinen Kindern nicht nur körperlich auf Trab, sondern führte auch – aus Gründen, die ich gern näher untersuchen wollte – dazu, dass ich geistig hellwach war. Zugleich bestätigten führende Wissenschaftler, mit denen ich sprach, meine Vermutung, dass Mutterschaft den Verstand sogar beflügeln kann. »Vom neurologischen Standpunkt aus ist es für das Gehirn eine Revolution, ein Kind zu bekommen«, sagt Michael Merzenich, einer der Pioniere der Gehirnforschung an der University of California in San Francisco. »Es verändert das Leben insgesamt, da man es gleichzeitig mit körperlichen, geistigen und praktischen Herausforderungen zu tun hat – sozusagen mit sämtlichen Katastrophen auf einmal. Es ist eine Phase des Lernens und gehirngesteuerter Veränderungen, weil alles große Bedeutung erlangt … Meiner Meinung nach kann man für seinen Verstand nichts Besseres tun, als ein Kind zu kriegen.«

Natürlich ist Mutterschaft ein viel zu komplexer und individuell zu unterschiedlicher Zustand, als dass man behaupten könnte, Mütter seien in der Regel klüger als Frauen ohne Kinder. Außerdem hängen die meisten der aus dieser Erfahrung gewonnenen Vorteile nicht nur von den Umständen ab, sondern auch von der eigenen Einstellung. Wenn Sie beispielsweise bis zur Erschöpfung gestresst sind, werden sie wahrscheinlich viele Vorzüge des Lebens mit Kindern gar nicht wahrnehmen können. Dennoch führten mich meine Nachforschungen zu der Überzeugung, dass das Mommy Brain nicht als geistige Behinderung angesehen werden sollte, sondern als Vorteil bei der Bewältigung der lebenslangen Aufgabe, klüger zu werden.

Mit »klug« meine ich wesentlich mehr als die Fähigkeit, zweistellige Zahlen im Kopf zu multiplizieren. Vielmehr denke ich dabei an jene »Klugheit«, die sich in verschärfter Wahrnehmung, erhöhter Leistungsfähigkeit, Widerstandskraft, Motivation und sozialen Fähigkeiten ausdrückt und heute meist »emotionale Intelligenz« genannt wird. Es sind diese fundamentalen Überlebenstechniken, in denen sich die Leistungen einer Mutter am meisten steigern.

Im Mittelpunkt dieses Buchs stehen die immensen Vorzüge der Mutterschaft für unsere geistige Entwicklung. Ich werde über spektakuläre Experimente mit klugen Mutterratten in einem Labor in Virginia berichten, über komplizierte Untersuchungen mittels Kernspintomographie, mit denen an der Yale University die Gehirntätigkeit frischgebackener Eltern erforscht wird, und über ein innovatives Projekt der Kinderbetreuung im kalifornischen Silicon Valley, das Müttern ermöglicht, sich besser auf ihre Arbeit zu konzentrieren.

Dabei stehen vor allem die Mütter im Zentrum des Interesses, weil sie durch die Geburt dramatische körperliche Veränderungen erleben und weil sie von Anbeginn der Menschheitsgeschichte ihren Kindern mehr Zeit und Aufmerksamkeit geschenkt haben als jeder andere. (Im ersten Bericht der US-Regierung zur statistischen Erfassung dieser wohl bekannten Tatsache wurde 2004 festgestellt, dass berufstätige Mütter auch im neuen Jahrtausend durchschnittlich doppelt so viel Zeit für routinemäßige Hausarbeiten und Kinderbetreuung aufwenden wie berufstätige Väter.)[12]

Neuere Forschungen verweisen außerdem darauf, dass Mütter – wie längst vermutet – besser darauf »programmiert« sind, auf ihre Kinder zu reagieren. Trotzdem ist der Nutzen intensiver Kinderbetreuung für das Gehirn keineswegs auf Mütter beschränkt; ich werde zeigen, wie Väter, sonstige Betreuungspersonen und selbstlose Menschen ebenfalls daran teilhaben können. Außerdem werde ich schildern, wie einige besonders kluge Mütter und Manager die speziellen Fähigkeiten von Eltern Gewinn bringend am Arbeitsplatz eingesetzt haben. Darüber hinaus gebe ich Einsichten der von mir interviewten Mütter wieder, von denen manche selbst wissenschaftlich tätig sind und ihre eigenen Erfahrungen wissenschaftlich exakt durchleuchtet haben. Einige dieser Expertinnen lassen uns an ihren

Erkenntnissen teilhaben, wie man den größten Gewinn aus dem Mommy Brain ziehen kann.

Dass die meisten Frauen durch Mutterschaft schlauer werden können, wird sich vielleicht als einer der hoffnungsvollsten Gedanken dieses Jahrhunderts erweisen. Es ist an der Zeit, dass Mütter erkennen, was mir Joshua einmal ins Ohr flüsterte (und womit er mich unglaublich stolz machte, bis ich herausfand, dass er es aus *Puh der Bär* geklaut hatte): »Du bist stärker, als du scheinst, und klüger, als du meinst.«

2 »LIEBLING, DIE KINDER HABEN MEIN HIRN GESCHRUMPFT!«

Was mich nicht umbringt, macht mich stärker.[1]
FRIEDRICH NIETZSCHE

DEN SCHOCK EINER GEBURT einem Menschen zu beschreiben, der ihn nicht am eigenen Leib erfahren hat, ist nahezu unmöglich, doch die Autorin Rahna Reiko Rizzuto kommt der Sache schon ziemlich nahe:

> …nachdem ich eine Stunde lang zugesehen hatte, wie sich meine Hände immer wieder verkrampften, während ich versuchte, meine Schmerzen wegzuatmen und wegzustöhnen, platzte meine Fruchtblase, und ich merkte, wie sich allmählich der Gedanke formte: ›Was zum Teufel war denn das?‹ Um es zu verdeutlichen: Zuerst erzitterte etwas in mir, und dann hörte ich ein dumpfes Geräusch, etwa so, als würde eine Kartoffel in der Mikrowelle explodieren. Dann spürte ich, wie meine Unterwäsche tropfnass wurde, und dachte: ›Was zum Teufel…‹, dann stieß der zuvor weich gebettete Kopf des Babys abrupt auf die Nervenenden an meinem Steißbein und ich dachte: ›…war denn das?‹. Und da lief schon das Fruchtwasser vor Craigs Füßen zu einer Pfütze zusammen, und er rief: »Was zum Teufel war denn das?«[2]

So oder ähnlich erleben wohl die meisten die Mischung aus Anspannung und Kontrollverlust beim Eintritt in den Kreis der Mütter – und damit in jenen Prozess, der uns scheinbar in rasantem Tempo von der Frage, was zum Teufel mit unserem Schleimpfropfen passiert ist, zur Sorge um unseren Sohn führt, der um drei Uhr nachts noch mit dem Auto unterwegs ist. Doch damit nicht genug. Stellt man alles in Rechnung – das chemische Chaos während der Schwangerschaft und Entbindung, den Schlafmangel, die Umstellung und den Lernprozess, den Mütter in kürzester Zeit bewältigen müssen – wobei sie die *schrecklichsten* Folgen gewärtigen, wenn sie auch nur für einen Augenblick unaufmerksam sind –, so wundert es nicht, wenn Schwangere und frischgebackene Mütter geistige Aussetzer gelegentlich auf das Mommy Brain schieben. In wissenschaftlichen Kreisen wird dieser Zustand mitunter als »mütterliche Amnesie« oder gar als »Schwangerschaftsdemenz« bezeichnet; in Großbritannien nennt man ihn »Porridge-Hirn«, in Australien »Plazenta-Hirn«, und auch in Japan spricht man, wie ein Wissenschaftler es übersetzte, vom »Mammi-Hirn«.[3]

Dass Kinder viel Kraft kosten, ist keine neue Erkenntnis. »Wie blind wir uns den Tod bereiten, auf dass wir unsre Art verbreiten«, schrieb schon 1611 der Dichter John Donne.[4] Doch erst in den letzten Jahren fand die These, dass wir die Geburt eines Babys mit unseren Gehirnzellen bezahlen, so viel Anklang, dass sich weltweit Dutzende von Psychiatern, Psychologen und Endokrinologen mit ihr beschäftigten. 2001 prägten zwei britische Neurowissenschaftler, Matthew Brett und Sallie Baxendale, dafür sogar einen neuen psychiatrischen Begriff namens Gestational Memory Impairment – schwangerschaftsbedingte Gedächtnisstörung.[5]

Gewiss sind viele der bisher untersuchten Schwangeren und frisch entbundenen Mütter *selbst davon überzeugt*, dass sie unter einer Störung leiden, und sehen sich als Opfer von Gedächtnisaussetzern, Zerstreutheit, mangelnder Konzentrationsfähigkeit und einer »generellen Verlangsamung der geistigen Fähigkeiten«. Der Neurowissenschaftler Jeffrey Lorberbaum, der bei seinen Forschungen an der Medical University of South Carolina an jungen Müttern Hirnuntersuchungen durchführte, bekam wie viele seiner Kollegen von seinen freiwilligen Probandinnen genau solche Klagen zu hören.

»Ausnahmslos alle jammern«, sagt er, »sie hätten nur noch Watte im Kopf.«

Trotz dieser weit verbreiteten Ansicht erbrachte die Wissenschaft bei der Suche nach einem objektiven Nachweis für ein geistiges Handicap von Müttern erstaunlich unterschiedliche und letztlich widersprüchliche Ergebnisse. Während zwei kleinere, jedoch viel beachtete Studien über Schwangere und frisch Entbundene von geringfügigen Störungen der Gedächtnisleistung berichten,[6] konnten in zahlreichen anderen Untersuchungen keine dementsprechenden Veränderungen festgestellt werden, und in einer war sogar von Verbesserung die Rede.[7]

Für diese widersprüchlichen Ergebnisse gibt es mehrere Erklärungen. Ein Kind zu gebären und ein Neugeborenes zu versorgen sind überwältigende Erfahrungen, die uns zumindest vorübergehend benommen machen. Doch selbst wenn Schwangere und junge Mütter im Alltag womöglich häufiger zerstreut sind, sind sie durchaus imstande, sich so weit zu konzentrieren, dass sie einen unter Laborbedingungen durchgeführten kognitiven Test mit Bravour bestehen – weshalb manche Studien auch keinerlei Auffälligkeiten belegen.[8] Dass sich die meisten Schwangeren dümmer fühlen, als sie sind, ist wohl vor allem auf die besonderen Herausforderungen unserer heutigen Zeit zurückzuführen – unter anderem auf kulturell bedingte Sichtweisen, die Mütter unnötigerweise in ein schlechtes Licht rücken.

In diesem Kapitel werde ich alle drei Erklärungsansätze näher untersuchen. Doch letztlich bin ich davon überzeugt, dass wir uns auf einen gefährlichen Irrweg begeben, wenn wir das Mommy Brain nur als Beeinträchtigung begreifen. Die durch Mutterschaft ausgelösten Veränderungen im Gehirn sind tatsächlich, wie Fachleute vermuten, weitaus komplizierter – und durchaus ermutigend. Das Gehirn von Schwangeren und frisch Entbundenen unterliegt einem tief greifenden, hormongesteuerten Veränderungsprozess, den der Neurowissenschaftler Craig Kinsley von der University of Richmond, Virginia, als »Reorganisation« bezeichnet. Eine vorübergehende Beeinträchtigung – sofern sie überhaupt auftritt – stellt seiner Meinung nach »nur den Ausgleich dafür dar, dass der Verstand später umso besser und schärfer funktioniert«.

Wie die Pubertät erschüttert uns die Mutterschaft zuerst in unseren Grundfesten, um uns danach wieder aufzurichten, oft stärker als zuvor. »Alles dreht sich darum, dass das Gehirn die größtmögliche Bindung zu dem Neugeborenen herstellen will, ohne dass es dabei zu Fehlern kommt«, vermutet der Neurowissenschaftler Michael Merzenich. »Das ist mit einer hochriskanten, ja lebensbedrohlichen Situation vergleichbar. Das Gehirn stellt sich ganz auf rasches, entschlossenes Handeln ein – zum Nachteil der Reflexion und des Lernens. In gewissem Sinn hat das Gehirn gar nicht die Zeit, sich auf komplizierte kognitive Prozesse einzulassen. Es dreht sich alles nur noch um Schützen und Nähren, um die Bindung zum Kind, um Konzentration auf die vordringlichste Aufgabe – und um *Aufmerksamkeit.*«

Bereits 1956 gab der Psychoanalytiker und Kinderarzt Donald Winnicott dem damals noch undefinierten Phänomen des Mommy Brain einen eigenen, freundlicheren Namen.[9] Er bezeichnete insbesondere die intensiven ersten Wochen der Mutterschaft als eine Zeit »primären mütterlichen Vertieftseins«, die dem Ausbruch einer psychischen Erkrankung ähnle. Winnicott beschrieb dieses Vertieftsein als einen Zustand erhöhter Sensitivität, in dem sich die Mutter so sehr auf das Kind konzentriert, dass sie offenbar alles andere bewusst ausblendet. Tatsächlich sei, so Winnicott, dieser Zustand die unabdingbare Voraussetzung dafür, dass eine Mutter sich das erforderliche Wissen über das neue Wesen in ihrem Leben aneignen kann, zum Beispiel lernt sie, seine ihr noch unvertrauten Äußerungen, seine individuellen Stimmungslagen und Bedürfnisse zu deuten. Sobald diese Notwendigkeit jedoch nicht mehr besteht, können sich Mütter an Grad und Ausmaß ihres Vertieftseins offenbar kaum mehr erinnern.

Daher ist es verständlich, wenn der bekannte australische Neurowissenschaftler Allan Snyder Schwangere mit dem Genie Albert Einstein vergleicht. »Die Gedächtnisleistung einer Frau vermindert sich in der Schwangerschaft nicht«, betont er. »Vielmehr richtet sie ihre Aufmerksamkeit auf die Dinge, die augenblicklich Vorrang haben. Einstein, berühmt dafür, dass er selbst Schecks über hohe Summen verlegte, tat das nicht, weil er unter Gedächtnisschwäche litt, sondern weil er sich ausschließlich auf die Dinge konzentrierte, die für ihn wichtig waren.«

SCHRUMPFHIRNE UND STARKE DROGEN

Frischgebackene Mütter und ihre Angehörigen überrascht es vielleicht nicht, wenn sie hören, dass das Gehirn in der Schwangerschaft *tatsächlich* schrumpft – zumindest für einige Monate.[10] Im Jahr 1997 vermaßen die Anästhesistin Anita Holdcroft und ihre Kollegen an der Royal Postgraduate Medical School in London das Gehirnvolumen von acht gesunden Frauen mittels Kernspintomographie. Schon zuvor hatte man festgestellt, dass sich bei Schwangeren, die an Präeklampsie leiden – einer Erkrankung, die mit erhöhtem Blutdruck einhergeht und in mehr als fünf Prozent aller Schwangerschaften auftritt –, das Gehirn tatsächlich verkleinert. Holdcroft wollte überprüfen, ob dies auch bei gesunden Frauen der Fall ist. Dabei stellte sie tatsächlich eine deutliche Verringerung des Gehirnvolumens fest – bei einer Probandin um nahezu sieben Prozent –, am stärksten ausgeprägt zum Zeitpunkt der Geburt; sechs Monate danach war jedoch der Normalzustand wieder hergestellt.

Eine britische Zeitung goss dieses Forschungsergebnis in die flapsige Schlagzeile »Mein Baby … frisst meine Gehirnzellen«,[11] während die Autoren der Studie für das besagte Phänomen nüchternere Worte fanden. Ihrer Meinung nach wird bei Schwangeren ein

Teil der körperlichen Ressourcen dem Gehirn, das sehr viel Energie verzehrt, entzogen, um den heranwachsenden Fötus zu nähren.

Zwar verfügen wir bislang noch nicht über die technischen Möglichkeiten, um präzise nachzuvollziehen, was im weiblichen Gehirn in dieser kritischen Zeit vor sich geht, aber dank der Experimente mit Ratten können wir uns immerhin ein Bild machen. Als die beiden Neurowissenschaftler Craig Kinsley und seine Kollegin Kelly Lambert vom Randolph Macon College in Virginia die Gehirne hochträchtiger Ratten sezierten, entdeckten sie im Hippocampus, dem Zentrum für Lernen und Erinnerung, die Neubildung komplexer neuraler Verknüpfungen. Zugleich hatte sich die Neurogenese, das heißt, die fortwährende Produktion neuer Zellen oder Neurone im Gehirn, verlangsamt, was für die von Holdcroft entdeckte Verringerung des Gehirnvolumens verantwortlich sein könnte. Dafür hatten die Neuronen im Hippocampus viele weitere dendritische Dornen entwickelt.

An dieser Stelle sind vielleicht einige Erläuterungen zur Struktur des Gehirns angebracht.[12] Die Hirnzelle ähnelt ihrem Aussehen nach einem Baum im Winter, mit einem langen Stamm und vielen Verästelungen. Die Äste bezeichnet man als *Dendriten*, die Knospen, die sie tragen, als *dendritische Dornen*. Im Mittelpunkt der Äste befindet sich der *Zellkörper* mit Zellkern und allen anderen Komponenten, die für das Überleben eines Neurons wichtig sind. Der lange Stamm, *Axon* genannt, ist eine Art Datenautobahn.

Man stelle sich nun einen wild wuchernden Dschungel mit mehr als hundert Milliarden dieser Neuronen und einem verschlungenen Geflecht von Dendriten vor. Ihre Dornen kommen so weit in die Nähe der Axone anderer Neuronen, dass sie sich fast berühren. Informationen – Gedanken und Gefühle – werden über die Axone in Form chemischer *Neurotransmitter* transportiert, die kleinste elektrische Impulse erzeugen. Durch diese Impulse überspringen sie die Lücke und stellen so Verbindungen zu den dendritischen Dornen anderer Zellen her. Die kleinen Lücken nennt man *Synapsen*.

Wenn wir etwas Neues tun oder denken – uns zum Beispiel um das Wohlergehen unseres Kindes sorgen oder es anweisen, nach rechts und links zu schauen, ehe es über die Straße läuft –, werden diese neuen Verbindungen in unserem Gehirn gestärkt, umso mehr, je öfter wir den Vorgang wiederholen: das Grundprinzip des Lernens.

Bis zum heutigen Tag kann über die Bedeutung von Kinsleys und Lamberts Entdeckung der Bildung neuer Synapsen im Hippocampus trächtiger Ratten nur spekuliert werden. Möglicherweise trägt das üppige Wachstum der dendritischen Dornen zu dem Gefühl der Zerstreutheit bei, von dem so viele Frauen berichten. Kinsley vergleicht dies lieber mit dem Chaos in einer Spielzeugfabrik kurz vor Weihnachten oder einem Computer, der mit zusätzlicher Speicherkapazität aufgerüstet wird, um mehrere Programme gleichzeitig ausführen zu können. Bei solchen Vorgängen mögen Pannen auftreten, auf lange Sicht jedoch bringen sie den gewünschten Erfolg. In Bezug auf die Ratte und ihren Wurf schrieben er und Lambert, dass »das Gehirn von der durch Trächtigkeit und die Anwesenheit der Jungen hervorgerufenen neuralen Aktivität buchstäblich neu geformt und zu einem komplexeren Organ umgebildet wird, um den steigenden Anforderungen der Umwelt gerecht zu werden«.

Zu Grunde liegt dieser Umbildung ein hochwirksamer Cocktail von Geschlechtshormonen, der das Gehirn einer schwangeren Frau geradezu überschwemmt. Man schätzt, dass in den letzten Wochen der Schwangerschaft der Spiegel dreier unterschiedlicher Östrogene auf das Mehrhundertfache ansteigt. Der Progesteronspiegel schnellt bis auf das Zehnfache des Üblichen hoch, der des Stresshormons Kortisol kann sich verdoppeln.

Viele Wissenschaftler vermuten, dass dieser Cocktail Bestandteile enthält, die das Denken der Frau beeinträchtigen – und sei es auch nur, um sie die Unannehmlichkeiten der Schwangerschaft und die Schmerzen der Geburt so weit vergessen zu lassen, dass sie vor weiteren Schwangerschaften nicht zurückschreckt. Welche der Komponenten den größten Anteil daran hat, ist allerdings noch strittig, und obwohl bereits einige Indizien gesammelt wurden, konnte das Wechselspiel von Ursache und Wirkung noch nicht entschlüsselt werden.

Die Psychologieprofessorin Liisa Galea von der kanadischen University of British Columbia schreibt dem Östrogen die Hauptrolle bei diesen Vorgängen zu. Galea, die sich in den letzten Wochen ihrer Schwangerschaft oft nicht mehr entsinnen konnte, wo auf dem Campus sie ihr Auto abgestellt hatte, untersuchte das Verhalten von trächtigen Ratten. In einem Labyrinth von Kanälen sollten sich die Tiere an immer wieder wechselnde Positionen einer schwimmenden Plattform erinnern und sich darauf in Sicherheit bringen. Bei Ratten dauert die Trächtigkeit drei Wochen. Im letzten Drittel, der Phase mit dem höchsten Östrogenspiegel, maß man bei ihnen die schlechtesten Ergebnisse.

Interessanterweise geht man in einem Großteil der Forschungsliteratur davon aus, dass Östrogen unter bestimmten Bedingungen *anregend* auf das Gehirn wirkt.[13] In Untersuchungen hat sich gezeigt, dass sich junge Frauen immer dann am klügsten fühlen, wenn der Östrogenspiegel in ihrem Menstruationszyklus seinen Höchststand erreicht hat. Tatsächlich schneiden sie dann bei bestimmten Aufgaben, die beispielsweise Sprachgewandtheit erfordern, besser ab. Und wie man in mehreren Versuchsreihen bewiesen hat, kann bei Frauen nach der Menopause ein Rückgang des verbalen Erinnerungsvermögens durch eine Östrogen-Substitutionstherapie gebremst werden. Von diesem Hormon wissen wir, dass es bei der Bildung neuer Synapsen mitwirkt,[14] wie sie von Kinsley und Lambert in den Gehirnen trächtiger Ratten nachgewiesen wurde, und die Neurogenese unterstützt.[15] Welche Folgen ein extrem hoher Östrogenspiegel für das Gedächtnis hat, konnte von der Forschung jedoch bisher nicht geklärt werden, und so bleibt einer Wissenschaftlerin wie Liisa Galea nur die Spekulation, dass »all diese neuen Synapsen womöglich vorübergehend nur mehr *Rauschen* erzeugen«.

Während das Urteil über die Wirkung des Östrogens noch aussteht, vermuten einige Wissenschaftler, Progesteron könnte durchaus größere Probleme im geistigen Bereich verursachen.[16] Anhänger dieser Theorie verweisen auf eine Untersuchung, in deren Verlauf bei Probandinnen durch orale Progesterongaben der Blutspiegel dieses Hormons auf den einer Schwangeren kurz vor der Niederkunft angehoben wurde. Bei einem Test wurde daraufhin geprüft, an welche Einzelheiten eines vorgelesenen Textes sie sich noch erinnern konnten, und es zeigte sich, dass ihre Leistungen auf diesem Gebiet deutlich abgesunken waren. Andere Fachleute wiederum meinen, eine hohe Konzentration des Stresshormons Kortisol, eines Glukokortikoids, könnte das Denkvermögen beeinträchtigen.[17] Tatsächlich kann Kortisol die Wachsamkeit steigern – es ist das Hormon, das beim biologischen Fluchtreflex eine wichtige Rolle spielt. Zugleich trägt es dazu bei, so Merzenich, unsere Aufmerksamkeit auf die jeweils vordringlichste Aufgabe zu lenken.

Neuere Forschungen, die jedoch noch nicht abgesichert sind, lassen vermuten, dass wir bei der Suche nach dem auslösenden Faktor für die Gedächtnisschwäche womöglich seit Jahren einen wichtigen Punkt übersehen haben.[18] Ende 2004 berichteten zwei Wissenschaftler von der Simon Fraser University in Kanada, dass nur bei Frauen, die mit Mädchen schwanger waren, in komplizierten Tests ein Rückgang der kognitiven Leistungen festzustellen war. Zukünftige Mütter von Jungs hatten keine derartigen Schwierigkeiten. Sollte sich dieses Ergebnis durch weitere Studien bestätigen, könnte das genaueren Aufschluss geben über die faszinierende biologische Interaktion zwischen einer Mutter und ihrem noch ungeborenen Kind.

SCHOCK

Israelischen Wissenschaftlern an der Hebrew University in Jerusalem verdanken wir die Erkenntnis, dass Frauen am ersten Tag nach der Geburt nicht unbedingt zu intellektuellen Höchstleistungen fähig sind.[19] Sie unterzogen hundert Mütter nach der Entbindung einem standardisierten neuropsychologischen Test und verglichen die Ergebnisse mit denjenigen von hundert kinderlosen, nicht schwangeren Frauen, Frauen mit einer Risikoschwangerschaft im dritten Schwangerschaftsabschnitt und Vätern von Neugeborenen. In ihrer 1993 veröffentlichten Studie kommen sie zu dem Schluss, dass die frischgebackenen Mütter deutlich schlechter abschnitten als die Kontrollgruppen. Bemerkenswerterweise konnten die festgestellten Defizite im verbalen und visuellen Erinnerungsvermögen bereits am zweiten oder dritten Tag nach der Geburt nicht mehr beobachtet werden.

Wen wundert's, kann ich dazu nur sagen. Nach der vielleicht beängstigendsten, aufregendsten, schmerzvollsten und erschöpfendsten Erfahrung deines Lebens blickst du nun deiner Zukunft ins Gesicht – jenem Wesen mit rot angelaufenem Köpfchen und verzerrter Miene, das dich von nun an mindestens 18 Jahre lang begleiten wird. Gut möglich, dass es in diesem Moment nicht deine größte Sorge ist, bei einem standardisierten neuropsychologischen Test möglichst gut abzuschneiden. Kürzlich habe ich wieder in dem Tagebuch geblättert, das ich in der Woche nach Joeys Geburt (nach 13 Stunden Wehen) begonnen hatte. Ich hoffte, mich dadurch all der köstlichen Einzelheiten der wohl euphorischsten Tage meines Lebens zu erinnern, und zum Teil war das auch so. Was mich beim Wiederlesen jedoch am meisten erstaunte, war die minutiöse Aufstellung der Stillzeiten. Joey hatte nahezu jede halbe Stunde die Brust bekommen. Ich hatte diese Tatsache schriftlich festhalten müssen, um sie mir überhaupt klar zu machen. All die zuvor selbstverständlichen Funktionen waren plötzlich in den Mittelpunkt des Lebens gerückt – für uns beide.

Verständlicherweise sind viele frisch entbundene Mütter in dieser Zeit emotional und körperlich besonders verletzlich. Cort Pedersen, Experte für postnatale Depression an der University of North Carolina in Chapel Hill, meint dazu: »Mit dem ersten Baby begibt man sich mit Haut und Haaren in etwas völlig Ungewohntes in dem Sinne, dass man plötzlich nicht mehr wie gewohnt über sein eigenes Leben bestimmen kann. Man kann nicht mehr zur Toilette gehen oder schlafen oder jederzeit das tun, wozu man Lust hat, und das ist wirklich ein Schock. Oft sind die Frauen darauf nicht vorbereitet. Niemand hat mit ihnen darüber gesprochen.«

In letzter Zeit erscheinen immer mehr Bücher, die Titel wie »Hätte man mir das bloß gesagt« tragen[20] und genau das versuchen. Doch trotz aller Lamaze-Kurse, die wir besucht, aller Filme, die wir uns angesehen, und aller Puppen, die wir geherzt haben, ergeht es uns als Erstgebärenden wahrscheinlich so wie Rahna Rizzuto: Man ist von der Geburt wie geblendet. Ehe Joey zur Welt kam, war ich bereits mit Tränengas in Berührung gekommen, mit dem Messer bedroht worden, war von aufgebrachten mexikanischen *campesinos* als Geisel festgehalten und von Killerbienen gejagt worden. Doch bis eine Stunde vor dem Durchbruch von Joeys Köpfchen hatte ich noch nie die Befürchtung gehabt, mein Körper könne buchstäblich *implodieren*.

Deshalb erstaunt es auch nicht, dass, einer Statistik des American College of Obstetricians and Gynecologists zufolge, in den ersten Stunden nach der Geburt bis zu 80 Prozent der Mütter unter einer Form des »Baby-Blues« leiden.[21] Etwa zehn Prozent erkranken sogar an postnataler Depression, die gravierender ist und länger andauert.

Deshalb sind einige Wissenschaftler in den letzten Jahren auch der Frage nachgegangen, ob eine Geburt, insbesondere eine schwierige, zu einer Variante der posttraumatischen Stressstörung (PTS) führen kann.[22] (Nach der Definition des National Institute of Mental Health wird die PTS »durch ein schreckliches Erlebnis [ausgelöst], das eine schwere körperliche Schädigung herbeigeführt hat oder eine solche zumindest hat befürchten lassen«. Nehmen wir einmal an, dass die Furcht, man könnte implodieren, hierzu zählt.) Depressionen sowie mangelndes Konzentrations- und Erinnerungsvermögen gehören zu den üblichen Erscheinungsformen der PTS.

Doch beide Symptome sind normalerweise vermeidbar, und bei entsprechenden Bedingungen – wie etwa fachkundiger Betreuung und guter sozialer Unterstützung – lassen sich ihre Gefahren beträchtlich vermindern.

SCHLAFMANGEL

Von allen Belastungen, die bei Eltern unmittelbar nach der Geburt ihres Kindes zu einer Einschränkung der geistigen Leistung führen können, ist der Schlafmangel zweifellos die gravierendste. Wie der Psychotherapeut John Schlapobersky, der in den sechziger Jahren während des Apartheidregimes in Südafrika gefoltert wurde, festhält, bedeutet, jemanden permanent am Schlafen zu hindern, »seine Ausgeglichenheit und Gesundheit aufs Spiel zu setzen«.[23] Schlafentzug ist tatsächlich eine weit verbreitete Foltermethode und wird von Militärs auf der ganzen Welt angewandt. Doch obwohl wir genau wissen, dass Schlafmangel die Gehirnleistung mindert, sind viele, wenn nicht sogar die meisten der frischgebackenen Mütter nicht auf eine solche Belastung vorbereitet, die ein Neugeborenes mit sich bringt – zum Glück lässt sie sich jedoch mit einigem Geschick und der Hilfe anderer Menschen gehörig reduzieren.

Der Psychologieprofessor James Maas von der Cornell University schätzt, dass im ersten Lebensjahr eines Säuglings seine primäre Betreuungsperson bis zu 700 Stunden Schlaf einbüßt. Erschwerend kommt laut Maas hinzu, dass viele junge Eltern die Bedeutung dieses Faktors unterschätzen, indem sie beispielsweise ihre plötzlich auftretenden Stimmungsschwankungen einfach der Tatsache zuschreiben, dass der Ehepartner seelenruhig Zeitung liest, während sie selbst das schreiende Baby herumtragen. Tatsächlich kann eine junge Mutter leicht dem Trugschluss erliegen, nicht nur ihre Ehe, sondern auch ihr Verstand habe Schaden genommen, während sie eigentlich nur gemeinsam mit ihrem Mann nach einer Möglichkeit suchen müsste, zwischendurch etwas mehr Schlaf zu bekommen. Zudem neigen viele junge Väter und Mütter dazu, den folgenreichen Wechsel ins Elterndasein nicht ernst genug zu nehmen, und kehren früher als unbedingt nötig wieder an ihren Arbeitsplatz zurück oder schlagen Hilfsangebote von Freunden und Angehörigen aus.

Wenn Sie auf Dauer zu wenig schlafen, werden Sie eines Tages womöglich feststellen, dass sich Ihre Müdigkeit in einen Trancezustand verwandelt.[24] Dieser stellt sich ein, weil anhaltender Schlafmangel als Erstes die Frontallappen im Gehirn beeinträchtigt, jenen Bereich, der für Wachsamkeit, Konzentration, Einfallsreichtum und Flexibilität zuständig ist. In Laborversuchen hat sich gezeigt, dass Freiwillige nach Schlafentzug nur mehr über einen beschränkten Wortschatz verfügten, mehr Klischees als sonst verwendeten und größere Schwierigkeiten hatten, komplexe Probleme kreativ zu lösen.

Der an der Stanford University lehrende Biologieprofessor Robert Sapolsky, einer der führenden Stressexperten der Vereinigten Staaten, meint, es sei ihm nie in den Sinn gekommen, die Folgen von Schlafmangel zu untersuchen, bis er selbst Vater wurde. Danach aber erschien ihm dieses Thema zentral. »Das Leben mit einem Neugeborenen bringt die schlimmste Form des Schlafentzugs mit sich«, so Sapolsky. »Wenn wir insgesamt weniger Schlaf finden, ist das ein Stressfaktor, der unsere Stimmung beeinflusst, zu Depressionen führt und die kognitive Leistung einschränkt. Wenn dieser ungenügende Schlaf zusätzlich fragmentiert wird, sind die Folgen noch schlimmer. Am allerschlimmsten aber ist es, wenn der bereits reduzierte Schlaf immer wieder *unvorhersehbar* unterbrochen wird. Dass viele Assistenzärzte im Bereitschaftsdienst psychotisch werden, hat schon seinen Grund.«

Dieser Vorgang hängt laut Sapolsky mit den erwähnten Stresshormonen, den Glukokortikoiden, und ihrem dissonanten Einfluss auf das Gehirn zusammen. Im Schlaf reagieren diese Hormone auf eine innere Uhr. »Wenn wir beim Einschlafen davon ausgehen, um fünf Uhr morgens geweckt zu werden, steigt der Spiegel der Stresshormone um vier Uhr an, da sie normalerweise eine Stunde, bevor man aus eigenem Antrieb erwacht, ausgeschüttet werden. Wenn man beim Einschlafen jedoch schon einkalkulieren muss, praktisch jederzeit geweckt werden zu können, bereitet man sich physiologisch ständig auf den Stressfaktor des Wachwerdens vor.« Mit anderen Worten: Selbst eine normale Stundenzahl Schlaf bringt nicht unbedingt die erhoffte Erholung.

Nach meiner Erfahrung ist nicht nur die Erwartung, jederzeit geweckt werden zu können, stressig, sondern auch die Unvorhersehbarkeit, auf welche Weise das geschieht. Vielleicht packt dich jemand an der Nase, piekt dir den Finger ins Auge, stößt dich mit dem Kopf oder schreit dir ins Ohr. Mein Bruder Jim erzählte mir, dass ihn sein dreijähriger Sohn einmal weckte, indem er mit beiden Händen den Kopf seines Vaters anhob, »O nein!« rief und zu seiner Mutter hinüberkrabbelte.

Schlafmangel lässt sich zwar nicht völlig vermeiden, aber mit entsprechenden Maßnahmen zumindest verringern. Eine Möglichkeit hierfür sind Schlummerpausen, die mit dem Ehemann, dem Partner, der Mutter, dem Nachbarn, der Babysitterin oder sogar dem Chef abgesprochen werden können. (Maas empfiehlt »power naps« – kurze Pausen im Büro, in denen man sich ausstreckt und schläft, anstatt sich mit Kaffee oder Cola aufzuputschen.) Allerdings haben die wenigsten berufstätigen Frauen diese Rückzugsmöglichkeit. Außerdem warnt Sapolsky davor, bei Schlafmangel zu viel Zeit zwischen den Mahlzeiten verstreichen zu lassen, da das Gehirn unter dem Einfluss der erhöhten Stresshormone weniger gut mit Glukose versorgt wird. Um den Pingpong-Effekt des Absinkens und Hochschnellens des Blutzuckerspiegels zu vermeiden, empfiehlt er Eltern, »wie früher die Jäger und Sammler über den Tag verteilt mehrere kleine Mahlzeiten zu sich zu nehmen«.

Das also erwartet Sie: Ihr Gehirn wurde geschrumpft, mariniert und aufgebläht. Ein traumatisches Erlebnis hat Ihnen einen Schock versetzt, und der Schlafmangel sorgt dafür, dass Sie sich fühlen wie durch den Wolf gedreht. Man hat Ihnen ein neues Hirn verpasst, das Mommy Brain. Aber ist es wirklich ein (zumindest vorübergehend) defektes Hirn? Das konnte bisher noch nicht bewiesen werden.

Die beiden Studien, die noch am ehesten eine Beeinträchtigung der Gehirnleistung belegen, wurden 1998 und 1999 veröffentlicht.[25] Bei der ersten unterzogen Pamela Keenan und ihr Team an der Wayne University in Detroit Frauen im letzten Schwangerschaftsdrittel einem Vergleichstest mit einer Kontrollgruppe und fanden heraus, dass die Schwangeren rund 15 Prozent weniger Einzelheiten eines vorgelesenen Textes behalten hatten als die übrigen Teilnehmerinnen. (Drei Monate nach der Entbindung hatten sie jedoch mit den anderen Frauen wieder gleichgezogen.) Ein Jahr später überprüfte der Psychologe J. Galen Buckwalter von der University of Southern California das verbale Erinnerungsvermögen – die Fähigkeit, sich eine Reihe von Begriffen zu merken – und die Lernfähigkeit schwangerer Medizinstudentinnen. Buckwalter berichtet, dass die Leistungsfähigkeit der jungen Frauen gegen Ende der Schwangerschaft und bis zu zwei Monaten nach der Entbindung drastisch zurückging.

Andere Forscher jedoch bezweifeln die Aussagekraft dieser beiden Studien. Kritisiert wird vor allem, dass in beiden Fällen die Anzahl der Testpersonen zu klein war (19 Frauen bei Buckwalter und zehn bei Keenan) und die Ergebnisse nie durch Wiederholungstests bestätigt wurden. Außerdem habe Buckwalter seine Ergebnisse nicht anhand einer Kontrollgruppe nicht schwangerer Frauen bestätigt, die im Hinblick auf wesentliche Faktoren wie Alter und Intelligenzquotient vergleichbar waren. So räumte Keenan 2003 in einer E-Mail ein: »Es liegen nicht genügend gesicherte Daten vor, um zweifelsfrei sagen zu können, dass eine Schwangerschaft das Erinnerungsvermögen beeinträchtigt.«

Seit den Untersuchungen von Buckwalter und Keenan wurden in Australien und Großbritannien drei weitere, größer angelegte Untersuchungen zu diesem Thema durchgeführt.[26] Sie lassen den Schluss zu, dass es sich bei der »Beeinträchtigung des Gehirns durch Schwangerschaft um einen Mythos handelt«, wie Helen Christensen sagt, Kognitionspsychologin an der australischen National University.[27] Christensen räumt ein, durchaus ein persönliches Interesse an dem Thema zu haben. Als sie »in bereits fortgeschrittenem Alter« ihre drei Kinder bekam, ertappte sie sich bei seltsamen Verhaltensweisen, etwa dass sie während der Schwangerschaft Waschpulver in den Kühlschrank räumte. Trotzdem wollte sie nicht glauben, dass ihr Gehirn durch die Schwangerschaft gelitten habe. »Meiner Meinung nach lag es daran, dass ich an Schlafmangel litt und dem bevorstehenden Ereignis bange entgegensah. Dass mein Gehirn Schaden genommen hatte, glaubte ich jedoch nicht«, erklärte sie.

1999 testete Christensen 52 Schwangere und eine Kontrollgruppe von 35 Frauen auf verbales Gedächtnis, »Erinnerungsverarbeitung« – bestehend aus Lernen, Schlussfolgern und Verständnis – sowie Aufmerksamkeit, wobei sie auch die Gemütsverfassung der Probandinnen berücksichtigte. Sie konnte nur einen bedeutenden Unterschied zwischen beiden Gruppen feststellen: Die Schwangeren erzielten im Vergleich zu den anderen sogar ein *besseres* Ergebnis im Lernen und Erinnern, wenn es um Begriffe ging, die mit ihrem aktuellen Zustand zu tun hatten. Beispielsweise wurden sie hellwach, wenn Wörter wie »Klinik«, »Plazenta« und »Wehen« fielen. »Es ist wie bei diesem Phänomen auf einer Cocktailparty«, erklärt Christensen. »Du hörst, wenn jemand auf der anderen Seite des Raums deinen Namen sagt, und sei der Lärm auch noch so groß.« Die Folgestudie eines Kollegen erbrachte ähnliche Resultate. Kühn betitelte Christensen ihren Ergebnisbericht: »Schwangerschaft kann selektiv zu kognitiven Verbesserungen führen«.

Andere australische Wissenschaftler von der Charles Sturt University bestätigten Christensens Schlussfolgerungen, nachdem sie über einen Zeitraum von 16 Monaten mit 36 Probandinnen – unterteilt in Schwangere, Frauen nach der Entbindung und eine Kontrollgruppe – Gedächtnistests durchgeführt hatten.[28] Aus den täglichen Aufzeichnungen der Frauen ging hervor, dass die Schwangeren und jungen Mütter im Alltag offenbar vergesslicher waren. Eine Teilnehmerin zum Beispiel wusste, als sie an eine Verkehrsampel kam, plötzlich nicht mehr, ob sie bei Rot weiterfahren durfte oder anhalten musste. Eine andere berichtete, sie sei 160 Kilometer weit zu ihrer Schwester gefahren, um sich eine Leiter zu borgen, habe diese aber dann dort liegen lassen. In den Tests erzielten diese Frauen jedoch ähnliche Ergebnisse wie die Kontrollgruppe. »Schwangere Frauen und junge Mütter können sich durchaus darauf verlassen, dass ihr Gehirn normal funktioniert«, schrieben die Wissenschaftler.

Bei einer weiteren kleineren Studie schließlich, die 2003 veröffentlicht wurde, testeten Psychologen der britischen University of Sunderland 15 Frauen während ihrer Schwangerschaft und nach der Entbindung auf ihr verbales Erinnerungs- und Konzentrationsvermögen; auch die Resultate einer Kontrollgruppe wurden herangezogen.[29] Erneut stellte sich heraus, dass sich die beiden Gruppen im Hinblick auf ihre Leistungsfähigkeit nicht unterschieden, obwohl sich die Schwangeren selbst für beeinträchtigt hielten. Nach Crowley könnte die Selbsteinschätzung dieser Frauen, sie seien vom Mommy Brain infiziert, aus ihren negativen Erwartungen hinsichtlich der Folgen einer Schwangerschaft herrühren.

An diesem Punkt wird es wirklich interessant. Haben Sie vergessen, wohin Sie den Babypuder gelegt haben, weil Ihr Kind Ihr Gehirn geschrumpft hat? Oder liegt es nicht eher daran, dass Sie darauf geeicht wurden, einen Leistungsabfall des Gehirns zu *erwarten* und, wenn Ihnen einmal ein Fehler unterläuft, froh sind, diesen mit einem Klischee erklären zu können?

Da heute mehr Mütter mit Kleinkindern denn je geistig anspruchsvolle Arbeit verrichten, sind geradezu ideale Bedingungen für das Aufspüren von Fehlleistungen gegeben. Gleichzeitig suggeriert das Klischee des Mommy Brain, dass jeder Irrtum, der uns unterläuft, wahrscheinlich irgendwie mit unserem neuen reproduktiven Status in Verbindung steht. Bei einer Untersuchung der Australian National University hielten die meisten Schwangeren ihre Gedächtnisleistung für schlechter als die der Kontrollgruppe von Nichtschwangeren, obwohl sie die gestellten kognitiven Aufgaben genauso gut oder sogar besser bewältigten. Das könnte, so vermutet Christensen, daran liegen, dass ihnen an sich unbedeutende, aber sonderbare Erinnerungslücken im Gedächtnis haften bleiben, die sie der Schwangerschaft zuschreiben, während andere Frauen solche Ereignisse als Panne ansehen, die jedem mal passiert und schnell vergessen ist.

Der australische Psychologe Paul Casey, Leiter des Charles-Sturt-Teams, stellte fest, dass mehrere Teilnehmerinnen seiner Untersuchung bereits zu Beginn ihrer Schwangerschaft über Gedächtnisschwäche klagten – während Keenan und Buckwalter ja gemeint hatten, eine solche Beeinträchtigung lasse sich erst im letzten Schwangerschaftsdrittel nachweisen. In Wirklichkeit habe sich jedoch lediglich die »Metakognition« der Frauen verändert, so Casey, das heißt, die Art und Weise, wie sie ihre Verstandesleistung wahrnehmen und bewerten. Schon früher hatte Casey herausgefunden, dass gesteigerte Selbstwahrnehmung und angebliche Vergesslichkeit Hand in Hand gehen. Seiner Ansicht nach ist es durchaus möglich, dass Schwangere, die bekanntlich besonders stark mit ihrem eigenen Erleben beschäftigt sind, einfach alle Situationen im Gedächtnis behalten, in denen sie etwas vergessen haben. »Das aber«, so Casey, »ist an sich schon eine tolle Gedächtnisleistung.«

Viele Schwangere und frischgebackene Mütter werden in ihrer Angst, vom Mommy Brain infiziert zu sein, durch Freunde, Bekannte und das kulturelle Umfeld noch bestärkt. Selbst wenn Sie Nobelpreisträgerin wären, wird Sie Ihr Kinderarzt noch als »Mama«

titulieren. Und die Frauenmagazine wollen Ihnen weismachen, die vordringlichste Sorge Ihres Lebens sei, nach der Niederkunft Ihr Bäuchlein wieder wegzukriegen.

»Man wird ständig bevormundet«, meint Laura Hilgers, die wie ich als freiberufliche Journalistin arbeitet und deren Sohn die gleiche Grundschule wie mein Sohn besucht. »Ein Kind zu haben ist noch kein Eingriff in die Hirnsubstanz. Aber wenn man sich privat mit Leuten trifft, merkt man, dass sie einen als Single noch anerkannt haben, als Mutter aber würden sie einen am liebsten in die Küche verbannen.«

Manche Mütter sehen diese Kränkungen voraus und ergreifen entsprechende Schutzmaßnahmen. Die Neuropsychologin Julie Suhr von der Ohio University erinnert sich, wie es war, als ihr erstgeborenes Kind im Alter von drei Monaten an viraler Meningitis erkrankte: »Ich sah, dass sie sehr krank war, aber sie hatte kein Fieber, also war mir klar, dass man mich als ›hysterische junge Mutter‹ abstempeln würde. Da unser Kinderarzt in derselben Klinik arbeitete wie ich, lief ich vor dem Termin mit ihm noch schnell in mein Büro und holte mir meinen weißen Kittel mit dem Namensschild, auf dem groß und deutlich ›Dr. Suhr‹ zu lesen stand. Natürlich habe ich damit auf die Erwartungshaltung reagiert, mit der man mir – wie ich meinte – begegnen würde.«

Suhr ist tatsächlich Expertin, was Erwartungen betrifft. In ihrer Forschungsarbeit beschäftigt sie sich vornehmlich mit dem »Stereotype Threat«-Effekt, einem von Claude Steele, Psychologe an der Stanford University, geprägten Begriff. Dieser besagt, dass Mitglieder einer Gruppe eine Aufgabe, die andere Gruppenzugehörige vor ihnen angeblich schlecht gelöst haben, schlechter lösen werden, als wenn sie vorurteilsfrei an die Sache herangehen. Angehörige ethnischer Minderheiten etwa, denen man sagt, dass sie bei bestimmten Leistungstest schlecht abschneiden werden, schneiden in der Regel tatsächlich schlecht ab; ähnlich verhält es sich bei Frauen, denen man einredet, sie kämen mit Mathematik nicht zurecht. Für das Klischee vom Mommy Brain besonders aufschlussreich ist ein Experiment, bei dem ältere Menschen, die man zuvor unterschwellig mit negativen Klischees über das Älterwerden geimpft hatte, bei kognitiven Tests schlechter abschnitten als eine Vergleichsgruppe, die mit positiven Klischees präpariert worden war. Berufstätige Mütter, die besonders unter negativen Klischees zu leiden haben, erzielen vermutlich schon deshalb schlechte Resultate.

Von unseren Gesprächen inspiriert, entwickelte Julie Suhr 2004 ein Experiment, mit dem sie herausfinden wollte, ob die geistige Leistungsfähigkeit frischgebackener Mütter vom Klischee des Mommy Brain beeinflusst wird. »Sie würden staunen, wie leicht es ist, jemandem ein negatives Selbstbild einzuimpfen«, sagt sie. Unrealistische Erwartungen spielen dabei eine große Rolle. Für viele junge Mütter sind bereits kleine Fehler »unverzeihlich«, erläutert Suhr, »während andere Frauen so etwas schnell vergessen«.

DER GEGENANGRIFF DER KLUGEN MÜTTER

Aus Überdruss an dem kulturellen Stereotyp, nach der Entbindung trete der Hirntod ein, begannen in den achtziger Jahren mehrere Autorinnen – allesamt Mütter – darüber nachzudenken, ob man den Vorgängen im Kopf einer Mutter nicht auch positive Aspekte abgewinnen könnte. Pionierarbeit leistete dabei die Philosophin Sara Ruddick mit ihrem berühmten, 1980 erschienenen Essay *Mütterliches Denken*, aus dem später das gleichnamige Buch hervorging.

Ruddick, damals Mitte 40 mit zwei Kindern im Alter von elf und 13 Jahren, schrieb dieses Buch, wie sie sagt, teilweise als Entgegnung auf Feministinnen wie Simone de Beauvoir und Betty Friedan, die behaupteten, die Mutterschaft würde »dein Leben ruinieren und zu deiner Unterdrückung beitragen«. Sie hingegen fesselte der Gedanke, »die Mutterschaft könne den Intellekt fördern«, eine Vorstellung, die ihr so »fremdartig wie aufregend« erschien. Nach und nach kam sie zu der Überzeugung, dass Mütter eine besondere und in mancher Hinsicht gesteigerte Form des Denkens entwickeln – als Folge ihrer täglichen intensiven Beschäftigung mit den konkreten Aufgaben der Kinderbetreuung. Ein denkwürdiger Absatz in ihrem Buch lautet:

Die Verpflichtung, die Entwicklung von Kindern zu fördern, wird unabhängig von Glück und Sorgen immer das intellektuelle Leben einer Mutter bereichern. Die Routine der Verantwortung, die anstrengende Arbeit und manchmal auch die eingeschränkte akademische oder berufliche Perspektive scheinen gemeinsam das geistige Leben vieler Mütter – wie auch anderer Erwachsener – zu untergraben. Aber Kinder sind faszinierend. Und obwohl mütterliche Praxis die eigenen Kindheitskonflikte wieder aufleben lassen kann, stimuliert unter günstigen Bedingungen der lebendige Geist von Kindern auch den der betreuenden Personen. Wachstumsförderung setzt Offenheit gegenüber Veränderungen voraus.«[30]

Camille Peri, die 1997 das Internet-Magazin »Salon« betreute, griff den mutigen Gedanken auf, dass Mutterschaft den Geist schärfen könne, und rief eine Website namens »Mothers Who Think« ins Leben, um damit »Müttern die Möglichkeit zu geben, ihren Verstand zu trainieren«. *Brain, Child: The Magazine for Thinking Mothers*, gegründet von zwei frischgebackenen Müttern aus Virginia, folgte zwei Jahre später. (Der Titel soll, so Jennifer Niesslein, eine der Herausgeberinnen, in Kurzform etwa Folgendes besagen: »Ich habe ein Hirn, und ich habe ein Kind – kein Grund, mich herablassend zu behandeln.«) An der York University in Toronto gründete eine Gruppe von Wissenschaftlerinnen 1998 das Centre for Research on Mothering, das sich »feministischer Forschungen zur Mutterschaft« widmet. Und seit November 2003 erscheint *Literary Mama*, das sich als erstes mütterorientiertes Online-Magazin mit dem Themenschwerpunkt Mutterschaft bezeichnet.

Alle diese Entwicklungen haben stetig daran mitgewirkt, das kitschige Grußkartenidyll von Müttern mit rosa Schleifchen im Haar und einem frischgebackenen Kuchen in der Hand zu untergraben. Aber noch mehr Sprengkraft besitzen die in den neunziger Jahren, dem »Jahrzehnt des Gehirns«, gewonnenen Erkenntnisse der Neurowissenschaften, die eine wissenschaftliche Renaissance einläuteten. Sie erbrachten den Beweis, dass das Gehirn eines Erwachsenen, von dem man bis dahin angenommen hatte, es würde sich unmittelbar nach Ende der Adoleszenz nicht mehr verändern, sich in Wirklichkeit ein Leben lang wandelt. Heute wissen wir, dass sich das Gehirn eines Menschen durch die Tätigkeit, mit der er sich intensiv beschäftigt, physisch verändert. Der Hirnbereich, der zum Beispiel das Fingerspiel eines Geigers steuert, vergrößert sich, je intensiver er übt,[31] und Röntgenaufnahmen haben gezeigt, dass der Hippocampus – das Zentrum des Gedächtnisses – von Londoner Taxifahrern, die den Stadtplan auswendig kennen müssen, größer ist als der von Menschen, die nicht mit solchen Herausforderungen konfrontiert werden.[32] Man ist nicht, was man isst, sondern was man *tut*, und bei Müttern verhält es sich nicht anders. Manche Wissenschaftler vermuten, dass wiederholte *emotionale* Reaktionen, darunter auch emotional anspruchsvolle wie Selbstbeherrschung oder Empathie, die neuronalen Netze im Gehirn stärken können und sie sensibler werden lassen – »wie wenn man immer wieder durch den Wald spaziert und dadurch einen Trampelpfad schafft«, wie es ein Wissenschaftler einmal beschrieben hat.

Der bahnbrechende Gedanke, dass sich das Gehirn im Lauf des gesamten Lebens aufgrund von Erfahrung ständig verändert, wird auch als »Plastizität« bezeichnet; er ist eine der vier Säulen dieses Buchs, auf die sich die Vorstellung stützt, dass Mutter werden Frauen schlauer macht.

Heute wissen wir, dass neue Erfahrungen das Gehirn nicht nur verändern, sondern dass solche Erfahrungen – sofern sie positiv, emotional besetzt und intensiv sind – die Gehirnfunktion sogar verbessern und zu deren Erhaltung beitragen können, ein Phänomen, das man als »Enrichment« bezeichnet.[33] Und vor allem Kinder können, wenn sie einen nicht gerade in den Wahnsinn treiben, genau diese Art von Erfahrung vermitteln.

Die zweite Säule hat mit der einzigartigen Bindung einer Frau an ihr Kind zu tun. Die Kindheit des Homo sapiens währt länger als bei jeder anderen Spezies auf Erden – und notwendigerweise damit auch die aktive und engagierte Sorge um den Nachwuchs. Gestärkt durch hochwirksame Hormone und geschützt durch eherne kulturelle Konventionen ist die Hingabe der Mutter an ihren Nachwuchs oft stärker als jede andere Beziehung in ihrem Leben. Im Unterschied zur Ehe, zu Freundschaften oder beruflichen Partnerschaften geht die Erziehung von Kindern mit der tief greifenden Verpflichtung einher, sich unablässig Herausforderungen zu stellen, vor denen jeder andere schon längst geflohen wäre – Aufgaben, die sich außerdem ständig ändern und mit der Zeit immer komplexer werden.

Weil die meisten dieser Aufgaben, die das Gehirn einer Mutter auf die Probe stellen, emotionaler Natur sind, wurde ihr Potenzial zur Förderung der Intelligenz lange Zeit unterschätzt. Dabei hat sich unsere kulturell bedingte Auffassung davon, was Intelligenz ist, in den beiden letzten Jahrzehnten gewandelt, entsprechend der wissenschaftlichen Erkenntnis, dass die emotionalen Netzwerke des Gehirns für eine erfolgreiche Entscheidungsfindung von größter Bedeutung sind. Diese emotionalen Fähigkeiten, ohne die es keine »Intelligenz« gibt, sind die dritte Säule meines Buchs.

Bei diesen drei Grundgedanken geht es darum, *wie* Mütter klüger werden, beim vierten jedoch um die Frage, *weshalb* das so ist – im Grunde eine Frage der Evolution. Wie in jedem Lebewesen steckt in uns der Trieb, alles zu tun, damit unsere Gene nach dem Tod des Körpers weiterleben. »Ein Küken ist nur die Methode des Eis, ein weiteres Ei zu erzeugen«, lautet der berühmte Ausspruch Samuel Butlers.[34] Die evolutionäre Bedeutung eines weiblichen Wesens ist dann am größten, wenn es einen Partner wählt, Kinder austrägt und dafür sorgt, dass sie bis zur eigenen Geschlechtsreife überleben. Auch wenn Mütter heute versuchen, Kinder aufzuziehen und daneben vielleicht als Hirnchirurgin arbeiten oder vor den Vereinten Nationen eine Rede halten, gibt es im Kontext der gesamten, sich über mehrere Millionen Jahre erstreckenden Evolution vom Primaten zum Menschen, in der sich unser heutiges Gehirn herausgebildet hat, keine andere Lebensphase, in der wir unseren Verstand so dringend benötigen. Erst seit kurzem spricht die Wissenschaft von einem »mütterlichen Gehirn«. Nun hilft uns erstmals eine schlagkräftige neue Technologie, Möglichkeiten zu erforschen, wie wir aus diesem neuen Gehirn ein noch besseres machen können.

3 DAS MÜTTERLICHE GEHIRN – EINE LANDKARTE VOLLER WEISSER FLECKEN

Ihr Kopf ist fast zu klein für den Verstand,
er reicht gerade für die Liebe.[1]
Aus einem Handbuch für Frauenärzte, 1848

IM INNERN DES RIESIGEN METALLZYLINDERS eines Kernspintomographen liegt Tara Magnuson. Sie rührt sich nicht, als sie Tonbandaufzeichnungen ihres schreienden, vier Wochen alten Sohns Alexander hört.[2] Zwar weiß sie, dass Alexander draußen vor der Tür ruhig schlafend in seinem Wagen liegt, eingewickelt in seine blaue Decke und behütet von seinem Vater. Trotzdem geht ihr Atem etwas rascher, und Angst steigt in ihr auf.

Wenige Meter entfernt, hinter der breiten Glasscheibe im Untergeschoss der Yale University, zeichnet ein Computer die Bilder von Tara Magnusons Gehirn auf. Rote und orangene Flecken markieren das An- und Abschwellen der Blutströme und damit die wechselnden Gefühle der jungen Mutter.

James Leckman und sein Kollege James Swain untersuchen mit Hilfe bezahlter Probanden ganz durchschnittliche Eltern wie Tara Magnuson, um besser verstehen zu können, was vor sich geht, wenn elterliche Gefühle fehlen oder aus dem Ruder laufen. Ihr besonderes Interesse gilt der Zwangsstörung. Leckmans Hypothese lautet, dass diese Erkrankung – mit der typischen Fixierung auf Absicherung, mit ihren Ritualen und der Furcht vor Krankheitskeimen – evolutionär den gleichen Quellen entspringt wie normales elterliches Verhalten und die gleichen Gehirnregionen beschäftigt. Als Vater zweier erwachsener Kinder setzt sich Leckman schon lange mit der

Frage auseinander, welche Vorgänge im Gehirn Eltern veranlassen, sich Tag für Tag hingebungsvoll um ihre Kinder zu kümmern. Welche übernatürlichen Kräfte bringen einen ansonsten vernünftigen Erwachsenen dazu, mit unerschöpflicher Energie ein Wesen zu verwöhnen, das in den ersten Wochen seines Lebens kaum etwas anderes tut als Weinen, Essen und Verdauen?

»Die Elternschaft bedeutet eine komplette Neuausrichtung unseres Lustprinzips«, theoretisiert er im kalten Herbstlicht des Innenhofs der alten Bibliothek von Yale. Mit anderen Worten, das persönliche Wohlbefinden der Eltern richtet sich an neuen Maßstäben aus, die das Wohlergehen eines anderen menschlichen Wesens mit einschließen.

Leckman war erstaunt, als er dies vor einigen Jahrzehnten an sich selbst erlebte. In seiner aufreibendsten Phase als Assistenzarzt im Krankenhaus nahm er sich die Zeit, für seine noch ungeborene Tochter eine Wiege zu zimmern. Gleichzeitig quälten ihn plötzliche Ängste vor den verschiedensten Katastrophen – möglichen Infektionen, Geburtsschäden, angeborene Behinderungen. Leckman beobachtete diese Veränderungen jedoch nicht nur bei sich selbst, sondern auch bei seiner Frau, die in französischer Literaturwissenschaft promovierte. Die werdenden Eltern stellten fest, dass die Gedanken fortwährend um Hannah, ihre ungeborene Tochter, kreisten, als hätten sie sich gerade schwer verliebt, und zwar in ihr Kind.

Schließlich beschloss Leckman, diese archaische Erfahrung mit einem der modernsten wissenschaftlichen Geräte zu untersuchen: dem Kernspin, der Wissenschaftlern ermöglicht, die Spuren der Emotionen im Gehirn zu verfolgen. Seit kurzem macht es diese revolutionäre Technik möglich zu erkennen, was in den hundert Millionen Meter messenden Vernetzungen abläuft, die das Gehirn einer Mutter umfasst.[3]

Nachdem die Kernspintomographie des Gehirns zunächst nur für medizinische Zwecke eingesetzt worden war, kam sie ab Mitte der neunziger Jahre auch immer häufiger in der Forschung zum Einsatz.[4] Ein Durchbruch wurde erreicht, als man die *funktionelle* Kernspintomographie entwickelte, die Gehirnaktivitäten aufzeichnet, während sie ablaufen. Nun konnten die zerebralen Prozesse bei unterschiedlichsten emotionalen Erfahrungen abgebildet werden, darunter beim Glücksspiel, bei Heißhunger auf Schokolade, der Entscheidung für ein neues Auto, beim Lotteriegewinn und Orgasmus (Letzteres verdanken wir Forschern aus den Niederlanden). Seit Beginn dieses Jahrtausends liefern uns eine Vielzahl neuer Daten erste Erkenntnisse zu den Abläufen bei so grundlegenden, jedoch kaum erforschten Gefühlen wie Liebe und Empathie.

Die funktionelle Kernspintomographie macht sich die einzigartigen magnetischen Eigenschaften des im Blut enthaltenen Eisens zunutze. Wird beim Denken oder Fühlen ein Bereich des Gehirns in Anspruch genommen, durchströmt ihn mehr Blut, um ihn mit der nötigen Energie zu versorgen. Dadurch ändern sich die magnetischen Eigenschaften des Gewebes. Setzt man das Gehirn nun einem starken Magnetfeld aus, können mit Hilfe der funktionellen Kernspintomographie wie in einem Zeichentrickfilm in Bildfolgen die Veränderungen im Blutstrom festgehalten werden. Die Forscher erhalten schließlich bewegte Aufnahmen des Gehirns, bei denen die hochaktiven Regionen in bunten Farben aufleuchten.

Heute wird funktionelle Kernspintomographie in mindestens einem halben Dutzend Forschungslabors in den Vereinigten Staaten, Großbritannien und der Schweiz eingesetzt, um das Gehirn von Müttern und gelegentlich auch das von Vätern zu untersuchen. Wie Leckman und Swain verwenden die Forscher Tonbandaufzeichnungen von schreienden Babys und gelegentlich auch niedliche Fotos, um die der Elternliebe zu Grunde liegenden neurobiologischen Prozesse zu stimulieren. Die Wissenschaftler konzentrieren sich dabei, wie Leckman es zusammenfassend beschreibt, auf die »Interaktion von Furcht, Wachsamkeit, gegenseitigem selektiven Erkennen und der Belohnung, die es erfolgreichen Eltern wundersamerweise ermöglicht, die Welt aus einem neuen Blickwinkel zu sehen und in ihr Kind zu investieren«.

Leckman und Swain vermuten, dass die Kernspinaufnahmen junger Mütter Ähnlichkeiten zu bereits vorhandenen Aufnahmen von Menschen mit einer Zwangsstörung aufweisen. Sie würden dann eine erhöhte Aktivierung in der rechten Seite des Frontalkortex zeigen, einem Hirnareal, das beim Erkennen von Bedrohungen eine Schlüsselrolle spielt. Das könnte nicht zuletzt unser Mitgefühl für Menschen mit Zwangsstörungen verstärken, weil sich zeigt, dass »wir wirklich alle etwas gemeinsam haben«, so Leckman. (Als vorläufiges Ergebnis konnten Leckman und Swain bei ihren Probandinnen, die im Abstand von zwei Wochen bis drei Monaten nach der Entbindung untersucht wurden, eine verringerte Aktivität in Teilen der Amygdala feststellen – dem Zentrum für Angst und instinktive Reaktionen. Die Probandinnen wiederum berichteten, dass es bei ihnen seltener zu zwanghaften Verhaltensweisen kam. Leckman will einen möglichen Zusammenhang weiter untersuchen.)

WARUM MÜTTER?

Die Yale-Studie ist nur eine von vielen, die sich über Tierversuche an Ratten und Affen oder mit menschlichen Probanden in den letzten Jahrzehnten mit den geistigen Prozessen bei Müttern befasst. Neurowissenschaftler, Psychiater, Psychologen und Soziologen sind sich darin einig, dass es an der Zeit ist, sich verstärkt mit der Rolle der Eltern in der Eltern-Kind-Beziehung zu befassen, die für das Überleben unserer Spezies letztendlich von entscheidender Bedeutung ist. »Wir ... beschäftigen uns mit neurobiologischen Faktoren, die wahrscheinlich Einfluss auf grundlegende menschliche Eigenschaften haben, darunter Sozialverhalten, soziale Bindung, Fürsorge und Liebe. In unserer von Gewalt geprägten Welt lässt sich wohl kaum eine Gruppe von Eigenschaften finden, deren Erforschung lohnender wäre«, schrieb der Neurowissenschaftler Michael Numan vom Boston College in seinem gemeinsam mit Thomas Insel verfassten und 2003 erschienenen Buch *The Neurobiology of Parental Behavior*.[5]

Dieser neue Forschungsschwerpunkt ist Teil eines größeren Wissenschaftstrends, der »positive« Emotionen wie die Liebe in den Mittelpunkt des Interesses rückt.[6] Manche führen diesen Trend darauf zurück, dass sich der Zeitgeist nach den Anschlägen vom 11. September 2001 gründlich gewandelt hat, denn der neue Terror führte uns die Gefahren einer Welt vor Augen, in der der Hass über die Liebe triumphiert; entsprechend wurde den Eigenschaften, die wir der »emotionalen Intelligenz« zuschreiben, ein höherer Wert beigemessen. Ein Jahr nach den Anschlägen vom 11. September konnte eine neu gegründete gemeinnützige Einrichtung, das Institute for Research on Unlimited Love, die ersten Forschungsstipendien über insgesamt fast zwei Millionen Dollar an Wissenschaftler vergeben, die sich mit positiven Emotionen befassen, unter ihnen Leckman und Swain.[7] Neurowissenschaftler räumten schon Ende der neunziger Jahre ein, dass wir zwar umfangreiche Kenntnisse über menschliche Depression, Angst, Wut, und Drogenmissbrauch angesammelt haben, über entscheidende Fähigkeiten wie Empathie, soziale Bindung, Altruismus und Freude jedoch nur wenig wissen. Und wo ließen sich Empathie, soziale Bindung, Altruismus und Freude besser studieren als bei einer Mutter, die ihr neugeborenes Baby betrachtet?

»Wenn die Probanden aus dem Kernspin kommen, wirken sie meist müde und abgeschlagen, weil man oft bis zu zwei Stunden vollkommen regungslos daliegen muss. Man darf den Kopf keinen Zentimeter bewegen«, erklärt der Neurowissenschaftler Jack Nitschke von der University of Wisconsin, der unter anderem Mütter beim

Betrachten der Fotos ihrer Babys getestet hat, um der Gehirnphysiologie des Glücksempfindens auf die Spur zu kommen. »Aber wenn die Mütter rauskommen … strahlen sie und sagen, wie schön es war.«

Ein entscheidender Grund für die Verlagerung des Interesses auf die Elternrolle dürfte ein 1968 erschienener Bericht des Psychologen Richard Q. Bell gewesen sein, in dem er behauptet, dass der Nachwuchs einen genauso großen oder sogar größeren Einfluss auf die Sozialisierung der Eltern hat als umgekehrt.[8] In den folgenden Jahren erschienen mehrere Artikel und Bücher mit dem gleichen Tenor, die den Einfluss der Babys – die man früher für wesentlich passiver gehalten hatte – auf die Eltern betonen. So folgt die Mutter der Blickrichtung des Säugling weitaus öfter als der Säugling der der Mutter.[9] Und in neun von zehn Fällen ist es das Baby, das den Blickkontakt zu den Eltern aufnimmt oder abbricht.[10]

Wahrscheinlich ist es kein Zufall, dass sich diese neue Blickausrichtung auf Elternschaft zu einem Zeitpunkt durchsetzen konnte, als immer mehr Frauen sich einen Platz in der Wissenschaft eroberten und andererseits immer mehr Männer die Betreuung ihrer Kinder übernahmen. Entsprechend wurde die wissenschaftliche Meinungsbildung auch häufiger von engagierten Müttern und Vätern beeinflusst. »Research is Me-search« (Forschung ist Selbsterforschung) hieß das Motto. Viele der erfolgreichsten Wissenschaftler interessieren sich für Probleme, die für ihr eigenes Leben relevant sind.

Wie zum Beispiel Tracey Shors, Verhaltensneurobiologin in Rutgers und junge Mutter, die die Auswirkungen von Stress auf weibliche Ratten mit Jungen untersucht hat. Shors' besonderes Interesse gilt der postnatalen Depression, obwohl sie ihre eigene Erfahrung, mit 42 Mutter zu werden, in glühenden Worten beschreibt. Mit dem Studium der Elternrolle beschäftigte sie sich erst, so sagt sie, nachdem sie eine Festanstellung bekommen hatte, denn sie hatte befürchtet, man könnte das Thema nicht ernst nehmen.

Eine andere, ebenfalls fest angestellte Mutter, die Verhaltensforscherin und Neurowissenschaftlerin C. Sue Carter von der University of Illinois, machte sich als Oxytozin-Expertin einen Namen, einem Hormon, das Wehen und Milchbildung beeinflusst. Sie datiert den Beginn ihres Interesses auf die Geburt ihres ersten Kinds, als sie das Hormon von ihrem Frauenarzt als Wehenmittel bekam.

Ähnlich erging es der schwedischen Neuroendokrinologin Kerstin Uvnäs-Moberg. Sie verlagerte ihr Arbeitsgebiet von der Untersuchung von Magensäften auf Oxytozin, nachdem sie festgestellt hatte, wie sich »ihr Verhalten und Denken« als Mutter von vier Kindern »systematisch änderte«. Und die Psychologin Alison Fleming von der University of Toronto, Mutter von drei Töchtern, legte eine richtungweisende Studie zur Entwicklung mütterlichen Verhaltens und mütterlicher Motivation vor – ein Thema, das durch ihre Kindheit als Tochter karriereorientierter Eltern angeregt wurde, die sie auf Internate geschickt hatten.

Bis vor kurzem waren Frauen als prominente Vertreterinnen der Wissenschaft, aber auch als deren Objekte, zahlenmäßig deutlich in der Minderheit. Forscher zogen es grundsätzlich vor, das zu untersuchen, was sie ein »normales« Gehirn nannten, im Unterschied zum »zyklischen« Gehirn von Frauen, das menstruationsbedingt ständigen Hormonschwankungen ausgesetzt ist.[11] Im Bereich der Stressphysiologie beispielsweise waren zu Anfang der neunziger Jahre in den Vereinigten Staaten nur etwa 17 Prozent der Probanden Frauen – trotz zahlreicher Hinweise, dass Frauen noch mehr als Männer zu stressbedingten Erkrankungen neigen.[12] Doch 1995 gab die US-Bundesregierung der energischen Forderung von Frauengruppen und Wissenschaftlerinnen nach und verfügte, dass in neuen Forschungsprojekten Angehörige beiderlei Geschlechts berücksichtigt werden müssen. Damit wurde der Weg für ein besseres Verständnis der Gesundheit von Frauen und Müttern geebnet.

Wie sehr sich die Zeiten geändert haben, illustriert die Geschichte von Marian Diamond, Mutter von vier Kindern, die schon in den Achtzigern auf ihrem Fachgebiet, der Neuroanatomie, so angesehen war, dass sie zu den wenigen Wissenschaftlern weltweit gehörte, die Einsteins Gehirn untersuchen durften. Mehrere Jahre zuvor hatte sie eine Aufsehen erregende Entdeckung zur Funktionsweise des Gehirns von Müttern gemacht, die jedoch in Fachkreisen praktisch ignoriert wurde und überraschenderweise noch heute kaum bekannt ist.

»Von 1948 bis 1952 war ich in meinem Fachgebiet die einzige Doktorandin«, erinnert sie sich. »Jetzt sind 50 Prozent Frauen. Die Männer waren der Ansicht, ich sollte zu Hause bleiben und mich um meine Kinder kümmern. Natürlich werfe ich ihnen das nicht vor. Es entsprach ihrer hormonellen Ausrichtung.«

Bereitwillig gibt sie zu, dass sie selbst damals ebenfalls ihrer hormonellen Ausrichtung folgte. Sie bekam ihr erstes Kind mit 26 Jahren, danach forschte und lehrte sie nur noch in Teilzeit, damit sie im Kindergarten ihrer Sprösslinge aushelfen und nachmittags zu Hause sein konnte. »Als ich mein erstes Baby in den Armen hielt, sagte mir mein Hypothalamus: *Deshalb bist du da.*« Sie bezieht sich damit auf einen Bereich des Gehirns, dessen Hormonausschüttungen mütterliches Verhalten wecken.

In den sechziger Jahren arbeitete Marian Diamond in einem Forscherteam an der University of California in Berkeley mit, das damals aufregende Entdeckungen zur Auswirkung von »Enrichment« – stimulierenden Erfahrungen – auf das Gehirn machte. Wenn die Umgebung von Ratten im Käfig durch Spielzeug oder andere Ratten interessanter gestaltet wird, kann es dazu führen, dass ihr Zerebralkortex wächst und die Tiere sich in einem Labyrinth besser zurechtfinden.

Um ihren Versuch nicht zu komplizieren, arbeiteten die Wissenschaftler ihres Teams routinemäßig mit männlichen Ratten, Diamond jedoch entschied sich für weibliche. In einem ihrer Projekte widmete sie sich der Frage, ob weibliche Ratten mit stimulierten Gehirnen diesen Vorteil an ihre Jungen weitergeben. Zu diesem Zweck musste sie zunächst sicherstellen, dass sich die Stimulierung bei den Rättinen nach dem Werfen im Gehirn manifestiert hatte. Beim Sezieren stellte sie jedoch zu ihrer Überraschung fest, dass zwischen den Gehirnen der stimulierten und der unter Reizentzug leidenden Rattenmütter kein Unterschied bestand. Könnte es sein, überlegte sie besorgt, dass das weibliche Gehirn einfach nicht auf Stimulierung reagiert? Doch als sie ihr Ergebnis dann mit den Gehirnen stimulierter und unterforderter Rattenweibchen vor dem Begatten verglich, stach ihr der unterschiedliche Umfang des Zerebralkortex sofort ins Auge. Für die unterstimulierten Muttertiere unter den Ratten war die *Trächtigkeit* die Stimulierung gewesen. »Das ergab für mich einen Sinn«, erinnert sie sich. »Die Schwangerschaft muss uns darauf vorbereiten, die Verantwortung für das Überleben eines neuen Wesens zu übernehmen, uns geben, was wir brauchen, um für das Kleine zu sorgen.« Auch beim Menschen, schlussfolgert sie, kann die Mutterschaft eine außerordentliche Stimulierung für das Gehirn bedeuten.

Als Marian Diamond 1971 die Ergebnisse ihrer Studie veröffentlichte, schenkte ihr »niemand auch nur die geringste Beachtung«, wie sie sagt.[13] Obwohl sie das Forschungsgebiet nach wie vor spannend fand, verfolgte sie diese Richtung daraufhin nicht weiter. »Erst viel später, als sich andere Frauen in ihrem Bereich durchgesetzt hatten«, sagt sie, »fand ich mit meinem Beitrag Anerkennung.«

DAS MINENFELD MUTTERFORSCHUNG

Tatsächlich begab man sich mit Studien, die geschlechtsspezifische Unterschiede im Gehirn zum Thema hatten, in den Jahren 1960 bis 1980 politisch auf schwieriges Terrain. Ebenso natürlich mit Untersuchungen zum Einfluss des Gebärens auf Frauen. Thesen, die besagten, Frauen seien von Natur aus prädestiniert, für Kinder zu sorgen, weckten vor allem das Misstrauen feministischer Wissenschaftlerinnen aus Soziologie, Psychologie und Sozialanthropologie. Sie fürchteten nicht ganz zu Unrecht, sie würden damit als Muttchen ohne Verstand abgestempelt werden – zu einem Zeitpunkt, als sie gerade in Männerdomänen vordrangen. Wie Susan Faludi in ihrem Bestseller *Backlash* schreibt: »›Andersartigkeit‹ wurde zum neuen Zauberwort, das den feministischen Kampf um die Gleichberechtigung entschärfte.«[14]

Sara Ruddick, die Autorin von *Mütterliches Denken*, erinnert sich, dass man sie als »Biologistin« unter Beschuss nahm, ihr also vorwarf, dem Unterschied zwischen Männern und Frauen zu viel Gewicht beizumessen, als sie die These aufstellte, Mütter könnten die Welt aus einem anderen Blickwinkel sehen. Dabei hatte sie von vornherein betont, es sei weniger ein angeborener Unterschied als vielmehr die *Tätigkeit* der Kinderbetreuung, die dieser Veränderung zu Grunde liege. Die bekannte Soziologin Alice Rossi, Begründerin der National Organization for Women, berichtet, sie sei 1983 ähnlich unter Beschuss geraten, als sie einen Vortrag über die von ihr so genannte »biosoziale Perspektive der Elternrolle« hielt. »Ich wollte darauf hinweisen, dass bestimmte vorhandene genetische Unterschiede zwischen den Geschlechtern für die primäre Ausrichtung der Männer- und Frauenrolle von Bedeutung waren, und dass soziale Bestrebungen zur Gleichberechtigung scheitern werden, solange sie sich auf die Prämisse stützen, die Ungleichstellung der Geschlechter sei lediglich das Ergebnis unterschiedlicher Sozialisation«, erinnert sie sich. »Vielmehr ist es so, dass Männer ein Ausgleichstraining in den behütenden Fähigkeiten brauchen und Frauen in der Selbstbehauptung. Aber das war etwas, was die Feministinnen nicht hören wollten. Sie hielten noch immer dagegen (...) alle erkennbaren Unterschiede zwischen den Geschlechtern würden daher rühren, dass die Gesellschaft die Frauen in eine bestimmte Rolle gedrängt hat.«

Doch bereits im Jahr 1993 stellte der Arzt Mark George, Psychiater und Neurologe an der Medical University of South Carolina, fest, dass sich diese Sichtweise allmählich änderte. George untersuchte damals an den National Institutes of Health mit dem Kernspin Männer und Frauen, während sie sich an ein trauriges Ereignis in ihrem Leben erinnerten. Bei Frauen, so stellte er fest, waren bei dieser Erinnerung weitaus größere Bereiche des Gehirns aktiv als bei Männern, vielleicht ein Anhaltspunkt, der verständlich macht, weshalb Frauen doppelt so häufig unter Depressionen leiden wie Männer. »Diese Zonen leuchteten auf wie ein Sternenhimmel«, beschreibt er seinen Eindruck. Zwar erkannte George die Bedeutung seiner Entdeckung, doch er befürchtete, an ein Tabu zu rühren, wenn er seine Forschungsarbeit auf so fundamentale Unterschiede ausrichtete. »Als ich meine Ergebnisse bei einer Fachkonferenz vortrug, hieß es jedoch, machen Sie weiter, veröffentlichen Sie es«, erinnert er sich. »Als ich das dann tat, war das Thema nicht mehr tabu, sondern voll im Trend. Erstaunlich, wie sich die Gesellschaft wandelt.«

Dieser Wandel gibt den Forschern die Freiheit, ihren Intuitionen zu folgen und zu tieferen Einsichten über den Veränderungsprozess zu gelangen, auf den wir uns mit der Elternrolle einstellen müssen.

DIE ENTWICKLUNG DES MÜTTERLICHEN GEHIRNS

Während sich Tara Magnuson, die Probandin an der Yale University, auf ihre funktionelle Kernspintomographie vorbereitete, ging der Forscher James Swain seine Liste mit Fragen durch. Trug sie eine Zahnspange? Hatte sie Schussverletzungen? Eine Metallplatte im Kopf? Einen Herzschrittmacher?

Tara Magnuson hörte mit dem erstarrten Lächeln einer unter chronischem Schlafmangel Leidenden zu und schüttelte bei jeder Frage verneinend den Kopf. Zugleich traf sie alle Vorkehrungen, um

Alexander eine Zeitlang allein lassen zu können. Während sie ihn zum Stillen unter ihre Bluse schob, hielt sie den Blick unverwandt auf Swain gerichtet, um sich auf seine Fragen zu konzentrieren. Unterdessen ließ sie ihr Kind aufstoßen und legte es an der anderen Seite an. Alexanders Unmutsäußerungen verstummten bald, und er gurrte zufrieden.

Die junge Mutter reagierte äußerst effizient auf die verschiedenen Anforderungen, die in diesem Augenblick an sie gestellt wurden – auf Swain, der genaue Antworten erwartete, auf ihr Baby, das Nahrung und Zuwendung verlangte, und auf ihr eigenes Bedürfnis, ihre Brust nicht zu zeigen. Damit entsprach sie dem Idealbild, das Paul MacLean, der visionäre Neurologe der National Institutes of Health, in seinen Theorien zeichnet. Dass heute derartige Versuche stattfinden, ist nicht zuletzt auf seine Initiative zurückzuführen. Mit seiner Forschungsarbeit lieferte der Wissenschaftler eine durch und durch positive Darstellung des mütterlichen Gehirns und seiner einzigartigen evolutionären Bedeutung für die Entstehung von Sprache und sozialen Bindungen. Die Idee, das Gehirn von Müttern durch bildgebende Verfahren zu untersuchen, geht ebenfalls auf ihn zurück.

»Das weibliche Geschlecht spielt seit 180 Millionen Jahren eine entscheidende Rolle in der Entwicklung der Säugetiere«, schrieb MacLean.[15] Mütterliches Verhalten, so seine Theorie, war das Erste, was vor etwa 250 Millionen Jahren die Säugetiere von den Reptilien unterschied. Bei Echsen gibt es praktisch kein Sorgen um den Nachwuchs; sie legen ihre Eier ab und machen sich davon. Die von diesen faulen Muttertieren abstammenden Säugetiere hingegen zeigen drei wesentliche Verhaltensweisen, die allesamt direkt auf der Mutter-Kind-Beziehung basieren: Sie benutzen Sprache, sie nähren ihre Jungen und sie spielen – ein Verhalten, das ursprünglich wohl darauf abzielte, zwischen rivalisierenden Geschwistern in der Familie Einigkeit herzustellen.

MacLeans berühmtester Theorie zufolge bildete sich das menschliche Gehirn in seiner physischen Form im Verlauf der Zeit parallel zu den veränderten Verhaltensweisen aus. Er führte das Konzept des »dreieinigen« Gehirns ein, ein integriertes System, das Körperfunktionen, Fühlen und Denken steuert.[16] Der älteste, der tiefliegendste und der grundlegendste Teil dieser Triade – auch als »Echsenhirn« bekannt – sind der Hirnstamm, das Striatum und Teile des Thalamus. Der Hirnstamm ist verantwortlich für die vegetativen Funktionen – Atem, Herzschlag und Reflexe –, das Striatum für Motivation und unwillkürliche Verhaltensweisen, wie etwa wenn man unbewusst den Schlüssel einsteckt, ehe man das Haus verlässt. Teile des Thalamus spielen eine wichtige Rolle bei der raschen Verarbeitung von sensorischen Erfahrungen, etwa wenn man einen heißen Ofen berührt.

Als Nächstes entwickelte sich das über dem »Echsenhirn« angesiedelte »emotionale Gehirn« oder limbische System. Es umfasst die mandelgroße Amygdala, die für die Selbsterhaltung so wichtige Funktionen wie Furcht und andere »Bauchreaktionen« steuert, den Hypothalamus – das Zentrum für Hormonsekretion – und den seepferdchenförmigen Hippokampus (aus dem Griechischen: Hippo heißt Pferd und Kampus Ungeheuer), der, wie schon beschrieben, für Gedächtnis und Lernen verantwortlich ist.

Und schließlich gibt es die Hirnrinde oder den Neokortex, den äußersten und jüngsten Teil des Gehirns. Er findet sich bei allen Säugetieren, beim Menschen ist er jedoch im Verhältnis zum übrigen Gehirn am größten. Der Neokortex ist verantwortlich für kritisches Denken, Flexibilität, Sprache und Langzeitplanung. Im Verlauf der mehrere Millionen Jahre umfassenden vormenschlichen und menschlichen Geschichte (in denen Kenntnisse über Physik oder französische Literatur noch weitgehend bedeutungslos waren) bestand die wichtigste Aufgabe des Neokortex darin, Säugetieren bei der Organisation ihrer sozialen Beziehungen zu helfen; dazu zählen auch die Bindung zwischen Eltern und Kind und die Beziehungen zu anderen Erwachsenen, die die Überlebenschancen des Kindes vergrößern.

MacLean ist inzwischen über neunzig. Seine Arbeit wurde von zahlreichen Forschern aufgegriffen, unter ihnen Jeffrey Lorberbaum in South Carolina. Als Medizinstudent entwickelte Lorberbaum ein leidenschaftliches Interesse für MacLeans evolutionären Erklärungsansatz des Verhaltens. Als er sich 1997 nach seiner Promotion bei Mark George um ein Forschungsstipendium bewarb, stellte er fest, dass dieser seine Begeisterung teilte. Mark George berichtete, MacLean dränge ihn schon seit Jahren, Mütter mit dem Kernspin zu untersuchen, weil er hoffte, so jene Hirnregionen lokalisieren zu können, die für mütterliches Verhalten zuständig sind. Lorberbaum ergriff diese einmalige Gelegenheit, als Erster eine solche Versuchsreihe zu entwickeln. Wie MacLean glaubte er, dass die Reaktion einer Mutter auf das Schreien ihres Baby interessante Bilder liefern würde, die Aufschluss darüber geben könnten, was sich durch Elternschaft im Gehirn verändert.

VON DER PECANUSS ZUR MELONE

Schon einige Jahre bevor Lorberbaum Mütter durch bildgebende Verfahren zu testen begann, hatte Michael Numan, der Neurowissenschaftler vom Boston College, bei Ratten die »mütterliche Schleife« entdeckt – eine Vernetzung zwischen den Teilen des Gehirns, die aktiviert werden, wenn ein Nagetier sich seinen Jungen zuwendet.[17] Eine Schlüsselrolle in diesem neurologischen Prozess spielt eine im vorderen Hypothalamus angesiedelte Struktur, die so genannte Medial Preoptic Area (MPOA). Numans Ergebnisse deuten darauf hin, dass gewisse Neuronen in der MPOA durch die Schwangerschaftshormone stimuliert werden – ein Vorgang, der seiner Meinung nach dafür ausschlaggebend ist, ob ein Weibchen seine Jungen säugt oder nicht – und dass diese Neuronen mit jenem mittleren Teil des Gehirns in Verbindung stehen, der bei Motivation und Belohnung eine wichtige Rolle spielt. Dazu gehören die Ventral Tegmental Area

(VTA) und der Nucleus Accumbens (NA), der oft als das »Lust-zentrum des Gehirns« bezeichnet wird. Bei einem Lotteriegewinn, beim Anblick eines angenehmen Gesichts oder auch bei einem Ko-kainrausch, wird der Neurotransmitter Dopamin über dieses eigen-ständige »Belohnungssystem« geleitet und erzeugt ein Gefühl der Freude.

Im Jahr 2004 hatte Lorberbaum bereits über 40 Mütter und zehn Väter im Kernspin untersucht und war dabei zu ähnlichen Ergeb-nissen gelangt.[18] Seine Daten zeigten, dass MPOA, VTA und NA ak-tiviert waren, wenn Mütter ihr Kind schreien hörten. Diese Paralle-len zur Tierwelt verblüfften den Forscher. »Man sah, dass das Gehirn des Menschen sich nicht von Grund auf neu entwickelt hat«, so Lor-berbaum. Die umfangreiche Literatur, die bereits über Mutterver-halten im Tierreich vorliegt, schien daher durchaus geeignet, Licht in das menschliche Verhalten zu bringen.

Wissenschaftlern ist schon seit langem klar, dass man durch Ver-suche mit Nagetieren auch viel über Menschen erfahren kann. Das pecanussgroße Gehirn einer Ratte ist ähnlich aufgebaut und wird von den gleichen neurochemischen Prozessen gesteuert wie das me-lonengroße des Menschen.[19] Was wir heute über das menschliche Nervensystem und seine Interaktion mit den reproduktiven Hor-monen wissen, haben wir weitgehend der Tierforschung zu verdan-ken, die es in Kauf nehmen kann, ein Tier zu »opfern«, um sein Ge-hirn zu sezieren und zu studieren. Darüber hinaus können wir Tests mit Tieren besser kontrollieren und Faktoren ausschließen, die Ver-suche mit Menschen schwierig, wenn nicht gar unmöglich machen würden.

Man kann sich ja schon vorstellen, wie problematisch es ist, die Eigenschaften von zwei Frauen im selben Alter miteinander zu ver-gleichen – eine Mutter und eine kinderlose –, um etwas über den Einfluss der Mutterschaft zu erfahren. Selbst wenn sie den gleichen Intelligenzquotienten und das gleiche Einkommen haben, unter-scheiden sie sich wahrscheinlich in zahllosen anderen Aspekten, angefangen vom Erbgut über Ernährungsgewohnheiten bis hin zu ihren Interessen. Dies erklärt, warum bisher kaum ein Wissenschaftler das Wagnis einging, zu erforschen, wie sich Eltern nach der Geburt eines Kindes verändern. In jüngster Zeit gibt es allerdings einige interessante Ausnahmen.

2002 untersuchte der Psychologe James J. Dillon von der State University of West Georgia 35 Eltern und 15 Lehrer.[20] Er bat sie, sich an eine Begebenheit zu erinnern, bei der sie, angeregt durch ein Kind, eine wertvolle Erkenntnis gewonnen oder sich durch den Einfluss eines Kindes spürbar verändert hatten. Beide Geschlechter waren gleich stark vertreten. Keiner der Beteiligten stritt ab, jemals eine solche Erfahrung gemacht zu haben. 34 Prozent der Eltern, und somit die größte Gruppe, gaben an, die Kinder seien Auslöser für ein besseres Verständnis ihrer eigenen Persönlichkeit gewesen. 29 Prozent berichteten von einem »inspirierenden Einfluss«, wie Dillon es nennt, und 26 Prozent führten an, durch ihre Kinder mit neuen Gedanken und Ideen wie etwa zum Umweltschutz konfrontiert und damit zu einer Änderung von Einstellung und Verhalten motiviert worden zu sein.

Bei meinen Recherchen zu diesem Buch konnte ich zwei Forscher dazu bewegen, ihre bisher gesammelten Daten einer erneuten Prüfung zu unterziehen. Im Jahr 2004 befragten Jeffrey Lorberbaum und der türkische Psychiater Samet Kose 30 von ihnen mit dem Kernspintomographen untersuchte Frauen, ob sie in den ersten zwei Monaten nach der Geburt ihres Kindes Veränderungen an sich festgestellt hätten, und wenn ja, welche. Ein hoher Prozentsatz der Frauen berichtete, sie seien grundsätzlich warmherziger und freundlicher geworden, könnten die Einstellung von anderen besser nachvollziehen, machten sich weniger Sorgen darüber, wie sie auf andere wirken, könnten besser mit Stress umgehen und mehrere Aufgaben auf einmal bewältigen.

Die Forschungspsychologin Ravenna Helson von der University of California in Berkeley konnte auf weitaus umfangreicheres Material zurückgreifen. Sie und ihre Kollegen haben in den letzten 40 Jahren 121 Absolventinnen des Mills College, einer Eliteschule für Frauen in Nordkalifornien, begleitet. Auf meine Bitte hin verglich sie 2004 kinderlose Frauen mit Müttern, indem sie die Ergebnisse von drei Ende der fünfziger bis Anfang der sechziger Jahre durchgeführten großen Persönlichkeitstests neu aufschlüsselte. Ravenna Helson stellte fest, dass Frauen der zweiten und größeren Gruppe »eine deutliche Verbesserung in der Einschätzung der eigenen Persönlichkeit und der anderer sowie ein ausgeprägteres Verantwortungsgefühl zeigten«.

Eine Frau sollte allerdings nicht davon ausgehen, dass sie sich zwangsläufig auf diese Weise verändert, wenn sie ein Baby bekommt, warnt Ravenna Helson. Die Mütter unter den Absolventinnen des Mills College waren alle ein Produkt ihres Charakters, ihrer Zeit und ihrer Entscheidungen – so wie heute jede Frau natürlich auch. »Was eine Mutter erlebt«, betont sie, »hängt ab von ihrer Persönlichkeit, ihren Zielen und den Umständen, in denen sie ihre Rolle ausfüllt.«

VERRÜCKT NACH LIEBE

Aufgrund ausgeprägter persönlicher Unterschiede ist das Verhalten von Menschen nun mal weniger gut vorhersehbar als das von Ratten. Aber in einem Punkt halten wir es ähnlich wie die Tiermütter: Wir fühlen uns unserem Kind so eng verbunden, dass wir nicht etwa vor seinem lästigen Schreien fliehen, sondern das Baby hochnehmen und beruhigen. Das heißt, bei Frauen ändert sich das Verhalten ebenso einschneidend wie bei Rattenweibchen, die, solange sie noch nicht Mutter geworden sind, den Kleinen ängstlich begegnen, als würden sie übel riechen, oder gar versuchen, sie zu vergraben. Lorberbaum meint, dass dieser Umschwung etwas damit zu tun hat, dass eine Verschaltung zwischen dem »mütterlichen Kreislauf« und dem »Belohnungssystem« stattfindet – eine Beobachtung, die er an jungen Müttern machen konnte, die im Kernspin ihr Baby schreien hörten.

Interessant sind in diesem Zusammenhang noch nicht veröffentlichte Forschungsergebnisse, von denen Lorberbaum und Samet Kose berichten.[21] In der Reaktion der *Väter* auf das Schreien ihrer Babys zeigen sich offensichtlich geschlechtsspezifische Unterschiede. Während Mütter mit den älteren, für Emotionen zuständigen Gehirnregionen reagierten, war bei Vätern lediglich eine erhöhte Aktivität in jüngeren Gehirnregionen, die für Denken und Planen zuständig sind, zu verzeichnen. Lorberbaums Ansicht nach könnte dies daher rühren, dass Väter evolutionär gesehen erst in jüngster Zeit eine bedeutende Rolle bei der Kindererziehung spielen, während es Müttern über Generationen hinweg in Fleisch und Blut übergangen ist, für den Nachwuchs zu sorgen, was, wie er sagt, erklären könnte, »warum Mütter als Erste aus dem Bett springen«.

Es muss sich noch erweisen, ob bei Müttern Dopamin ausgeschüttet wird, wenn sie ihr Baby schreien hören. Doch im Zusammenhang mit den Theorien des Anthropologen Donald Symons von der University of California in Santa Barbara erscheint diese Vorstellung einleuchtend.[22] In seinen Ausführungen zur Evolution der Emotionen geht er davon aus, dass unsere stärksten Triebe dazu dienen, bestimmte, schwer erreichbare Voraussetzungen fürs Überleben zu sichern. Wir können gar nicht anders, als uns um Nahrung und Liebe zu bemühen, so knapp diese Güter auch bemessen sein mögen, und für unsere Kinder zu sorgen, so lästig sie uns oft fallen; und dass wir uns dabei gut fühlen, ist jenem ausgeklügelten Belohnungssystem in unserem Gehirn zu verdanken.

Forscher, die diesen uralten Motivationsmechanismen durch Kernspin auf den Grund gehen wollen, haben sogar festgestellt, dass eine Frau ihrem Partner ähnliche Gefühle entgegenbringt wie ihren Kindern. Diese Emotion hat wiederum viel mit dem Verlangen eines Süchtigen nach der Droge seiner Wahl gemein. Etwa zur gleichen

Zeit, als Lorberbaum die Ergebnisse seiner ersten Studie veröffentlichte, berichtete eine Forschergruppe des University College London, die ebenfalls mit dem Kernspin arbeitet, dass das Belohnungssystem aktiviert wird, wenn man einer Frau das Bild ihres Geliebten zeigt, beim Bild eines anderen Bekannten jedoch nicht. 2004 erhielten die britischen Forscher ein ähnliches Ergebnis bei der Untersuchung von 20 Müttern, denen Fotos ihrer Kinder zwischen neun Monaten und sechs Jahren gezeigt wurden, während Bilder anderer ihnen bekannter Kinder gleichen Alters kaum Reaktionen auslösten.[23]

Junge Mütter brauchen allerdings in der Regel kein Kernspin ihres Gehirns, um zu wissen, dass die Liebe zu ihrem Baby ebenso süchtig macht und bewusstseinsverändernd wirkt wie eine Droge. »Wir haben uns neulich die alten Babyfotos angeschaut, weil wir darüber gesprochen haben, was für ein süßes, rundum perfektes Baby er war, und als wir sie dann vor uns hatten, hat er geschielt und sah wirklich komisch aus«, gesteht eine Mutter aus meinem Bekanntenkreis. Rattenmütter scheinen ebenfalls blind vor Liebe zu sein.[24] In einer Versuchsreihe liefen Rättinnen kurz nach dem Werfen hartnäckig zurück in einen Raum, in dem sie zuvor ihre Jungen vorgefunden hatten, anstatt in den Raum, in dem sie Kokain erhalten hatten. (Etwa zwei Wochen später gaben die Rattenmütter allerdings dem Kokain den Vorzug.)

Nach Meinung der Neurowissenschaftlerin Joan Morrell von der Rutgers University, die diese Untersuchung durchgeführt hat, kann dies unter Umständen erklären, warum sich kokainabhängige Frauen oft in der Schwangerschaft oder kurz nach der Geburt für einen Entzug entscheiden – und warum viele Schwangere auf Kaffee und Zigaretten verzichten. Joan Morrell vermutet dahinter mehr als nur das Augenscheinliche, nämlich, dass die in der Schwangerschaft und ersten Zeit nach der Geburt ausgeschütteten Hormone etwas enthalten, das die Frauen zusätzlich motiviert, ihre Sucht aufzugeben. »Schwangerschaft und Stillzeit spielen in der biologischen Entwicklung des Menschen oder jedes anderen Säugetiers eine einzigartige Rolle, denn während dieser Zeit kann dem Kind unendlich geschadet oder unendlich geholfen werden, was Auswirkungen für das ganze Leben hat«, schreibt sie.

DAS LABYRINTH DER MUTTERSCHAFT

Wenn Menschenmütter, wie Jeffrey Lorberbaums Untersuchungen vermuten lassen, mit Ratten mehr gemeinsam haben, als wir zunächst vielleicht glauben wollten, dann kann uns die Arbeit von Craig Kinsley und Kelly Lambert in Virginia nur Mut machen. Dies sind die Forscher, deren Rattenmütter bei der Orientierung in einem Labyrinth deutlich bessere Resultate erzielt hatten.

Kinsley und Lambert begannen 1996 mit ihren Versuchen, also bevor man jemals Mütter mittels Kernspin untersucht hatte. Wahrscheinlich gehörten sie zu den ersten Neurowissenschaftlern, die von der These ausgingen, das Aufziehen von Kindern könne zu einer nachweisbaren Leistungssteigerung des Gehirns führen. »Ich war erstaunt, als ich mich mit dem Thema vertraut machte, denn was hat größere Bedeutung für das Leben als das Gebären?«, meint Kelly Lambert. »Dass ein dermaßen wichtiger Vorgang seit so vielen Jahren ignoriert wurde, fand ich erschreckend.«

Die große, attraktive Blondine mit dem knallroten Truck straft jede Klischeevorstellung von einer Neurowissenschaftlerin Lügen, zumal sie neben dem anspruchsvollen Job auch noch zwei kleine Töchter großzieht. Wenn sie nicht auf Reisen ist, ist sie tagsüber als Leiterin des Fachbereichs Psychologie mit Lehre und Forschung beschäftigt, anschließend geht sie zum Abendessen nach Hause, bringt um halb neun ihre Kinder ins Bett und widmet sich dann bis nach Mitternacht der schriftlichen Vorbereitung ihrer Projekte.

In ärmlichen Verhältnissen in Mobile, Alabama, aufgewachsen, suchte sie in den Wäldern in der Nähe ihres Elternhauses gern nach

Kröten, doch ihre Mutter warnte sie, sie könne bei der Berührung der Tiere Warzen bekommen. »Ich habe mich sogar von ihnen anpinkeln lassen, um ihr zu beweisen, dass es nicht stimmt«, berichtet sie. Sie teilt diesen Forscherdrang mit Craig Kinsley, der als Kind die Flöhe von seinem Cocker Spaniel gepflückt und sie sich auf den Arm gesetzt hat, um sie beim Blutsaugen zu beobachten. Die Zusammenarbeit der beiden Wissenschaftler begann Anfang der neunziger Jahre, als sich Kinsley nach der ersten Schwangerschaft seiner Frau Nancy für die Erforschung mütterlichen Verhaltens entschied. »Ich sah, wie meine vormals zurückhaltende, unentschlossene und nicht sonderlich selbstbewusste Frau nun große Kompetenz und Enthusiasmus ausstrahlte«, so Kinsley.

SUPERMOMS

In den ersten Jahren des neuen Millenniums erschienen mehrere Studien, die zeigten, dass Kinder praktisch vom Zeitpunkt der Empfängnis an ihre Mütter beeinflussen – und ihnen nicht selten sogar neue Kraft verleihen. Unter anderem fand man heraus, dass Schwangere, die einen Sohn erwarten, zehn Prozent mehr Kalorien zu sich zu nehmen als Frauen, die mit einem Mädchen schwanger gehen, ohne dass sich dies auf der Waage niederschlägt.[25] Ferner wurde festgestellt, dass Wunden bei Frauen, die stillen, schneller heilen.[26] Neben diesen zeitlich begrenzten Effekten entdeckten die Forscher bei Säugetieren jedoch auch Hinweise auf anhaltende Veränderungen. Beim zweiten Kind beispielsweise reagieren Mütter rascher und wirksamer auf ihre Babys – ein Hinweis auf bleibende Veränderungen. Säugetiere haben überdies beim zweiten Wurf in der Regel mehr Milch als beim ersten, während das Niveau der Stresshormone im Vergleich geringer ist. Auch Frauen haben das Gefühl, dass sich durch das erste Kind manches verändert – die Geburt wird quasi zur eigenen Wiedergeburt.

»Das Gehirn verändert sich, wenn ein Tier lernt«, erklärt Fleming, die Neurowissenschaftlerin von der University of Toronto, die zu ihren Untersuchungen Nagetiere, Schafe und Menschen herangezogen hat. Sie denkt dabei an ein Lernen, das weitaus tiefer geht als alles, was man im Geburtsvorbereitungskurs beigebracht bekommt. Dieser Vorgang greift tief in biologische Prozesse ein und hat erhebliche Auswirkungen auf Gehirn, Hormonhaushalt und künftiges Verhalten.

Ende 2003 veröffentlichten Wissenschaftler von der Universität Basel Resultate eines Versuchs, der erstaunliche Veränderungen bei jungen Eltern ans Licht brachte.[27] Den Probanden wurde dabei entweder das Weinen oder das Lachen eines Babys vorgespielt, und es zeigte sich, dass bei den Müttern und Vätern in der Amygdala und den für Emotionen zuständigen Hirnarealen beim Weinen der Babys eine stärkere Reaktion auftrat, während die kinderlosen Probanden eine deutlichere Reaktion beim Lachen zeigten. Wie der Versuchsleiter Erich Seifritz gegenüber Journalisten erklärte, leuchtet dies vom biologischen Standpunkt her ein. Tränen sind ein Hinweis auf ein Problem, das von den Eltern gelöst werden muss, wenn sich ihre genetische Investition auszahlen soll. Dass Kinderlose stärker auf die Gute-Laune-Laute ansprechen, bedeutet, dass die weniger lustbetonte, jedoch notwendige Reaktion der Eltern angelernt ist. Und alles Lernen hat, wie wir wissen, physiologische Veränderungen im Gehirn zur Folge.

Macht das Grundbedürfnis, dem schreienden Kind zu helfen, Eltern klüger? Wenn man an die Evolutionstheorie glaubt, versteht sich die Antwort von selbst: In dieser Situation gilt es zu handeln, und dabei darf den Eltern kein Fehler unterlaufen. Im Pleistozän, der Epoche der Jäger und Sammler, die vor 1,6 Millionen Jahren begann und im Jahr 10.000 vor Christus endete und in der sich das menschliche Verhalten in seinen Wesensmerkmalen ausbildete, waren Kinder größten Gefahren ausgesetzt. Da die Männer meist auf der Suche nach Fleisch umherstreiften, mussten die Frauen alle Möglichkeiten ausschöpfen, nicht nur für sich selbst zu sorgen, sondern auch für das neue Wesen in ihrem Leben. Und da die Kindheit immer länger und die Kultur immer vielschichtiger wurde, verlangt diese Aufgabe auch ein vielseitigeres mentales Repertoire. Wie die Anthropologin Sarah Blaffer Hrdy schreibt, »war eine Pleistozän-Frau, die sich allein auf ihr Aussehen verließ, um Kinder durchzubringen, kaum sehr lange Mutter und hinterließ mit großer Wahrscheinlichkeit keine Nachkommen«.[28]

Um Kinder großzuziehen, brauchen wir eine Reihe geistiger Eigenschaften, die uns innerhalb, aber auch außerhalb der Familie zustatten kommen. Dazu gehören so wichtige Eigenschaften wie Aufmerksamkeit, Effizienz, Widerstandskraft, Motivation und Kontaktfähigkeit. Ob das Gehirn von Müttern in diesen Bereichen tatsächlich besser funktioniert, haben Wissenschaftler inzwischen untersucht; mit ihren Ergebnissen befassen sich die folgenden Kapitel.

II

DIE FÜNF BEREICHE, IN DENEN EIN BABY UNSER GEHIRN STIMULIERT

4 WAHRNEHMUNG: DIE INTENSIVIERUNG DER SINNESEINDRÜCKE

Doch wenn von einer weit zurückliegenden Vergangenheit nichts mehr existiert, nach dem Tod der Menschen und dem Untergang der Dinge, dann verharren als einzige, zarter, aber dauerhafter, substanzloser, beständiger und treuer der Geruch und der Geschmack, um sich wie Seelen noch lange zu erinnern, um zu warten, zu hoffen, um über den Trümmern alles übrigen auf ihrem beinahe unfassbaren Tröpfchen, ohne nachzugeben, das unermessliche Gebäude der Erinnerung zu tragen.[1]
MARCEL PROUST

»SEHEN SIE SICH DAS AN«, sagt Craig Kinsley, als im Konferenzsaal der University of Richmond das Video mit einer Albinoratte auf dem Bildschirm erscheint.[2] Die Ratte, die soeben ihre neugeborenen Jungen gesäugt hat, sitzt ruhig in ihrem Käfig, als eine lebende Grille hineingeworfen wird und zehn Zentimeter neben ihr landet. Die Ratte schnuppert kurz, nimmt die Beute wahr, und im nächsten Augenblick stürzt sie sich auf das Insekt und verschlingt es.

In einer ähnlichen Szene, die zuvor gezeigt worden war, hatte eine unbegattete Ratte sage und schreibe dreimal so lange gebraucht, um die Grille zu fangen. Sie schien zunächst gar nicht mitzubekommen, dass das Insekt unbesorgt durch den Käfig hüpfte. Solche Unterschiede zeigen sich immer wieder, wenn man Rattenmütter mit Nichtmüttern vergleicht.

Kinsley, der neben dem Bildschirm steht, betrachtet die Szene mit väterlichem Stolz. »Mutterratten sind unbegatteten Weibchen einfach überlegen«, kommentiert er das Experiment.

Zwar liegt es auf der Hand, dass dieser Wettbewerbsvorteil durch eine verbesserte Fähigkeit zustande kommt, worin diese aber besteht, konnte Kinsley noch nicht feststellen. Vielleicht ist es nur eine Frage der Motivation: Zwar mussten beide Rattengruppen gleich lange auf Futter verzichten, die Muttertiere jedoch waren wohl stärker daran interessiert, ihren Kalorienvorrat aufzustocken. Schließlich säugten sie ihre Jungen noch und durften nicht nur an sich selbst denken. Aber Kinsley vermutet, dass die überlegenen Ratten aufgrund der evolutionären Notwendigkeit mit besseren sensorischen Fähigkeiten ausgestattet sind. »Ganz gleich, welches System man betrachtet, es dürfte sich bei Müttern weiterentwickelt haben, sofern sich dadurch die Wahrscheinlichkeit erhöht, dass der Nachwuchs überlebt«, meint Kinsley.

Dieselbe Grundregel trifft wohl auch auf Menschen zu. Zwar gelten die Schwangerschaft und die ersten Wochen nach der Geburt als eine Zeit der Trägheit, dennoch fühlen sich viele Frauen auf der Sinnesebene aufgeweckter und reagieren lebhafter auf ihr Baby und auf die Welt. »Das ist das Einzige, was stärker reinhaut als die Pilze, die wir in Machu Picchu geschluckt haben«, erklärte mir eine Freundin, die in Santa Cruz als Sozialarbeiterin tätig ist.

Die Schwangerschaft verändert unseren Geschmacks- und Geruchssinn. Vielleicht haben Sie während dieser Zeit Heißhunger auf bestimmte Gerichte, während andere einen Brechreiz auslösen. Sobald Ihr Baby da ist, stellen Sie fest, dass Sie im gleichen Augenblick – oder sogar ein wenig früher – aufwachen wie Ihr Kind. Bald erkennen Sie es an seinem Geruch und an seiner Stimme und wissen, ob sein Schreien Hunger oder Schmerz, Langeweile oder Müdigkeit bedeutet. Und obwohl Sie stets auf Katastrophen gefasst sind, gelingt es Ihnen irgendwie, den Kopf Ihres Babys nicht an das Treppengeländer zu stoßen, während Sie es tragen, und es aufzufangen, bevor es vom Wickeltisch fällt. All diese Reaktionen sind Ausdruck von subtilen Veränderungen im Gehirn; manche davon sind vorübergehender Natur, andere bleiben.

Vielleicht meinen wir letztlich diese geschärfte Wahrnehmung, die unsere Befürchtungen, Ängste, freudigen Erfahrungen und das immense Schlafbedürfnis überlagert, wenn wir vom Mutterinstinkt sprechen – nicht den Kinderwunsch oder die Mütterlichkeit, sondern jenen Instinkt, der geweckt wird, wenn es kein Zurück mehr gibt: die innere Stimme, die der Mutter sagt, ob ihr Kind nun krank ist, in Gefahr schwebt oder auch nur mit irgendetwas ungestraft davonkommen will. Dabei geht es nicht nur darum, dass Ihre fünf Sinne geschärft worden sind – Sie sind auch deshalb aufmerksamer und lernen rasch aus Erfahrung, weil das Leben eines anderen davon abhängt.

DER GERUCHSSINN

Es fängt mit der Nase an; sie ist ein so wichtiges Leitorgan für unsere Gefühle, dass Forscher das limbische System – die für Gefühle zuständige Hirnregion – auch als Rhinencephalon oder Riechhirn bezeichnen. Marcel Proust erkannte die Wechselwirkung zwischen Geruch, Geschmack, Gefühl und Gedächtnis schon vor hundert Jahren, als er die Flut der Erinnerungen schilderte, die ein Bissen von einem Gebäckstück, der »petite Madeleine«, auslöste. Heute wissen wir, dass unsere Riechkolben, von denen Gerüche zunächst registriert werden, von jeher Verbindungen zur Amygdala haben, dem Zentrum unserer spontanen Gefühle, das den Düften die Macht verleiht, Erinnerungen zu verankern und wieder wachzurufen. Untersuchungen an Tieren und Menschen zeigen, dass diese tiefe, mysteriöse Verbindung einen besonders wichtigen Kompass für die Reise durch die Mutterschaft darstellt.

Kinsley vermutet, dass der geschärfte Geruchs- und Gesichtssinn zu Beginn der Mutterschaft am besten erklärt, warum Rattenmütter bei der Grillenjagd im Vorteil sind. Dass der Hörsinn dafür verantwortlich ist, schloss er durch ein Experiment aus, bei dem das Zirpen der Grille durch weißes Rauschen überdeckt wurde. Überdies liefert die neuere Forschung Hinweise darauf, dass der Geruchssinn weiblicher Säugetiere während Trächtigkeit und Geburt zeitweise sensibler und feiner oder – wenn man so will – klüger wird.

Bei Experimenten mit Mäusen stellten Forscher der University of Calgary in Kanada fest, dass zu Beginn der Trächtigkeit im Vorderhirn in großem Umfang Stammzellen produziert werden.[3] Diese Zellen wandern dann zu den Riechkolben, der Hirnregion, die Gerüche deutet, und treten im Laufe der Entbindung in Aktion. Offensichtlich ist das eine entscheidende Phase für die Mäusemutter und ihr Junges: Die erste Begegnung entscheidet über die Stärke ihrer künftigen Bindung. Die Qualität des ersten Beschnupperns hat maßgebliche Folgen für das Überleben des Kleinen. Und genau aus dem Grund, so die kanadischen Forscher, verfügen die Mäusemütter in diesem Augenblick über einen gesteigerten Geruchssinn. Dieser Wandel wird offenbar durch das Hormon Prolaktin ausgelöst, das bei der Paarung der Mäuse freigesetzt wird. Und nach Meinung der Experten könnte dasselbe auch bei Menschen geschehen, die beim Geschlechtsverkehr ebenfalls Prolaktin ausschütten.

Der Neurologe Samuel Weiss, der ebenfalls dem Forscherteam angehört, nennt diese Entdeckung »das erste Beispiel dafür, wie der Körper auf ein physiologisches Phänomen reagiert, das, wie wir meinen, mit den neuen Hirnzellen zusammenhängt, die wiederum mit einem neuen Verhalten verbunden sind«. Erst seit relativ kurzer Zeit ist bekannt, dass im Gehirn des Erwachsenen ständig neue Neuronen entstehen. Doch bis zu der Entdeckung der Kanadier hat man angenommen, dass diese Neuronen vor allem dazu dienen, Verluste zu ersetzen und beschädigte zu reparieren. Jetzt, so Weiss, ist eine weitere Funktion sichtbar geworden, nämlich ein Beitrag zum Überleben von Neugeborenen.

Der Geruchssinn spielt bei der Entstehung von Bindungen jedoch für Nager und andere Säugetiere möglicherweise eine weitaus größere Rolle als für Menschen, da sie unter einem starken kulturellen Druck stehen, für das Baby zu sorgen. (Schafe etwa vernachlässigen ihre Lämmer, wenn sie ihr Junges in der ersten Stunde nach der Geburt nicht beschnuppern können.[4]) Allerdings ist der Geruch auch für Menschen viel wichtiger, als lange Zeit vermutet wurde.

Bis in die neunziger Jahre haben Wissenschaftler die Möglichkeit, dass die Nase unsere Gefühle beeinflussen könnte, als Unsinn abgetan, und zwar wohl auch deshalb, weil die menschlichen Riechkolben im Verhältnis wesentlich kleiner sind als bei anderen Arten. Und noch vor zehn Jahren war man überzeugt, dass Menschen nicht über das Vomeronasal-Organ verfügen, ein äußerst kleines Sinnesorgan, das bei anderen Säugetieren zu finden ist.[5] Diese beiden winzigen, an der Nasenscheidewand angesiedelten Rezeptoren dienen dazu, chemische Bestandteile des Körpergeruchs wahrzunehmen, die so genannten Pheromone. Heute wissen wir, dass Menschen in Wirklichkeit alle nötigen Organe besitzen, um auch die subtilsten Botschaften mit der Nase wahrzunehmen und zu deuten, und dass diese Informationen maßgeblichen Einfluss auf die Partnerwahl und die Versorgung unserer Kinder haben. Häufig bestimmen sie unser Verhalten, ohne dass wir uns dessen bewusst sind.

Die Pheromone, auch als »biochemisches Bouquet«[6] bezeichnet, sollen etwa dafür verantwortlich sein, dass Frauen, die eng zusammenleben – zum Beispiel in einem Studentenwohnheim –, gleichzeitig menstruieren. Und bei der Partnersuche spielt der Körpergeruch – die »Chemie« – eine herausragende Rolle. Aufgrund eines uralten Mechanismus, der Säugetiere davon abhält, sich mit Blutsverwandten fortzupflanzen, ziehen Frauen – und Mäuse – während des Eisprungs den Duft von männlichen Artgenossen vor, deren immunologisches Profil sich von dem eigenen unterscheidet. Mäuse entnehmen diese Hinweise aus dem Urin. Frauen orientieren sich am Schweiß. Tests haben ergeben, dass Frauen den Geruch der getragenen T-Shirts verschiedener Männer als verführerisch oder nicht verführerisch einstufen, wobei sich die genetisch *unähnlichen* Kandidaten als besonders attraktiv erwiesen.[7] Zudem ist der Geruchssinn von Frauen während des Eisprungs, wenn es leicht zur Empfängnis kommen kann, empfindlicher als zu anderen Zeiten des Zyklus.[8]

Während der Schwangerschaft kommt dem Geruchssinn der Frau eine weitere wichtige Rolle zu. Untersuchungen haben ergeben, dass Schwangere ebenso wie Frauen während des Eisprungs Düfte sensibler wahrnehmen und zuordnen. Doch nun werden Gerüche, die zuvor ohne weiteres hinnehmbar schienen, plötzlich unerträglich. »Einmal kam ich auf einem Spaziergang mit einer schwangeren Freundin an einer Müllkippe vorbei, und sie wollte so schnell wie möglich das Weite suchen, während mir der Geruch kaum aufgefallen war«, berichtet Karen Parker, Psychologin an der Stanford University.

Während der Schwangerschaft, wenn jede Mahlzeit mit einem empfindlichen Embryo geteilt wird, ist diese erhöhte Sensitivität natürlich besonders nützlich. Die Reaktion auf verschiedene Gerüche hilft, Nahrung zu erkennen, die Parasiten oder Krankheitserreger enthalten und daher für Schwangere gefährlich werden könnte. Das kann bis zum Brechreiz führen. Die Aversion gegen bestimmte Lebensmittel stellt sich gewöhnlich dann ein, wenn sie am dringendsten benötigt wird, nämlich einige Wochen nach der Empfängnis, wenn sich die Organe des Babys entwickeln. Während dieser Zeit ist die Immunabwehr der Frau herabgesetzt, damit sie das Ungeborene, also den »Fremdkörper« in ihrem Uterus, nicht abstößt; doch damit ist sie vorübergehend auch anfälliger für Krankheiten.

Dass Aversionen gegen bestimmte Nahrungsmittel und sogar die Schwangerschaftsübelkeit ein Zeichen für die Weisheit des Körpers darstellen, wurde seit Ende der achtziger Jahre durch zahlreiche Forschungsergebnisse bestätigt. Die Evolutionsbiologin Margie Profet, damals an der University of California in Berkeley, stellte seinerzeit als Erste die Hypothese auf, dass die Morgenübelkeit die Folge einer evolutionären Anpassung sein könnte, die schwangere Frauen von intensiv riechendem Gemüse wie Kohl fern halten soll, weil es möglicherweise für das Baby schädliche Toxine enthält.[9] (In der Geschichte der Menschheit wurden Krankheiten allerdings vorrangig durch Fleisch übertragen, das ebenfalls heftige Aversionen auslösen kann.) Profets Vermutung war damals umstritten, hat jedoch wachsende Anerkennung gefunden, nachdem wissenschaftlich belegt werden konnte, dass Frauen in aller Welt ab dem ersten Drittel der Schwangerschaft unter verschiedenen Formen der Morgenübelkeit leiden. Für Schwangere, denen öfter mal übel ist, ist das Risiko einer Fehlgeburt geringer, und werdende Mütter, die sich regelmäßig übergeben, sind sogar noch stärker geschützt.

Die erhöhte Sensibilität gegenüber Essensgerüchen schwindet meist kurz nach der Entbindung[10]. Dennoch könnte der Geruchssinn bei der ersten Begegnung der Mütter mit ihren Kindern eine wichtige Rolle spielen, vor allem, wenn man davon ausgeht, dass menschliche Mütter ebenso wie Mäuse während der Geburt eine Art nasale Neurogenese erleben. Das könnte mit der so genannten »Prägung« zusammenhängen, einem Gefühl, das man ein Leben lang nicht vergisst: Es ist der erste starke Strang im Gewebe der Empfindungen, die Säugetiermütter an ihre Kinder binden.

Die Prägung ist zum Beispiel für Mutterschafe wichtig, die ihre Lämmer wiederfinden müssen, wenn sie im regen Treiben der Herde verloren gehen.[11] Mutterschafe dürfen auch nicht zulassen, dass sich fremde Lämmer statt der eigenen bei ihnen satt trinken. Dank ihres Geruchssinns erkennen sie ihren Nachwuchs innerhalb von 30 Minuten nach der Geburt wieder. Wenn sie jedoch ihr Geruchsvermögen verlieren, lassen sie jedes andere Lamm saugen. Dasselbe geschieht, wenn sie unmittelbar nach dem Lammen keine Möglichkeit haben, an ihrem Jungen zu schnuppern.

Alison Fleming, Psychologin an der University of Toronto, hat festgestellt, dass auch menschliche Mütter ihre Säuglinge nach kurzer Zeit ohne visuelle Anhaltspunkte erkennen können – obwohl kaum die Gefahr besteht, das eigene Kind in einer Herde zu verlieren. Innerhalb einer Woche nach der Geburt können die meisten Mütter ein von ihrem Baby getragenes Hemdchen von anderen unterscheiden.[12] Auch Frauen, die nur begrenzte Zeit mit ihrem Kind verbringen konnten, bevor sie am Geruchstest teilnahmen, identifizierten 20 bis 40 Stunden nach der Entbindung die Kleidung ihres Säuglings mühelos. Offenbar spielt also die Geruchswahrnehmung für die Bindung zwischen Mutter und Kind eine ebenso wichtige Rolle wie im Tierreich.

Alison Fleming geht allerdings nicht davon aus, dass Säugetiermütter direkt nach der Geburt einen besseren Geruchssinn haben als andere; sie glaubt vielmehr, dass in den entwicklungsgeschichtlich alten Hirnregionen während der Geburt etwas geschieht, das den Duft von Babys *attraktiver* macht.[13] Zwei bis drei Tage nach der Entbindung haben Mütter nach eigener Aussage mehr Freude am Geruch eines Säuglings als andere Testpersonen.

Dieser Effekt dürfte aber nur so lange anhalten, wie die Mutter in engem Kontakt mit ihrem Kind lebt. Bei Ratten werden die Jungen nach wenigen Wochen entwöhnt und gehen eigene Wege. Menschliche Eltern haben ihren Nachwuchs viel länger um sich, was wohl erklärt, warum ich immer noch finde, dass der Kopf meines neunjährigen Joey hinreißend riecht.

HÖRVERMÖGEN

Die Mutterschaft könnte auch das Hörvermögen steigern, obwohl dieses Phänomen nicht annähernd so ausgeprägt ist wie beim Geruchssinn.[14] Bisher hat zum Beispiel niemand nachweisen können, dass im Hörzentrum des Gehirns, das für das Hören eine ähnliche Funktion hat wie die Riechkolben für den Geruchssinn, neue Zellen entstehen.

Bekannt ist allerdings, dass das Gehirn einer Frau von vornherein gegenüber Geräuschen doppelt so empfindlich ist wie das eines Mannes. Und Mütter stellen häufig fest, dass sie sehr bald auf die Laute des eigenen Babys sensibler reagieren und deren Bedeutung zutreffender deuten. Vielleicht kennen Sie das Gefühl: Auf einem Fest spielen im Nebenraum mehrere Kinder. Sie hören Rufe und Kreischen, aber der Ton, der Sie schließlich vom Sessel reißt, ist der Schmerzensschrei Ihres eigenen Kindes. »Nie zuvor habe ich Unterschiede zwischen dem Schreien von Babys festgestellt«, sagte Ulrika Engman Felder, Yogalehrerin und junge Mutter. »Jetzt weiß ich sofort, wie alt es ist und ob meine Anjali oder ein anderes Kind geschrien hat.«

Jeffrey Lorberbaum, Hirnforscher aus South Carolina, stellte beeindruckt fest, dass alle Mütter – und Väter –, die er getestet hat, den Schrei des eigenen Neugeborenen unter mehreren Säuglingen heraushörten. Dies lernen Eltern offenbar schon recht früh. Eine Untersuchung ergab, dass annähernd 60 Prozent der Mütter, die im Krankenhaus ein Mehrbettzimmer mit Rooming-In teilten, in den ersten Nächten nach der Geburt beim Schreien des eigenen Babys aufwachten; danach stieg der Anteil auf 96 Prozent an.[15] Und bereits etwa zehn Jahre vor Einführung der bildgebenden Verfahren in der Hirnforschung konnte in Studien gezeigt werden, dass sich der Herzschlag einer Mutter verändert, wenn sie unter mehreren schreienden Babys ihr eigenes erkennt.[16]

Diese scheinbar »instinktive« Reaktion wird nach Ansicht von Alison Fleming zunächst von Hormonen ausgelöst.[17] Bei jungen Müttern und Vätern werden vermehrt Glukokortikoide ausgeschüttet, Stresshormone, die Wachheit und Reaktionsvermögen steigern. Wenn dieser chemische Einfluss aber im Lauf der Zeit nachlässt, wird das, was anfangs Intuition war, von Lernen und Erfahrung abgelöst. Mütter, die in der Regel tagtäglich engeren Kontakt mit ihren Kindern haben als Väter, machen bestimmte Erfahrungen von Anfang an sehr viel häufiger, sodass sie leichter zwischen einem Freudenschrei und Schmerzgeheul unterscheiden können. Vielleicht liegt es aber auch an einem stärkeren Verantwortungsgefühl, der persönlichen Einstellung, dem kulturellen Druck oder einfach an der unverhältnismäßig hohen Investition (schließlich ist es die Frau, die monatelang mit einem dicken Bauch herumläuft), dass Mütter dem Wohlergehen ihrer Kinder mehr Aufmerksamkeit schenken und größeres Einfühlungsvermögen aufbringen. »Stellen Sie sich vor, Sie hätten vor, ein Auto zu kaufen«, meint Fleming. »Plötzlich sehen Sie überall nur noch Autos. Der Unterschied ist, dass Ihr Gehirn durch Hörreize stärker *aktiviert* wird.«

Wie im Fall des Geruchssinns bewirkt das verfeinerte Gehör, dass eine Mutter wacher und aufmerksamer – also klüger – auf die Äußerungen des eigenen Kindes reagiert. Wenn alles normal verläuft, fließen Wahrnehmung und Lernerfahrung in das Gefühl einer außerordentlichen Verbundenheit ein, die sie für dieses kleine Wesen empfindet. Später kann diese starke Bindung – und die ständige geistige Herausforderung, die das Zusammensein mit einem Kind mit sich bringt – dazu beitragen, dass Mütter ihre neu gewonnenen Fähigkeiten auch im übrigen Leben zum Einsatz bringen.

RADARBLICK

Der Gesichtssinn scheint unter allen Möglichkeiten, wie wir unsere Umgebung wahrnehmen und interpretieren, der »menschlichste« – das heißt, der am wenigsten instinktgesteuerte und vernünftigste zu sein. Er ist sozusagen der Zeig-mir-Sinn. Wenn Sie ein Kind haben, nutzen Sie ihn aber vielleicht ein wenig anders, und deshalb heißt es oft, dass Mütter Augen am Hinterkopf haben.

Was Ihnen sofort auffallen dürfte, ist der besondere Blickkontakt mit Ihrem Baby. Erwachsene, und insbesondere Eltern, gehen auf den Blick eines Säuglings ganz anders ein, als sie sonst reagieren würden.[18] Sie sehen ihm lange und tief in die Augen, wie es frisch Verliebte tun. Auf dieses Verhalten greifen wir ebenso automatisch zurück, wie wir Stimme und Tonlage verändern, wenn wir mit Babys sprechen.

Dass Ihr Säugling in geradezu unheimlicher Weise Ihre Aufmerksamkeit fesselt, ist auch ein Zeichen für einen grundlegenden Wandel der Wahrnehmung, der bei anderen Säugetiermüttern ebenfalls zu beobachten ist. Kelly Lambert hat festgestellt, dass trächtige Laborratten stärker auf visuelle Reize reagieren, die eine gewisse Ähnlichkeit mit Rattenjungen aufweisen.

Eines Tages, als ich sie in ihren Käfigen beobachtete, fiel mir auf, dass ein Tier etwas Seltsames tat. Die hochträchtige Ratte nahm behutsam ihren Schwanz ins Maul und lief in eine Ecke des Käfigs, wo sie ihn wieder losließ. Dann kehrte sie zu ihrer vorherigen Beschäftigung zurück, bis ihr wieder ihr Schwanz unter die Augen kam und sie dasselbe tat. Es war verrückt, aber mir ging bald auf, dass Rattenschwänze rosa und haarlos sind – so wie die Jungen, die in zwei Tagen zur Welt kommen würden. Mir schien, dass ihr Gehirn hypersensitiv auf rosafarbene, haarlose Objekte reagierte, und das bedeutete, dass sie jedes dieser Objekte nehmen und ins Nest tragen musste. Ich habe seitdem mit anderen Wissenschaftlern darüber gesprochen, und sie haben dieses Verhalten ebenfalls beobachtet.

Der oft gepriesene Radarblick der Mütter ist besonders wichtig, wenn es darum geht, Gefahren in der Umgebung wahrzunehmen. Als meine Kinder klein waren und wir noch in Rio lebten, ging ich mit ihnen gelegentlich zum Spielplatz um die Ecke. Die Lage unter dem berühmten Gipfel des Corcovado war wunderbar, mit Aussicht auf die Fischerbote der Guanabara-Bucht. Aber der Spielplatz selbst ließ zu wünschen übrig. Tagsüber war er zwar halbwegs ungefährlich, aber morgens fand man überall Spuren der nächtlichen Ausschweifungen, wie etwa gebrauchte Kondome und Spritzen unter den Parkbänken. Bevor ich Mutter wurde, wäre mir dergleichen wohl gar nicht aufgefallen. Doch jetzt spähte ich in jeden Winkel – wie ein Polizist, der mit geübtem Blick das Wageninnere begutachtet, nachdem er Sie auf der Schnellstraße angehalten hat.

Offensichtlich war es für das Überleben der Menschheit in den vergangenen Jahrtausenden ausschlaggebend, Gefahren rasch zu erkennen und richtig zu deuten. So wie unsere Vorfahren vor Säbelzahntigern auf der Hut waren, müssen moderne Fußgänger gelegentlich zur Seite springen, wenn ein Ferrari angerast kommt. Dennoch gibt es bislang nur eine Untersuchung, aus der hervorgeht, dass sich das Sehvermögen einer Frau verbessert, die nicht nur für sich, sondern auch für Schutzbedürftige verantwortlich ist. Die Studie stammt ausgerechnet von J. Galen Buckwalter, dem Psychologen aus Los Angeles, der mit seinen Forschungen über das angeblich beeinträchtigte Kurzzeitgedächtnis schwangerer Frauen Schlagzeilen gemacht hat. »Die Journalisten haben eine interessante Kleinigkeit übersehen«, so Buckwalter. Obwohl seine schwangeren Versuchspersonen bei der Aufgabe, Wörterlisten rückwärts herzusagen, ein schlechteres Ergebnis erzielten, schnitten sie beim Test des visuellen Wahrnehmungsvermögens »erstaunlicherweise besser« ab als die Kontrollgruppe. Das überrascht auch deshalb, weil auf diesem Gebiet Männer im Durchschnitt die besseren Leistungen erbringen. Also brauchen Sie sich als Fluggast keine Sorgen zu machen, wenn die Pilotin in anderen Umständen ist, selbst wenn sie Ihren Namen vergisst.

Buckwalter, der das Wechselspiel zwischen Mutterschaft und geistigen Fähigkeiten weitaus positiver beurteilt, als die Berichte über seine Untersuchung glauben machen, erklärt, dieses Ergebnis habe ihn keineswegs überrascht: »Es wäre doch nicht gerade einleuchtend, wenn die Evolution den Frauen wichtige kognitive Reserven nehmen würde, während sie in dieser für die Fortpflanzung kritischen Phase körperlich verletzlich sind.«

Den Tastsinn habe ich mir für den Schluss aufgehoben, obwohl er beim Wunder der Mutterschaft vielleicht an erster Stelle stehen sollte. Hand, Arm und Brust einer Mutter, die ihr Kind hält, trägt und liebkost, sind wohl ihr direktestes und liebevollstes Kommunikationsmittel, und das Kind an ihrer Brust antwortet mit Lippen und Händen in der gleichen Sprache, bevor es auch nur ein einziges Wort hervorbringt. Fleming hat dies in einem eindrucksvollen Experiment mit Ratten bewiesen. Sie trennte Rattenmütter unmittelbar nach der Geburt von ihrem Wurf, indem sie die Jungen in eine durchsichtige, perforierte Plastikfolie steckte.[19] So konnten die Ratten ihren Nachwuchs zwar sehen, hören und riechen, aber nicht berühren. Ohne diese ansonsten entscheidende Stütze für den Aufbau einer Bindung in dieser kritischen Phase entwickelten die Mütter kaum Zuneigung zu ihren Jungen. Zehn Tage später reagierten sie auf ihre Babys so, wie sich unbegattete Weibchen verhalten: mit Angst und Ekel.

Dagegen ist mir noch lebhaft in Erinnerung, wie mein jüngster Sohn Joshua in den ersten Lebenswochen nachts an meiner Brust schlief. Er schmiegte sich an mich, beruhigt durch meinen Herzschlag und meine Körperwärme. Ich lag auf dem Rücken, spürte seine Wärme, hörte seinen Atem und nahm seinen süßen Babygeruch wahr. Irgendwie schafften wir es beide, die Nacht durchzuschlafen, ohne uns zu rühren. Dann wachten wir gleichzeitig auf und schauten uns in die Augen. Heute ist Joshua fast sechs Jahre alt, aber das Gefühl ist mir so gegenwärtig, als hätte es eine körperliche Prägung hinterlassen.

Und das hat es tatsächlich – allerdings muss zur Erklärung die Geschichte eines kleinen Mannes erzählt werden. Es ist kein wirklicher Mensch, sondern eine Cartoonfigur mit verzerrten Zügen: der so genannte sensorische Homunkulus, eine raffinierte Darstellung zur Verdeutlichung der Funktionsweise des Gehirns und seiner Beziehung zur Außenwelt.[20] Die Zeichnung illustriert, welche Teile der Großhirnrinde – jener zerfurchten, dünnen, vor allem aus spezialisierten Nervenzellen, den »kleinen grauen Zellen«, bestehenden Schicht, die die beiden Hemisphären des übrigen Gehirns bedeckt – beteiligt sind, wenn der Körper über die fünf Sinne Signale empfängt. Bei diesem Homunkulus sind Lippen, Augen, Finger und Zunge übergroß, denn diese Körperteile sind für die Aufnahme von Informationen besonders wichtig. Die Größe der Hirnregion, die einem Körperteil zugewiesen wird, hängt also von dessen Bedeutung für unsere Orientierung in der Welt ab.

Tierversuche legen die Vermutung nahe, dass sich die Aufteilung der Hirnregionen durch die Mutterschaft ändert. Als Joshua an meiner Brust lag, hatte er direkten Einfluss auf meinen sensorischen Homunkulus. Durch die wiederholte Erfahrung des Stillens und Kuschelns wurde meine Brust, die zuvor für mich eine rein ästhetische Funktion gehabt hatte, zum entscheidenden Instrument für die Ernährung eines anderen Menschen – und das hatte auch Folgen für meine Selbstwahrnehmung, meine Deutung der Welt und mein Verhalten.

Im Jahr 1994 konnten die Neurowissenschaftler Judith Stern von der Rutgers University und Michael Merzenich von der University of California in San Francisco diesen Zusammenhang beweisen: Sie zeigten, dass sich im Kortex einer Rattenmutter das dem Rumpf oder der Brust zugeordnete Areal verdoppelte, während sie ihre Jungen säugte.[21] Stern und Merzenich gehen davon aus, dass für Menschen dasselbe zutrifft. »Wir haben die Reaktion des Gehirns auf Erfahrung demonstriert«, so Stern. »Und was mögliche Veränderungen im Gehirn von Müttern anbelangt, war das nur die Spitze des Eisbergs.«

Michael Merzenich, der vorübergehend die Universität verlassen hat, um für ein Unternehmen Therapieprogramme für hirngeschädigte Kinder und ältere Menschen zu entwickeln, betonte, dass diese Veränderungen in erster Linie unsere Interpretation der Wahrnehmungen betreffen. Wenn Sie Ihr eigenes Kind berühren und von ihm berührt werden, während Sie es im Arm halten, bekommen Sie subtile, aber wichtige Informationen über seine Persönlichkeit, seine Gefühle und seine Beziehung zu Ihnen. »Man erhält ein einprägsameres, spezifischeres Feedback, weil die bei diesem Kontakt beteiligten Körperteile aktiviert werden«, erklärt Merzenich.

DIE PLASTIZITÄT DES GEHIRNS

Merzenichs und Sterns Forschung an säugenden Ratten stellt einen in der Geschichte der Hirnforschung herausragenden Durchbruch dar, der bestätigt, was die Schriftstellerin George Eliot bereits Mitte des 19. Jahrhunderts in Worte fasste: »Unsere Taten bestimmen uns, genauso wie wir unsere Taten bestimmen.«[22] Doch erst in den neunziger Jahren, der »Dekade des Gehirns«, wiesen Wissenschaftler nach, dass Erfahrungen tatsächlich zu konkreten Umgestaltungen unserer zerebralen Ausstattung führen können. Heute ist dieses faszinierende Phänomen zwar noch keineswegs völlig erforscht, doch nachdem man früher davon ausgegangen war, das menschliche Gehirn habe bereits bei einem jungen Erwachsenen seine endgültige, unveränderliche Form angenommen, hat sich mittlerweile die Erkenntnis durchgesetzt, dass es in Wirklichkeit ein Leben lang wachsen und sich unter dem Einfluss neuer Reize verändern kann.

Während es früher schien, als müssten wir uns mit dem traurigen Schicksal stetig schwindender geistiger Fähigkeiten abfinden, wissen wir heute, dass auch in fortgeschrittenem Alter unentwegt neue Neuronen und Verbindungen entstehen – ein Phänomen, das als Plastizität des Gehirns bezeichnet wird. Alles, was uns stimuliert, schafft uns sozusagen neu, weil es neue und stärkere Verbindungen zwischen den Synapsen herstellt. Und diese gestärkten Verbindungen zwischen den Nerven sind es, die das Lernen ausmachen. Übung macht vielleicht nicht immer den Meister, aber sie verändert uns. Und vielleicht hat keine andere Phase im Leben einer Frau so tief greifende Auswirkungen auf das Gehirn wie die Zeit, in der sie einen von ihr abhängigen Säugling versorgt. »Zweifellos gibt es Zeiten im Leben, in denen Fenster für die Hirnentwicklung aufgestoßen werden, in denen das Gehirn plastischer ist als sonst. Die Mutterschaft ist eine solche Zeit«, erklärt David Lyons, Primatologe an der Stanford University .

Als Stern und Merzenich ihre Erkenntnisse über die Plastizität des Gehirns von Rattenmüttern vorlegten, konnte die Öffentlichkeit noch nicht ermessen, was dieses Phänomen für den Menschen bedeutete. Doch die Ideen, die diesen Forschungsarbeiten zu Grunde lagen, reichen zweihundert Jahre zurück.

Bereits 1819 vertrat der italienische Anatom Vincenzo Malacarne die Vorstellung, dass Erfahrungen Auswirkungen auf die Hirnstruktur haben könnten.[23] 1874 beobachtete Charles Darwin, dass die Gehirne domestizierter Kaninchen kleiner waren als die von frei lebenden Artgenossen. Er vermutete, dies sei die Folge des Lebens in Gefangenschaft seit mehreren Generationen, wobei die durch Nahrungssuche und Flucht vor Raubtieren ausgelöste Stimulation entfiel. In den ersten Jahren des 20. Jahrhunderts vertrat der Spanier Santiago Ramon y Cajal, der später den Nobelpreis für Medizin erhielt, die These, dass »geistige Übung« neue und zahlreichere Verbindungen zwischen Nervenzellen schaffe.

Etwa sechs Jahrzehnte später machten Marian Diamond und ihre Kollegen an der University of California in Berkeley ihre entscheidenden Entdeckungen über die positiven Auswirkungen von Stimulation auf das Gehirn von Ratten. In den achtziger Jahren zeigte eine weitere klassische Versuchsreihe, durchgeführt von Merzenich und seinen Kollegen, dass sich das motorische Zentrum eines erwachsenen Affen infolge veränderter Umstände umstrukturiert.[24] Er durchtrennte einen Nerv, der Informationen aus einem Finger weiterleitete; daraufhin übernahm der Teil des Kortex, der zuvor für diesen Finger zuständig gewesen war, eine neue Aufgabe und reagierte fortan auf einen anderen Teil der Hand.

Die Spannung stieg, als sich in den neunziger Jahren die Möglichkeit abzeichnete, dass die Plastizität des Gehirns beim Menschen die Heilung von Krankheit und Verletzungen begünstigen, ja sogar die Erhaltung der geistigen Kräfte bis ins hohe Alter ermöglichen könnte. Mit Hilfe raffinierter neuer Technologien erbrachten Neurowissenschaftler die ersten Beweise, dass das menschliche Gehirn ebenso formbar ist wie das von Tieren. 1993 gelang Alvaro Pascual-Leone, damals am National Institute of Neurological Disorders and Stroke (Staatliches Institut für neurologische Störungen und Schlaganfall), der Nachweis, dass wiederholte Sinneseindrücke physische Auswirkungen auf das menschliche Gehirn haben.[25] Er untersuchte das sensorische Rindenzentrum von 15 versierten Lesern der Blindenschrift Braille und stellte erwartungsgemäß fest, dass das Hirnareal, das den zum Lesen benutzten Fingern zugeordnet ist, erheblich größer war als bei Nichtblinden.

Nach Merzenich dürften ähnliche Abweichungen im Gehirn erfahrener Uhrmacher in den visuellen oder bei Flötisten in den den Lippen zugeordneten Arealen feststellbar sein. »Wir alle sind Spezialisten«, erklärt der Forscher. »Man verfeinert den Mechanismus des Gehirns, egal, welche Tätigkeit man ausübt.«

Durch weiterreichende Untersuchungen wurde in den vergangenen Jahren festgestellt, dass auch Regionen außerhalb des sensorischen Rindenfelds eine erstaunliche Plastizität aufweisen. Dank des Kernspintomographen wissen wir, dass bei Menschen, die jonglieren lernen – eine beliebte Metapher für die spielerische Alltagsbewältigung viel beschäftigter Mütter –, sich durch das Üben die Zahl der Neuronen – der altbekannten grauen Zellen – in jenen Hirnregionen erhöht, die für die Speicherung visueller Informationen zuständig sind.[26]

Welche konkreten Veränderungen dürfen wir nun im Gehirn einer jungen Mutter erwarten? Einige Hinweise darauf liefern die Rattenexperimente von Kinsley und Lambert und die Schweizer Gehirnuntersuchungen, die in Kapitel 3 dargestellt wurden. Aber darüber hinaus liegen kaum Daten vor: Die Studien an Menschen, die diese Frage beantworten könnten, stehen noch am Anfang. Allerdings wissen wir, dass sich im Dschungel der Vernetzungen in unserem Gehirn bestimmte Verbindungen durch wiederholte Übung stärken, während andere, weniger genutzte schwächer werden – für die emotionalen Lernprozesse der Mutterschaft gilt ebenfalls die Analogie der Pfade durch den Wald, die durch häufige Nutzung ausgetreten werden. Zum Beispiel ist mit einer Stärkung und Sensibilisierung der Vernetzungen zu rechnen, die bei Empathie und Zuneigung aktiviert werden (siehe dazu Kapitel 8). Vermutlich erhöht sich die Ausschüttung von Neurotransmittern, der chemischen Botenstoffe, die in unserem Gehirn kursieren und dafür sorgen, dass die neuen Gewohnheiten von Lustgefühlen begleitet sind. In bestimmten Arealen – darunter wohl auch im Hippocampus, weil Mütter mehr denn je auf ihr Gedächtnis angewiesen sind – dürfte die Zahl der grauen Zellen steigen.

Merzenich hebt hervor, dass das Erlernen einer einzigen Aufgabe, zum Beispiel der Gebrauch des Löffels, im Gehirn Veränderungen auslöst, an denen Hunderttausende, wenn nicht Millionen Neuronen beteiligt sind und die sich zugleich auf die Intensität von mehreren hundert Millionen synaptischen Verbindungen auswirken. »Die Geburt und die Versorgung eines Säuglings ist für die Mutter mit zahllosen neuen Erfahrungen und Lernprozessen verbunden«, so Merzenich. »Von nun an werden unzählige und tief greifende Umwälzungen ihr Gehirn erfassen.« Überdies sei die Mutterschaft eine besonders intensive Erfahrung, weil sie »mit Lernen unter hohem Risiko verbunden ist, und solches Lernen treibt Veränderungen im Gehirn voran. Die Mutter baut eine Beziehung zu einem anderen Menschen auf, die mit keiner vorherigen Beziehung vergleichbar ist. In gewissem Sinne ist sie mit dem Kind eins, und man kann einiges daraus lernen, wenn ein anderer Mensch in das eigene Selbst übergreift.«

Im Fall der säugenden Rattenmutter gingen Merzenich und seine

Kollegin Judith Stern davon aus, dass sich die Veränderungen im sensorischen Rindenzentrum nach ein paar Wochen, sobald die Ratte den physischen Kontakt zu ihrem Wurf abgebaut hatte, wieder zurückbilden würden. »So wie bei einem Klavierspieler, der nicht übt und nicht unbedingt einen Hirnchirurgen aufsuchen möchte, wenn er nach einem langen Urlaub nach Hause kommt«, erklärt Stern. Doch sie ist sich mit anderen Experten einig, dass bestimmte Lernerfahrungen emotional so intensiv sind, dass sie erst nach viel längerer Zeit verblassen. Wie etwa bei einer Großmutter, die »instinktiv« ein Baby wiegt und noch genau weiß, wie man einen Säugling wickelt. »Wahrscheinlich ist das virtuose Klavierspiel kein guter Vergleich – Fahrradfahren trifft es besser. Das vergisst man wirklich nie«, meint Robert S. Bridges, Neuroendokrinologe an der Tufts University, der sich seit über 30 Jahren mit mütterlichem Verhalten beschäftigt.

Die aufregenden, an sensorischen Eindrücken überreichen ersten Wochen und Monate des Lebens mit einem Neugeborenen mögen auch den Grundstein für andere Beziehungen und Erfahrungen in den kommenden Jahren legen; entweder sind sie der Beginn einer segensreichen Entwicklung oder, wenn es schief geht, eines Teufelskreises. »Jedes Mal, wenn ich agiere oder reagiere, trete ich in eine Beziehung und beziehe sie auf mich selbst«, sagt Merzenich. »Das geschieht unzählige Male, und währenddessen schaffe ich mich selbst als Kontext, basierend auf all meinen Erfahrungen … Wenn ich denke, beziehe ich mich auf mich selbst als Denker. Wenn ich handle, beziehe ich mich auf mich selbst als Handelnder. Auf diese Weise konstruieren wir inhärent unser Selbst und unser Ichgefühl und die Weise, wie es mit anderen in Verbindung tritt.«

Daher, so Merzenich, könnten einige der Wandlungen, die in Müttern vor sich gehen, »auf Dauer erhalten bleiben, wenn die Erfahrung der Mutterschaft zu Verhaltensänderungen führt, die auch anschließend immer wieder praktiziert werden. Wenn zum Beispiel die Zuneigung zu meinem Kind eine starke positive Empathie gegenüber Kindern und dem Leben allgemein fördert, dann werde ich das wohl ständig weiter praktizieren und mir durch Wiederholung bis ans Lebensende erhalten.«

Merzenichs Ideen sind ebenso aufregend wie kontrovers. So wurde der unbestritten brillante Forscher als »fanatischer Verfechter« der Plastizität bezeichnet.[27] In den ersten Jahren des neuen Jahrtausends sind seine Theorien allerdings durch Versuche an Tieren und Menschen erneut bestätigt worden. Jeffrey Schwartz von der University of California in Irvine berichtet zum Beispiel, dass bei Menschen mit Zwangsstörungen nach einer Verhaltenstherapie mit einer Veränderung des Denkens auch Veränderungen im Gehirn einhergingen.[28] Und tatsächlich kann die Beziehung zum eigenen Kind von den ersten gefühlsbeladenen Berührungen an auch für den Kontakt mit anderen Menschen erhebliche Auswirkungen haben. Ich werde noch darauf eingehen, was das für Stressbewältigung, Motivation und soziale Fähigkeiten bedeutet. Aber zunächst einmal soll es darum gehen, wie Mütter lernen können, mit Einfallsreichtum und Konzentration, kurz gesagt effizient: an ihre Aufgaben heranzugehen.

5 EFFIZIENZ:
WAS MÜTTER SPIELEND SCHAFFEN

Ich habe ein Gehirn und eine Gebärmutter,
und ich benutze beides.[1]
PAT SCHROEDER, die erste amerikanische Kongress-
abgeordnete mit kleinen Kindern

FRÜH AN EINEM SOMMERMORGEN wurde Kathy Mayer, Leiterin der Abteilung für Innere Medizin an der Krankenhauskette Colorado Permanente, von einem Verkehrspolizisten angehalten, denn sie war nach dem Umschalten der Ampel links abgebogen.[2] »Jetzt wird es interessant«, dachte die junge Mutter.

Während sie den Ordnungshüter im Seitenspiegel näher kommen sah, schaltete die blonde Ärztin mit Unschuldsmiene das gurgelnde schwarze, aktenkoffergroße Gerät ab, das neben ihr auf dem Beifahrersitz lag. In der hektischen Zeit nach der Geburt ihrer Zwillinge vor sechs Monaten hatte sich Kathy Mayer angewöhnt, auf der Fahrt zu ihrem Arbeitsplatz am anderen Ende von Denver Milch für ihre Kinder abzupumpen. Dazu benutzte sie ein Gerät, das sich über den Zigarettenanzünder ihres Wagens mit Strom versorgte und ihr die Hände beim Fahren freiließ. Gelegentlich telefonierte die Vierunddreißigjährige währenddessen auch noch mit ihrem Handy – heute zum Glück nicht, denn der Anblick von Mutter und Pumpe reichte offensichtlich aus, um den Ordnungshüter aus dem Gleichgewicht zu bringen.

»Er sah mich sehr, sehr lange an«, berichtete Kathy Mayer. »Später meinte mein Mann, der Polizist hätte wohl befürchtet, ich sei an eine Bombe angeschlossen.« Sichtlich verlegen – obwohl die junge

Mutter ihre Brust diskret mit einem blauen Tuch abgedeckt hatte – machte sich der Beamte schließlich einen Reim auf die Situation. »Er sagte nur: ›Führerschein und Autopapiere.‹ Nach kurzer Zeit kam er zurück und ratterte herunter: ›Hier-ist-Ihr-Strafzettel-Sie-können-Einspruch-dagegen-erheben‹«, erinnerte sich die Ärztin. »Es war urkomisch.«

Mag sein. Aber dass amerikanische Vorschriften bisher zwar Telefonieren während der Fahrt, nicht aber das Abpumpen von Milch am Steuer unter Strafe stellen, ist vermutlich nur eine bisher übersehene Gesetzeslücke. Denn wie Mütter nur allzu gut wissen, hat ein Tag 24 Stunden und keine Sekunde mehr.

WAS MULTITASKING MIT DEM VERSTAND MACHT

Das Klischee des Mommy Brain suggeriert, dass Mütter sich irgendwie durch den Alltag mogeln, doch in Wahrheit handeln sie jetzt wohl effizienter denn je, und zwar aus gutem Grund. Wie der Neurowissenschaftler Craig Kinsley gerne betont, war die griechische Göttin Artemis nicht nur für die Jagd zuständig, sondern auch für die Geburt – sie stand also für Mutterschaft und die Versorgung mit dem Lebensnotwendigen. Nachdem heute jede zweite Ehe geschieden wird, tragen viele Mütter, die auch finanziell für ihre Kinder aufkommen müssen, die doppelte Verantwortung. Oft hat es den Anschein, als würde unsere geistige Leistungsfähigkeit mit den Anforderungen wachsen, und wir lernen, mehrere Aufgaben gleichzeitig zu bewältigen. Jeffrey Lorberbaum und der türkische Psychiater Samet Kose stellten sechs bis acht Wochen nach der Geburt 29 jungen Müttern die Frage, wie sie sich nach eigener Einschätzung verändert hätten. Die Frauen berichteten nicht nur von einem deutlich gesteigerten Seh- und Hörvermögen, sondern auch von ihren wachsenden Fähigkeiten im so genannten Multitasking.

Natürlich kann das Anforderungsprofil recht unterschiedlich

aussehen. Im Jahr 1994 war Sheila Gilbride stolz darauf, zwei und mehr Dinge auf einmal zu bewältigen. Dann bekam sie Drillinge, die zu früh zur Welt kamen, und erkannte, wie viel sie noch zu lernen hatte. »Bekannte machten schreckliche Bemerkungen wie: ›Wenn das meine wären, würde ich mich umbringen‹«, erinnert sie sich lachend. Doch die frischgebackene Mutter lebte einfach nach dem Motto: »Was sein muss, muss sein.«

Zunächst einmal musste sie ihre Kinder füttern, was sich als nicht ganz unkompliziert erwies, weil die Drillinge anfangs alle drei Stunden ihr Fläschchen verlangten. »Ich war allein zu Hause – mein Mann ging wieder zur Arbeit –, und ich wusste, dass ich sie alle gleichzeitig füttern musste, um überhaupt noch zum Schlafen zu kommen«, erinnert sich Sheila zehn Jahre später. Also bereitete sie drei Babyfläschchen zu: »Brianna, die allein zurechtkam, platzierte ich zwischen Sofakissen – in Reichweite, falls sie sich verschluckte. Ich legte die Beine auf den Couchtisch und legte Kayla auf meinen Schoß, mit dem Kopf auf meinem rechten Knie, und hielt sie mit dem rechten Arm fest. Der Junge, Ryan, der häufig spuckte, kam in ein Handtuch gewickelt auf mein linkes Knie, ihn hielt ich mit dem linken Arm fest.«

Heute arbeitet Sheila Vollzeit als leitende Angestellte eines Pharmakonzerns in New Jersey, hat noch ein viertes Kind zu versorgen und widmet sich Abends einem Fernstudium. Zu ihrer damaligen Feuerprobe im Zeitmanagement sagt sie: »Bemerkenswert ist die Tatsache, dass man es übersteht und daraus lernt. Man setzt klare Prioritäten, weil es gar nicht anders geht. Diese Erfahrung hat mein Organisationstalent sehr gefördert.« Alles ist relativ: Sheila Gilbride hat kürzlich eine Frau mit Vierlingen kennen gelernt und konnte sich selbst die Bemerkung nicht verkneifen: »Ich weiß wirklich nicht, wie Sie das schaffen.« Die Mutter gab zurück: »Immer diese Eltern von Drillingen, ständig beklagen sie sich!« »Stimmt«, lachte Gilbride. »Wenn ich eine Frau mit Zwillingen sehe, denke ich, halb so schlimm!«

Die Evolutionstheorie bestätigt, was jeder weiß, nämlich dass sich

Frauen, und insbesondere Mütter, hervorragend darauf verstehen, ihre Aufmerksamkeit zu splitten. Vom Jagen und Sammeln im Pleistozän bis heute hat die weibliche Eigenschaft, mehrere Aufgaben auf einmal bewältigen zu können, wesentlich zum Überleben der Nachkommen beigetragen. »Beobachten Sie einmal zwei Frauen auf dem Spielplatz – sie können ein äußerst interessantes Gespräch führen und zugleich auf ihre Kinder aufpassen«, erklärt John Morrison, zweifacher Vater und Neurobiologe an der medizinischen Fakultät der Mount Sinai University. »Die Väter müssen hingegen ihre gesamte Aufmerksamkeit auf das Kind richten, damit es nicht vom Klettergerüst fällt.«

Multitasking beschränkt sich bei Müttern aber nicht darauf, gleichzeitig Lasagne zu kochen und zu telefonieren. Es ist mehr als ein reines Jonglieren mit Aufgaben; es handelt sich vielmehr um eine Lebensweise, die es Frauen ermöglicht, sich auf das Wesentliche zu konzentrieren, das Unwichtige zu übersehen und in einem gegebenen Zeitraum erheblich mehr zu leisten als andere. Mit einem Wort, es geht um Effizienz. »Man setzt sinnvolle Prioritäten, weil man *muss* – das ist reine Überlebenstaktik«, erklärt Sandy Wells, Grundschullehrerin und Mutter von zwei Söhnen.

Kinder verstehen sich hervorragend darauf, die volle Konzentration ihrer Eltern in Anspruch zu nehmen. Vom ersten Lebenstag an üben sich Mütter und Väter in »Triage«, im Sortieren nach Dringlichkeit, denn es gilt das Kleine zu füttern, es aufstoßen zu lassen, vor dem Herunterfallen zu schützen und generell sein Überleben zu sichern. Mit etwas Glück bewegt sich dieser Stress auf einem optimalen Niveau, wie es das so genannte Yerkes-Dodson-Gesetz veranschaulicht.[3] Mit einer umgekehrt U-förmigen Kurve gibt es den Zusammenhang zwischen Stress und geistiger Leistung an. Ein gewisser Stress ist lebensnotwendig: Wer gleichgültig ist, lernt nichts. Bei zu großem Stress sinkt allerdings die Lernbereitschaft. Ein gesundes Mittelmaß führt hingegen zu Spitzenleistungen.

Mütter, denen dieser Stresslevel vertraut ist, gewöhnen sich daran, ihre Aufmerksamkeit gezielt einzusetzen, eine Eigenschaft, die für John Ratey, Psychiatrieprofessor an der Harvard University und Experte für Aufmerksamkeitsstörungen, viel mehr bedeutet, »als nur von einem Reiz Notiz zu nehmen. Sie umfasst eine Reihe von Prozessen: Zunächst werden die Wahrnehmungen gefiltert, es folgt ein Ausgleich mehrfacher Wahrnehmungen und schließlich wird ihnen eine emotionale Bedeutung beigemessen.«[4] Diese äußerst hilfreiche Angewohnheit kann durch den Botenstoff Dopamin gefördert werden, der im Gehirn als Belohnung empfunden und in leicht stressigen Situationen ausgeschüttet wird (aber auch durch lustvolle Betätigungen wie Sex und gutes Essen), so Ratey. Er bezeichnet Dopamin als »Neurotransmitter für Aufmerksamkeit, Lernen und Motivation« und vermutet, dass es die Verbindung zwischen Lusterlebnissen und dem Langzeitgedächtnis herstellt. »Ein erhöhter Dopaminspiegel wirkt sich positiv auf die Aufmerksamkeit aus und setzt erheblich mehr Ressourcen für das Handeln frei, als man zuvor hatte«, erklärt Ratey. »Wenn man diese Ressourcen aufbaut, stehen sie einem anschließend zur Verfügung.«

Ratey führt weiter aus, es sei nicht überraschend, dass junge Mütter auf diese und andere Weise ihre Aufmerksamkeit steigern. »Wenn eine Frau ein Kind zur Welt bringt, dann benötigt sie alle Klugheit und Intelligenz, die sie aufbringen kann. Sie sollte über ihre Umgebung Bescheid wissen, nichts vergessen, was ihre Kinder betrifft, und insgesamt in höchstem Maße leistungsfähig sein. Das führt zwangsläufig zu der Fähigkeit, die Außenwelt aufmerksamer wahrzunehmen.«

IN DER GEGENWART LEBEN — MIT FESTEM BLICK AUF DIE UHR

Natürlich ist nicht zu leugnen, dass Kinder die Konzentration auf eine harte Probe stellen, vor allem wenn ihre Mutter telefonieren will. Jane Lubchenco, eine international bekannte Zoologin an der

Oregon State University, erinnert sich, dass sie, als ihre beiden Söhne klein waren, immer wieder an die Erzählung »Harrison Bergeron« von Kurt Vonnegut denken musste. Sie schildert eine düstere Zukunft. Um die Gleichheit der Menschen zu erzwingen, werden überdurchschnittlich Starke oder Begabte mit allerhand Handicaps belastet: Anmutige Ballerinen müssen schwere Gewichte schleppen, und die besonders Intelligenten müssen einen Sender im Ohr tragen, der alle 20 Sekunden ein unangenehmes Geräusch von sich gibt. »Mein Mann und ich haben immer darüber gewitzelt, dass unsere Kinder genau das mit uns anstellen«, sagt sie.

Dennoch ist Luchenco davon überzeugt, dass der Entschluss beider Eltern, für ihre Kinder da zu sein und auch spontan auf sie einzugehen, sie selbst in Bezug auf Geistesgegenwart, Konzentration und Organisationstalent gestärkt hat. »Wir haben ganz bewusst versucht, wenn wir mit unseren Kindern zusammen waren, nicht an unerledigte Dinge zu denken, sondern die Zeit mit ihnen zu genießen ... ein Leben im Augenblick anstelle permanenter Frustration.« Diese Angewohnheit übertrug sich auch auf die Arbeit. Die junge Mutter fand sich damit ab, dass sie einfach weniger Zeit hatte, und setzte sie bewusster ein. So entschloss sie sich, von nun an nicht mehr so viele, aber dafür substanziellere wissenschaftliche Abhandlungen zu schreiben. »Die weniger interessanten Themen kamen in die Ablage ›Irgendwann vielleicht‹, weil mir klar war, dass ich nicht allen würde nachgehen können«, so die Wissenschaftlerin, »und dieser bewusste Entschluss hat sich letztlich günstig auf meine Karriere ausgewirkt.«

Nur über begrenzte Zeit zu verfügen, ist ein fundamentaler Aspekt des Lebens mit einem Kind. Kinder brauchen die Mutter so sehr, dass diese leicht den Eindruck gewinnt, nie genug Zeit für sie zu haben. Hinzu kommt die erstaunliche Erfahrung, wie schnell sie wachsen – und wie rasch die Zeit vergeht. Die britische Autorin Rachel Cusk schildert das Gefühl, das sich einstellt, wenn man sich Stunden von einem Babysitter »erkauft«, nur um festzustellen, »dass in diesen Stunden die Uhr wie verrückt tickte. Es war wie ein Leben mit einem Taxometer. Die Zeit zur Arbeit zu nutzen war schwer genug; an Vergnügen oder wenigstens eine Ruhepause war überhaupt nicht zu denken.«[5]

Mütter sind zwar stärker von Ängsten geplagt als kinderlose Frauen, aber auch ihre Anpassungsfähigkeit nimmt zu. Berufstätige Mütter verstehen sich oft perfekt aufs Zeitmanagement, weil sie mit unaufschiebbaren Terminen zurechtkommen müssen. »Der ganze Tag ist durch die Tatsache geprägt, dass man nicht bis spätabends im Labor bleiben kann«, berichtet Tracey Shors, Verhaltensneurobiologin an der Rutgers University und Mutter eines Vierjährigen. »Die Tagesstätte schließt, also muss man los.«

Joan K. Rowling, Verfasserin der berühmten *Harry Potter*-Serie, schildert, wie sie – als allein erziehende Mutter einer kleinen Tochter an der Armutsgrenze lebend – den ersten Roman der Reihe schrieb. Eines ihrer Geheimnisse war die effektive Nutzung der Schlafenszeiten. »Ich setzte sie in den Buggy und schob sie durch Edinburgh, bis sie einschlief, dann eilte ich in ein Café und schrieb, so schnell ich konnte«, erzählte Rowling einer Reporterin. »Es ist erstaunlich, wie viel man schaffen kann, wenn die Zeit sehr begrenzt ist. Wahrscheinlich war ich, in Worten pro Stunde gerechnet, nie wieder so produktiv.«[6]

Viele junge Mütter stellen sehr bald fest, wie viele Besorgungen und Telefongespräche nicht sofort oder überhaupt nicht erledigt werden müssen. »Ich kann gar nicht fassen, was für dumme Dinge mir wichtig waren, bevor ich Mutter wurde«, meint Kathy Mayer, die Ärztin aus Denver, die wöchentlich 40 Stunden Arbeit außer Haus und zehn bis 20 Stunden in ihrem häuslichen Büro mit ihrer Mutterrolle vereinbart.

Bei der täglichen Hetze stellen Mütter häufig fest, dass sich ihre Denkprozesse verändern, als würde ihr Gehirn gleichzeitig auf mehreren Schienen arbeiten. Kate Reddy, die Heldin von Allison Pearsons Roman *Working Mom*, hat sich eine Dringlichkeitsliste zusammengestellt: »Teletubby-Geburtstagstorte für Ben. Woher? Beckenboden: zusammenziehen. *Schneewittchen*-Video in der Leihbücherei abgeben. Emily: Bewerbungsunterlagen für Schulen: Krieg das geregelt! Sei ein netterer, geduldigerer Mensch mit Emily, damit sie nicht zur Psychopathin heranwächst.«[7]

Die Neurowissenschaftlerin Kelly Lambert aus Virginia schildert das so:

> Ich habe mehr kognitive Programme im Hinterkopf laufen. Plötzlich fallen mir ohne erkennbaren Grund Dinge ein wie: »Habe ich für Skylar die Erlaubnis unterschrieben, am Schulausflug teilzunehmen?« Oder: »Ich muss noch ein paar Pausensnacks einkaufen.« Oder: »Wir müssen die Soundsos einladen, weil sie uns vor zwei Wochen eingeladen haben.« Dass sich solche Gedanken ohne Reize von außen einstellen, ist wirklich erstaunlich, aber sie kommen immer gerade zur rechten Zeit, um mich an das zu erinnern, was ich noch erledigen muss – als hätte ich diesen großartigen Outlook-Office-Manager im Kopf, der sozusagen Fenster auf dem Bildschirm öffnet – nur macht es dabei noch nicht »Pling«.

GESCHLECHTSUNTERSCHIEDE

Die Erforschung der Unterschiede zwischen den Geschlechtern hat seit den achtziger Jahren enorme Fortschritte gemacht und lässt inzwischen einige Experten vermuten, dass das weibliche Gehirn von Geburt an besser dafür gerüstet ist, mehrere Aufgaben zugleich zu bewältigen. Allerdings werden die Vorstellungen über die Unterschiede zwischen männlichem und weiblichem Gehirn und ihre Deutung sehr kontrovers diskutiert. Überdies wird die Diskussion durch die bahnbrechende Erkenntnis der neunziger Jahre kompliziert, dass unser Denken und Verhalten konkrete Veränderungen im Gehirn zur Folge hat. Ebenso wie bei Kindern haben auch bei Erwachsenen Anlage *und* Umwelt Einfluss auf die Hirnentwicklung.

Doch es gibt tatsächlich einige faszinierende physische Unterschiede zwischen weiblichem und männlichem Gehirn, die nach Ansicht einiger Wissenschaftler auch zu Unterschieden im Denken beider Geschlechter führen. Am auffälligsten ist der Größenunterschied: Das Gehirn der Frau ist im Durchschnitt um 15 Prozent kleiner als das des Mannes. Besonders an diesem Thema entzünden sich die Gemüter, weil manche Wissenschaftler einen Zusammenhang zwischen Hirngröße und Intelligenz vermuten, was bedeuten würde, dass Frauen im Allgemeinen dümmer sind. Andere Experten stellen diese simple Korrelation in Frage und verweisen darauf, dass im weiblichen Gehirn die Neuronen dichter gepackt sind, das heißt, es arbeitet effizienter.

Andere Vergleiche liefern detailliertere Unterscheidungsmerkmale, bieten aber ebenfalls Anlass zu Spekulationen. So stellt die Neuroanatomin Marian Diamond fest, dass die Großhirnrinde bei Frauen etwas symmetrischer aufgebaut ist als die männliche.[8] Sie vermutet, dass sich dieser Unterschied herausgebildet hat, damit Mütter ihren Nachwuchs besser schützen und aufziehen können, wozu sie »in viele Richtungen gehen« und Informationen aus mehreren Quellen gleichzeitig verarbeiten müssen. Die Tendenz zur Asymmetrie des männlichen Kortex könnte hingegen durch die prähistorische Arbeitsteilung bedingt sein, bei der sich die Männer gezielt auf die Nahrungsbeschaffung und die Verteidigung des Reviers konzentrierten.

Zwar ist diese potenzielle Beziehung zwischen Struktur und Funktion noch weitgehend ungeklärt, aber neuere Untersuchungen mittels funktioneller Kernspintomographie haben ergeben, dass Frauen in Reaktion auf äußere Reize offenbar mehr Gehirnteile gleichzeitig aktivieren als Männer.[9] Zum Beispiel haben Forscher die Hirnströme von zehn Männern und zehn Frauen gemessen, die einem Hörbuch von John Grisham lauschten. In allen Fällen war bei den Männern ausschließlich der linke Schläfenlappen aktiv, während bei den Frauen sowohl der rechte als auch der linke Schläfenlappen beteiligt waren.

Ein weiterer, häufig angeführter physischer Unterschied zwischen männlichem und weiblichem Gehirn betrifft die Nervenverbindung zwischen beiden Hemisphären, den so genannten Balken oder Corpus callosum.[10] Es handelt sich um ein bogenförmiges Gebilde, dass sich auf der Mittellinie zwischen den Schädelhälften vom Hinterkopf bis zur Stirn wölbt. Studien haben ergeben, dass bei Frauen das Corpus callosum im Durchschnitt an einem Ende im Verhältnis zur Hirngröße ein wenig dicker ist als bei Männern. (Eine weitere, kleinere Verbindungsbrücke, die vordere Kommissur, ist bei Frauen um etwa zwölf Prozent größer.) In diesem Fall spielt die Größe offenbar eine Rolle, denn viele Experten vermuten, dass das großzügiger ausgestattete Gehirn der Frau sich leichter tut, Informationen zwischen der intuitiven rechten und der eher rationalen linken Hemisphäre auszutauschen. Helen Fisher, Anthropologin an der Rutgers University und Verfasserin von *Das starke Geschlecht. Wie das weibliche Denken die Zukunft verändern wird,* schreibt dazu, das gut vernetzte Gehirn der Frau erleichtere es dieser, unterschiedliche Informationen zu sammeln, einzuordnen und zu analysieren, ein Aspekt, den sie als »Netzwerkdenken« bezeichnet. Frauen scheinen, so Fisher, »mehr zu einem Thema gehörende Informationen aufzunehmen und diese Einzelheiten schneller miteinander in Verbindung zu setzen. Männer hingegen konzentrieren sich stärker auf die unmittelbaren Schwierigkeiten, als dass sie das Thema in einen erweiterten Zusammenhang setzen. Sie lassen Tatsachen, die nicht offensichtlich relevant sind, außer Acht.«[11]

Mark George, Hirnforscher an der Medical University of Southern California, glaubt, dass der Unterschied erklären könnte, warum ein Mann bei einem Länderspiel wie gebannt vor dem Fernseher ausharren kann, während aus dem Kinderzimmer Geräusche von Mord und Totschlag herüberdringen. Sicher ist sich der Wissenschaftler jedoch, dass die Eigenheiten ihres Gehirns den Frauen eine besonders wertvolle Widerstandskraft verleihen. »Seit fast hundert Jahren ist bekannt, dass nach einem Schlaganfall, der eine bestimmte Hirnregion schädigt, Männer funktionell stärker beeinträchtigt sind als Frauen«, erklärt George. »Wenn man zehn Männer und zehn Frauen gegenüberstellt, die alle einen Schlaganfall hatten, dann haben die Männer größere Ausfälle, zum Beispiel Lähmungen des Armes oder Beines, die Frauen aber nicht. Offenbar sind also bei Frauen die Funktionen breiter gestreut, und nicht so sehr in Schubladen aufgeteilt.«

WIE EIN RENNWAGEN

Die Forscher Kelly Lambert und Craig Kinsley aus Virginia meinen herausgefunden zu haben, dass die geistigen Fähigkeiten von Muttertieren sich mit der Ankunft der Jungen schlagartig steigern. Das hat sich aus bahnbrechenden Tierversuchen ergeben: Ratten und auch Affen verbessern, sowie sie sich fortpflanzen, ihre Gedächtnis- und Lernleistungen – nützliche Eigenschaften, die bei der Bewältigung breit gefächerter Anforderungen helfen.

So verglichen die beiden Neurobiologen die Leistungen von »multiparen« und »nulliparen« weiblichen Ratten – solche, die zwei Würfe geboren, gesäugt und entwöhnt hatten, im Vergleich zu gleichaltrigen unbegatteten Tieren. Die Ratten sollten Froot Loops, eine bei Ratten begehrte Leckerei, in einem achtarmigen Labyrinth suchen. Ziel des Tests war, sich zu merken, wo sich die Froot Loops befanden, und es stellte sich heraus, dass die Rattenmütter in den ersten sechs Tagen schneller lernten und mehr richtige Entscheidungen trafen als die Kontrollgruppe.[12]

Anne Garrett, eine Studentin Lamberts, hat bei einer kleinen Studie mit Primatenmüttern ähnliche Ergebnisse erhalten. Die von ihr getesteten Pinseläffchen sollten die Froot Loops auf einem Brett suchen, an dem kleine Plastikbehälter in verschiedenen Farben hingen.[13] Die grünen Behälter enthielten zwei Froot Loops, die blauen eines, die roten keines. »Das ist ähnlich wie beim Einkaufen«, meint Lambert, »und die Mütter haben auffallend gut abgeschnitten.«

Kinsley vermutet, dass der evolutionäre Druck, der das Überleben des Tüchtigsten begünstigt, erklären könnte, warum Rattenmütter schneller lernen. Während sie ihre hungrigen Jungen säugen, müssen Nager oft weitab von ihrem Nest auf Nahrungssuche gehen, sich dabei auf unvertrautem Gelände zurechtfinden und anschließend wieder rechtzeitig zu ihrem Wurf zurückfinden, um die Kleinen zu füttern. »Stellen Sie sich ein Muttertier vor, das gerade zehn bis zwölf Junge zur Welt gebracht hat«, erläutert Kinsley. »Wenn es nicht das Glück hat, dass Nahrung und Wasser unmittelbar greifbar sind, dann werden doch vermutlich jene Eigenschaften bewahrt und verbessert, die es rascher zu seinem Nest zurückführen, weil es dadurch im Vorteil gegenüber einem Weibchen ist, das noch keine Jungen hat.«

Zwar beschränken sich die Erkenntnisse von Kinsley und Lambert auf Ratten und Pinseläffchen, aber sie wagen dennoch eine optimistische Prognose für den Menschen. Die Elternschaft, so glauben die Forscher, wirkt sich günstig auf das Gehirn der Mutter aus – und zwar nicht nur bei der Versorgung ihrer Nachkommen, sondern auch angesichts anderer Probleme der Außenwelt.

Dank des Medienechos, das diese Ergebnisse in den Vereinigten Staaten, Europa und Japan fanden – Jay Leno witzelte dazu: »Erst wenn eine Frau schwanger wird, merkt sie, was für einen Trottel sie geheiratet hat«[14] –, fiel es zahlreichen Müttern wie Schuppen von den Augen. Die verbesserten Fähigkeiten der Nager erinnerten doch stark an das gehetzte Leben moderner Eltern auf der Suche nach Windeln im Drogeriemarkt und auf der Jagd nach Daten und Gehaltsschecks in einem von der Informationsökonomie beherrschten Arbeitsleben. Nach der Veröffentlichung seiner Ergebnisse in der Zeitschrift *Nature* entwarf Lambert einen Versuch für Ratten, bei dem insbesondere die mütterliche Begabung des Multitasking geprüft wurde.[15] Bei diesem Test wurden Ratten, die einander noch nie begegnet waren und bisher auch noch keine Wettbewerbsaufgaben gelöst hatten, in ein rundes Labyrinth, so groß wie der Boden eines Farbeimers, gesetzt. Zunächst sollten sie den versteckten Froot Loop suchen, dann wurden sie zurück auf die Startposition gesetzt. Nun ging es nicht nur darum, den Froot Loop wiederzufinden, die Tiere mussten dabei auch auf so genannte soziale Signale reagieren, um ihre Position im Wettbewerb einschätzen zu können. Es stellte sich heraus, dass die multiparen Rattenmütter die begehrte Leckerei in 60 Prozent der Fälle fanden, die Muttertiere mit nur einem Wurf in 30 Prozent und die kinderlosen Ratten in nur sieben Prozent der Versuche.

Die Forscher aus Virginia sind überzeugt, dass die Rattenmütter ihr verbessertes Gedächtnis einem zweifachen Prozess zu verdanken haben: der Vorbereitung durch die Trächtigkeit, gefolgt von der stimulierenden Anwesenheit der Jungen. Wenn weibliche Tiere Nachkommen erwarten, wird ihr Gehirn von hochwirksamen Hormonen überschwemmt, insbesondere die Östrogenausschüttung ist erhöht. In gewissen Situationen steigert Östrogen, wie in Kapitel 2 dargestellt, das Denkvermögen. Forscher haben längst herausgefunden, dass Östrogen für das Geflecht verästelter Dendriten im Gehirn trächtiger Ratten verantwortlich sein dürfte. Catherine Woolley, Neurobiologin an der Northwestern University, die auch den Hippocampus von Ratten untersucht hat, stellte fest, dass die Dendriten während der östrogenreichen Phase im Menstruationszyklus der Ratte erheblich zunahmen – vielleicht nicht zufällig in der Zeit größter Fruchtbarkeit, wenn die Ratte ihren Geschlechtspartner wählen muss.[16] Und der Neurowissenschaftler John Morrison entdeckte überdies, dass Östrogen bei Affen die Synapsen in jenen Teilen des Kortex vermehrt, die für Aufmerksamkeit und komplexe Aufgaben zuständig sind.[17]

Morrison glaubt sogar, dass Östrogen während der gebärfähigen

Jahre einer Frau gerade deshalb so wichtig ist, weil es die geistigen Fähigkeiten steigert.[18] »Wenn Östrogen nicht nur den Erfolg bei der Fortpflanzung an sich begünstigt, sondern auch das Überleben der Nachkommenschaft, dann ist das von enormer evolutionärer Bedeutung«, meint er. Vielleicht hat das hohe Östrogenniveau im Gehirn schwangerer Frauen ja auch langfristig positive Folgen? Nicht nur Morrison, auch Kinsley kann sich das gut vorstellen, und deshalb sieht er eine Schwangere keineswegs als körperlich und geistig trägen »Brutkasten« sondern als Frau mit einem Gehirn »wie ein Rennwagen … mit vibrierenden Reifen und rauchendem Auspuff, der nur auf grünes Licht wartet, um seine Pferdestärken loszulassen und mit röhrendem Motor die Rennstrecke entlangzudonnern«.

HIRN-AEROBIC

Grünes Licht wird schließlich gegeben, wenn das Baby mit all den jäh hereinbrechenden Gerüchen, Geräuschen und Empfindungen ins Leben der Mutter tritt. (Anne Lamott verglich ihr Neugeborenes mit einem Radiowecker, der auf einen Heavy-Metal-Sender eingestellt ist und unentwegt anspringt.)[19] All diese Reize wirken sich stark auf die Plastizität des Gehirns aus, und mit etwas Glück sind sie eine Quelle der Bereicherung, die das Gehirn mit neuen Herausforderungen fit hält und effizientes Denken fördert.

Bei der Untersuchung des Gehirns von Rattenmüttern gegen Ende der Schwangerschaft stellten Kinsley und Lambert fest, dass sich die Rate der Zellerneuerung oder Neurogenese vermindert hatte, was auch erklären könnte, warum bei schwangeren Frauen das Gehirn leicht schrumpft. Aber die Zellerneuerung setzte unmittelbar nach der Geburt wieder ein und verstärkte sich sogar, während die Ratten ihre Jungen säugten. Im Vergleich zu Ratten ohne Nachkommen besaßen die säugenden Ratten überdies mehr Gliazellen, die die Aufnahme von Nährstoffen und den Abtransport von Ausscheidungen der Neuronen unterstützen und auch bei der Informationsverarbeitung eine Rolle spielen könnten.

War hier schlicht und einfach die Erfahrung ausschlaggebend? Die Forscher aus Virginia fanden diese Vermutung bestätigt, als sie die Gedächtnisleistungen von drei Gruppen verglichen: Rattenmütter, unbegattete Weibchen und »Pflegeeltern«.[20] (Pflegeeltern sind unbegattete Weibchen, die genügend Zeit mit Jungtieren verbracht haben, um ihre Furcht abzulegen, und sich schließlich sogar mütterlich um sie kümmern, sie ablecken, sauber halten und ins Nest zurücktragen.) Bei dem Test ging es darum, die Froot Loops in einer von acht Vertiefungen eines kreisförmigen Labyrinths zu finden und sich den Weg zu der Kuhle zu merken, wo das Futter für die nachfolgenden Versuche aufgestockt wurde. Wieder schnitten die biologischen Mütter bei diesem Test am besten ab, aber dicht gefolgt von den Pflegemüttern. Auch ohne hohe Hormondosis hatten sie durch den Umgang mit den Rattenkindern effizientes Vorgehen gelernt. Das Ergebnis ergänzte die Idee des Enrichment perfekt – Stimulation macht klüger.

Allerdings darf man nicht vergessen, dass eine Ratte in einem Käfig – anders als der Mensch des 21. Jahrhunderts – nur begrenzt von außen stimuliert wird. Sie kann weder in die Oper gehen noch Japanisch lernen. Ob eine Ratte allein im Käfig sitzt oder mit Jungtieren lebt, hat deshalb signifikante Folgen für die Entwicklung ihres Gehirns. Auch das menschliche Gehirn kann man sich so wie das der Ratte als Muskelgruppe vorstellen: Wer rastet, der rostet. Welche Areale wir wie gebrauchen, hat Auswirkungen auf unsere Identität. Während ihre Kinder aufwachsen, sind Eltern buchstäblich zum ständigen repetitiven Einsatz gewisser Talente und Hirnteile gezwungen. »Das ist so ähnlich wie das Erlernen einer Fremdsprache«, erklärt Hirnforscher Michael Merzenich. »Wenn Sie eine Sprache lernen, dann erfahren Sie auch eine Menge über die Kultur, Musik und Literatur des Landes. Hier lernen Sie in Nahaufnahme etwas über die Spezies Mensch.«

Überdies ist es, anders als bei mentalen Herausforderungen am Arbeitsplatz oder im Studium, viel schwieriger, sich über längere Zeiträume geistig auszuklinken, wenn man ständig auf dem Sprung sein muss, um den Nachwuchs zu füttern, zu versorgen, zu verteidigen, zu ermutigen und zu erziehen, zu erkennen, was ihm fehlt, und seine Äußerungen richtig zu deuten, während man sich gleichzeitig überlegt, wie man seinen Zeitplan besser in den Griff bekommt. Wir können gar nicht anders, als auf die Bedürfnisse unserer Kinder einzugehen, und die Anforderungen werden mit der Zeit immer komplexer. (Wie funktioniert das doch gleich mit dem Wickeln bei einem Neugeborenen? Fällt sie jetzt gleich runter oder soll ich sie noch höher klettern lassen? Gibt es einen Gott? Schnell! Ihre Fünfjährige erwartet eine Antwort. Und was sage ich dem Leiter des Ferienlagers, der sich beklagt, dass unser Zehnjähriger den Kleinen schmutzige Wörter beibringt?)

Kinder zwingen uns förmlich, das Gehirn anzustrengen, wir sind immer wieder Prüfungen von wachsendem Schwierigkeitsgrad ausgesetzt, und wenn wir versagen, so die bittere Erkenntnis, hat das, anders als beim Opernbesuch oder im Japanischkurs, Folgen, die weit in die Zukunft reichen.

Wer einem Kind die Welt erklären muss, lernt kreatives Denken. James Dillon, Psychologe in Georgia, befragte Eltern und Lehrer, was sie durch den Kontakt mit Kindern gewinnen.[21] Elf Prozent der Eltern und 47 Prozent der Lehrer schilderten Erlebnisse, die Dillon unter dem Überbegriff »kognitive Flexibilität« einordnete und den die Befragten als Prozess schilderten, der klüger macht und neue Wege im Denken erschließt. Kinder denken meist in konkreten Bildern, während Erwachsene eher distanziert-abstrakt an die Dinge herangehen. Wer Kindern etwas beibringt, achtet daher genauer auf das, was er sagt. Eine Lehrerin berichtete Dillon, dass sie zum Rechenunterricht Murmeln mitbrachte, um ihren Schülern zu zeigen, dass man, um 3×3 zu rechnen, einfach drei Sets mit je drei Murmeln zusammenzählt. »Und davor war mir eigentlich gar nicht klar, was

Multiplikation ist ... ich wusste nicht, was das bedeutet«, erklärte die Lehrerin. »Jetzt habe ich es richtig verinnerlicht, es ist keine reine Verstandessache mehr.«

Das hat häufig zur Folge, dass wir spontaner denken – eine Erfahrung, die viele Mütter machen, die herausfinden wollen, warum ihr Baby schreit. »Wenn Sie ein Baby haben, werden Sie immer wieder feststellen, dass Sie oft gar nicht groß überlegen, bevor Sie handeln. Sie werden sich auf Ihre mütterlichen Instinkte verlassen«, schreibt Daniel Stern, Professor für Psychologie an der Universität Genf in seinem Buch *Die Geburt einer Mutter*. »Manche Frauen passen sich einer solchen Lebensweise mühelos an, während andere sich schwerer tun mit einer Welt, in der die Regeln sich ständig ändern und sie noch nicht einmal wissen, welches Spiel sie eigentlich spielen. Doch selbst wenn Sie anfänglich Schwierigkeiten haben, werden solche spontanen Reaktionen zu einem Teil Ihrer neuen Identität.«[22]

Kinder stellen ihren Eltern unentwegt Denksportaufgaben – und wer nicht die richtige Antwort findet, ärgert sich oft endlos darüber. Kürzlich fuhr ich mit meinen Söhnen eine schneebedeckte Bergstraße hinunter und wir lauschten dabei einer Lemony-Snicket-CD, als der fünfjährige Joshua plötzlich über merkwürdige Beschwerden klagte.

»Meine Stimme ist so leise«, jammerte er.

»Sie hört sich aber nicht anders an als sonst«, versuchte ich ihn zu beruhigen.

»Nein«, schrie er. »MEINE STIMME IST ZU LEISE!«

»Joshua, sie ist ziemlich laut«, gab ich genervt zurück.

Das Gejammere hörte einfach nicht auf. Bewusst dachte ich nur, er solle endlich Ruhe geben, damit ich ungestört die Winterlandschaft betrachten und hören könnte, was der böse Graf Olaf den Beaudelaire-Waisen als Nächstes antun würde. Aber anscheinend tat sich unbewusst noch etwas anderes in meinem Gehirn, denn plötzlich sagte ich: »Versuch es mal mit Gähnen!« Kurze Zeit später war mein Kind wieder glücklich. Mit seinen fünf Jahren war es einfach nicht imstande zu erkennen, dass sein Problem mit der Stimme von dem Druck auf den Ohren herrührte, der sich beim Bergabfahren einstellt. Das herauszufinden blieb mir überlassen.

Erleichtert, dass ich die Lösung gefunden hatte, überlegte ich: Führen diese ständigen Tests nicht eher zur völligen Erschöpfung, statt zu Enrichment? Und wenn man von Enrichment sprechen kann, dann vielleicht nur im Hinblick auf Sondererkenntnisse über Kinder – so wie bei Taxifahrern, die alle Nebenstraßen und Abkürzungen kennen? Oder könnte es doch sein, dass der so geschärfte Verstand auch außer Haus hilfreich ist? Mit dieser Frage wandte ich mich an Fred Gage, Neurowissenschaftler am Salk Institute for Biological Studies in La Jolla.

1998 hat Gage Wissenschaftsgeschichte geschrieben, als er bewies, dass der Mensch keineswegs mit den Neuronen auskommen muss, die er bei der Geburt besitzt.[23] Er zeigte, zunächst anhand von Ratten, dann auch beim Menschen, dass in wichtigen Hirnzentren, die für Gedächtnis und Lernen zuständig sind, unentwegt neue Neuronen entstehen, deren Nützlichkeit jedoch von der Qualität und dem Grad der Stimulation durch die Umwelt abhängt. Als ich Gage meine Fragen stellte, zählte er mir vier Faktoren auf, durch die sich die Chance erhöht, dass eine bestimmte Lernerfahrung sich positiv auf das Gehirn auswirkt. Hilfreich ist, wenn es sich um eine *neue* Situation handelt, in der man noch nie war. Man sollte aktiv *engagiert* sein. (Neue Neuronen entstehen nicht beim Fernsehen, nicht einmal bei Wissenschaftssendungen.) Wichtig ist, dass die Situation *affektiv* ist, das heißt, dass man emotional beteiligt ist. Der Lerneffekt ist größer, wenn etwas auf dem Spiel steht. Außerdem wirkt es sich aus, wenn die Stimulation *komplex* ist, also eine Herausforderung darstellt.

Neu, engagiert, affektiv und komplex. Zwar ist die mit der Kindererziehung verbundene Hausarbeit einfach nur Routine, eintönig, langweilig und anstrengend, aber sobald ich mich wirklich auf meine Kinder einlasse, stellt sich diese magische Wirkung ein. Und je öfter ich das erlebe, desto öfter möchte ich die Erfahrung wiederholen. Gage und andere Wissenschaftler sind davon überzeugt, dass das Gehirn, sobald es sich aufgrund bestimmter Reize verändert, auf die nächste Herausforderung anders reagiert. Dieses Phänomen kann sich für Mütter segensreich auswirken – oder in einen Teufelskreis führen, je nachdem, mit welchen Anforderungen sie konfrontiert sind und wie sie ihnen begegnen. »Was wir als Individuen tun, hat Folgen für unser Gehirn«, erklärt Gage. »Wir haben viel größeren Einfluss darauf, wer wir sind, als wir für möglich halten.«

DIE MACHT DER GRAUEN ZELLEN

Kinsley und Lambert setzten ihre Testreihe mit den labyrinthkundigen Rattenmüttern fort, bis diese das Greisenalter erreichten, und machten dabei eine erstaunliche Feststellung.[24] Die erhöhten Lern- und Gedächtnisleistungen hielten bis zu 24 Monaten an, auch wenn der letzte Wurf schon 18 Monate zurücklag, was, auf ein Menschenalter umgerechnet, immerhin 80 Jahren entsprechen würde. Die Ratten mit mehr als einem Wurf hatten dabei stets die Nase vorn. Kinsley sagte dazu: »Ob wir in Würde alt werden, könnte davon abhängen, ob wir uns rege fortgepflanzt haben und dabei nicht nur Östrogenausschüttungen, sondern auch der Stimulation durch den Nachwuchs ausgesetzt waren.«

Wer glaubt, dass die Evolution – oder Gott – die Natur anhand eines groß angelegten Entwurfs gestaltet hat, dem leuchten diese Ergebnisse ein. Gestützt werden sie überdies durch Erkenntnisse anderer Forscher, die sich mit klugen Großmüttern beschäftigt haben. Die so genannte Großmutter-Hypothese besagt, dass Großmütter, die lange leben und noch Jahre nach den Wechseljahren auf ihre Tatkraft und Klugheit angewiesen sind, einen wichtigen Beitrag zum Überleben ihrer Kindeskinder leisten.[25] Ein leuchtendes Beispiel für diese Theorie lieferten die Großmütter der Hadza, einem Nomadenstamm in Tansania, dessen kaum tausend Mitglieder noch heute so wie unsere Vorfahren vor Jahrtausenden vom Jagen und Sammeln leben. Die Anthropologin Kristen Hawkes von der University of Utah stellte fest, dass die älteren Frauen bei den Hadzas erheblich mehr zur Nahrungsversorgung beitragen als die übrigen Mitglieder der Gruppe, woraus sie den Schluss zog, dass »die Großmutter-Hypothese uns ein völlig neues Verständnis dafür eröffnet, warum den Wanderungen und Taten der modernen Menschen plötzlich keine Grenzen mehr gesetzt waren«, erklärte Hawkes der Autorin Natalie Angier. »Es könnte erklären, warum wir den Planeten erobern konnten.«

Wir wissen also, dass bei der Fortpflanzung etwas geschieht, was – wenigstens bei weiblichen Ratten – die geistigen Fähigkeiten bis ins hohe Alter bewahrt. Auch von modernen Großmüttern kann man mit Fug und Recht behaupten, dass sie dank ihrer Enkel geistig fit und mit der Welt in Verbindung bleiben. Wer nicht aufpasst, kann nämlich mit zunehmendem Alter leicht in einen Alltagstrott verfallen. »Stellen Sie sich einen achtzigjährigen Menschen vor, dem sich die Chance bietet, in ein anderes Stadtviertel umzuziehen«, sagt dazu Hirnforscher Michael Merzenich. »Dem Gehirn dieses Menschen würden der Umzug und die damit verbundenen Herausforderungen ausgesprochen gut tun. Aber normalerweise wehrt man sich natürlich gegen so etwas.«

Doch in diesem Fall könnte die großelterliche Liebe den Widerstand gegen Veränderung überwinden und einem die geistige Kraft geben, es mit neuen Herausforderungen aufzunehmen. Sara Ruddick, die Verfasserin des Buches *Mütterliches Denken* und inzwischen selbst Großmutter, schreibt dazu: »In meinem Umfeld haben Großeltern, die nun Ende fünfzig oder älter sind, Krankheit, Verlust und Tod kennen gelernt. In diesem Zusammenhang brauchen und wollen Großeltern Erfahrungen, die ihnen ermöglichen, der Welt, die länger fortleben wird als sie, mit Neugier, Wertschätzung und Hinwendung zu begegnen.«[26]

Für Großmütter gilt jedenfalls ebenso wie für Mütter, dass Kinder eine Verbindung zur Außenwelt herstellen – zu einer Welt voller intellektueller Herausforderungen und sozialer Verpflichtungen. Wie Forscher festgestellt haben, ist diese Welt der sozialen Beziehungen für die Förderung des Denkvermögens besonders günstig, denn sie kann den Stress mildern und die Widerstandskraft stärken. Um dieses Thema geht es in Kapitel 6.

6 WIDERSTANDSFÄHIGKEIT: WENIGER STRESS, MEHR GRIPS

*Kaum dass sich die geschürzten Lippen um die Brustwarze
schließen und sich an ihr festsaugen, macht das Köpfchen
einen Ruck – wie ein Fisch an der Angel, der durch sein
Zappeln den Haken erst richtig an seinem Maul befestigt.
Aber wer ist es eigentlich, der hier gefangen wird?[1]*
SARAH BLAFFER HRDY, *Mutter Natur*

WER JE EIN BABY GESTILLT HAT – und nicht gleichzeitig mit dem
Still-BH kämpfen, telefonieren oder wegen der ersten Zähnchen einen Schmerzensschrei ausstoßen musste –, weiß, dass es kaum eine
intimere Handlung gibt. Der Herzschlag verlangsamt sich, die Kör-
pertemperatur steigt, und die Uhren scheinen langsamer zu gehen.
Sie streicheln seine Wange, das Baby gluckst und seufzt, Sie verlieren
sich in seinem verzückten Blick.

Selten ist man einem anderen Menschen so nah. Für viele junge
Mütter ist dieses Erlebnis aber auch der erste Schritt zu einer neuen
Lebensform, denn mit und durch ihr Kind entstehen enge, tragfähige
Beziehungen. Durch die Mutterschaft, so die Schriftstellerin Erica
Jong, »bin ich ein Teil der Menschheit geworden«.[2]

Vor meiner Ehe lebte ich als freie Journalistin in Mexiko-City. Da
kam es nicht selten vor, dass ich damals mit Mitte 30 einen ganzen
Tag allein zu Hause in meinem Büro verbrachte und an einem Artikel arbeitete. Mein einziger Kontakt zur Außenwelt war Eloisa – eine
temperamentvolle Nicaraguanerin und dreifache Mutter, die mein
Haus hütete, wenn ich auf Reisen war, und mir ansonsten half, es
sauber zu halten, und die einfach nicht begriff, wie jemand ein so ab-

geschiedenes Leben führen konnte wie ich. Jedes Mal, wenn sie an meiner Tür vorbeikam, machte sie offenbar absichtlich Lärm. Gegen Abend hörte ich sie schließlich laut und vernehmlich klagen: »Es terrible!«

Vielleicht war es tatsächlich schrecklich, obwohl ich mich jetzt gelegentlich nach jener Einsamkeit zurücksehne. Entscheidend ist aber, dass es *möglich* war, was heute nicht mehr gilt. Als Mutter von zwei kleinen Söhnen muss ich ständig damit rechnen, dass mein Tagesablauf unterbrochen wird – weil meine Kinder und ihre Freunde hereinschneien, die Haustiere Aufmerksamkeit fordern und weil ich mit einer ganzen Menge Leute in Kontakt komme, die mir oder denen ich einen Gefallen erweise, darunter Lehrer, Klassenelternsprecher, andere Mütter, Kinderärzte, Schwimmlehrer und Experten aus dem Tiergeschäft, die bei Problemen mit unseren Hausratten weiterhelfen. Einen großen Trost bieten mir unterdessen Studien, aus denen hervorgeht, dass sich all diese Störungen positiv auf meine Intelligenz auswirken dürften.

Geselligkeit an sich kann, wie ich in Kapitel 8 ausführen werde, geistig anregend wirken und Fähigkeiten fördern, die bis vor kurzem erheblich unterschätzt wurden. Aber hier geht es mir um die traditionelleren Aspekte der Intelligenz wie Gedächtnis und Konzentrationsvermögen. Die bekannte Krankenschwestern-Studie, die von den National Institutes of Health finanziert wurde und an der über 100.000 Amerikanerinnen teilnahmen, stellte fest, dass Menschen, die in ein starkes soziales Netz eingebunden sind, auch geistig mehr leisten.[3] Davon unabhängig zeigte eine Untersuchung der University of Michigan mit mehr als 3000 erwachsenen Testpersonen, dass Menschen mit intensiven sozialen Kontakten – ob sie nun Zeit mit anderen verbringen oder auch nur telefonieren – bessere Gedächtnisleistungen und andere kognitive Fähigkeiten aufweisen.[4]

Teilweise hängt das wohl einfach mit der Stimulation zusammen, die das Gehirn durch Interaktion mit anderen Menschen erhält; vieles deutet jedoch auch darauf hin, dass soziale Kontakte im besten

Falle sogar stressmindernd wirken. Seit Jahren wissen wir, dass Stressabbau für die körperliche Gesundheit wichtig ist, das Risiko von Herzerkrankungen und Diabetes senkt und sogar das Immunsystem stärkt. Neu ist hingegen die Erkenntnis, dass Stressabbau sich auch auf das Gehirn positiv auswirkt, und zwar sowohl kurz- als auch langfristig. Und Mütter – die nach dem alten Mommy-Brain-Modell lediglich *Stressopfer* wären – haben anscheinend sogar gewisse Vorteile bei der Stressbewältigung. Eine wesentliche Rolle spielt dabei das Hormon Oxytozin. Die Verhaltensneurobiologin C. Sue Carter, die sich eingehend mit der Wirkung des Hormons befasst hat (vgl. Kap. 3), erklärt dazu, Oxytozin sei vor allem deshalb so wichtig, weil es »uns mit der sozialen Welt verbindet«. Aber es liegen auch neuere Erkenntnisse darüber vor, dass Oxytozin die Gedächtnis- und Lernleistungen steigert – und potenziell dauerhafte Veränderungen im Gehirn bewirkt.

DAS »KUSCHELHORMON«

Entdeckt wurde Oxytozin im Jahr 1906 durch den englischen Forscher Sir Henry Dale, der feststellte, dass es durch Stimulierung der Uteruskontraktionen die Geburt beschleunigte.[5] Der Name, den er ihm gab, setzt sich aus den griechischen Worten *okus*, »schnell«, und *tokos*, »Geburt«, zusammen. Hundert Jahre später beginnen die Wissenschaftler gerade erst zu begreifen, wie vielfältig Oxytozin sonst noch wirkt, sodass man schon hofft, es eines Tages als Antidepressivum oder als Mittel gegen Alzheimer einsetzen zu können.

Das Hormon wirkt auf zweifache Weise.[6] Es wird im Hypothalamus (dem Hormonzentrum des Gehirns) produziert und gelangt über die Hypophyse in den Blutkreislauf, wo es nicht nur die Wehen, sondern auch den Milchfluss auslöst, sobald das Baby zu saugen beginnt (Letdown-Reflex). Neuronen im Hypothalamus halten auch die Verbindung zum Gehirn, wo Oxytozin als Botenstoff agiert und über die Synapsen Informationen transportiert, Emotionen und Verhalten beeinflusst, innere Ruhe fördert und, wie manche Forscher meinen, auch soziale Bindungen festigt.

Nach einer Oxytozinspritze schließen männliche Präriewühlmäuse mit ihrem Vagabundenleben ab und verwandeln sich in fürsorgliche Ehemänner und Väter.[7] Mäuse einer bestimmten Züchtung, die für Oxytozin unempfänglich sind, können ihre Artgenossen nicht als solche erkennen.[8] Ratten reagieren auf Oxytozingaben, indem sie geselliger, gelassener und neugieriger werden.[9] Beim Menschen wird der höchste Oxytozinspiegel während des Orgasmus erreicht.[10]

Aber die sicherlich wichtigste Funktion kommt dem Hormon beim Aufbau der Mutter-Kind-Bindung zu. Bei Müttern, die ihr Neugeborenes zum ersten Mal sehen, ist Oxytozin, durch das mütterliches Verhalten ausgelöst wird, »das endokrinologische Pendant zu Kerzenlicht, leiser Musik und einem Glas Wein«,[11] so die Anthropologin Sarah Hrdy. Unbegattete Rattenweibchen, die das »Kuschelhormon« injiziert bekommen, legen Furcht und Feindseligkeit ab und nehmen sich der in Reichweite befindlichen Jungtiere liebevoll an. Beim Menschen könnte Oxytozin in Kombination mit den endogenen Opioiden, die das Hochgefühl von Langstreckenläufern auslösen sollen und auch bei der Interaktion zwischen Mutter und Säugling freigesetzt werden, erklären, warum sonst vernünftige Erwachsene stundenlang nichts anderes von sich geben als »wo ist denn mein kleines Schnuckelchen« – und warum Generationen von Schnuckelchen überleben.

Die Sensibilität gegenüber Oxytozin steigert sich bei jungen Müttern enorm. Während der Trächtigkeit werden bei Ratten im Uterus, an den Milchdrüsen und im Gehirn neue Rezeptoren für das Hormon gebildet.[12] In Gebärmutter und Brustgewebe von Frauen wurden solche Rezeptoren entdeckt, man darf also annehmen, dass sie auch im Gehirn vorhanden sind.

Am schwedischen Karolinska-Institut zeigte die Oxytozin-Expertin Kerstin Uvnäs-Moberg Anfang der neunziger Jahre anhand von Experimenten, dass stillende Frauen weniger stark auf Stress-hormone reagieren.[14] Drei bis sechs Monate nach der Geburt berichteten Mütter, die ihr Baby mindestens acht Wochen lang gestillt hatten, sie hätten nun weniger unter Angstgefühlen, körperlicher Anspannung, Misstrauen und Langeweile zu leiden. Außerdem erwiesen sie sich bei Tests als ruhiger und geselliger als nicht stillende Mütter derselben Altersgruppe. Überdies wies Uvnäs-Moberg nach, dass ein Zusammenhang zwischen dem Grad der Gemütsruhe der Frauen und der Höhe des Oxytozinspiegels im Blut besteht, was wiederum auf erhöhte Oxytozinwerte im Gehirn schließen lässt.

Andere Wissenschaftler haben bei stillenden Müttern ebenfalls eine geringere Stressanfälligkeit festgestellt. Ein Forscherteam unter Leitung von Margaret Altemus, Psychiatrieprofessorin an der Cornell University, ließ zehn stillende und zehn nicht stillende Frauen auf einem Laufband bis an die Leistungsgrenze gehen.[14] Die Forscher stellten fest, dass die Ausschüttung von drei Stresshormonen bei den stillenden Frauen um die Hälfte geringer war als bei der Vergleichsgruppe. Viele, wenn nicht sogar die meisten Wissenschaftler vermuten, dass diese Unterschiede verschwinden, sobald die Mütter abstillen. Uvnäs-Moberg hingegen könnte sich vorstellen, dass es sich hierbei um bleibende Veränderungen handelt. Diese Annahme sieht sie durch Forschungen bestätigt, die zeigen, dass Menschen und andere Säugetiere auf das zweite Kind körperlich und emotional offener reagieren als auf das erste. Die bereits gemachte Erfahrung führt sogar dazu, dass nach der zweiten Geburt im allgemeinen der Milchfluss stärker ist. »Beim ersten Kind geschieht etwas, das einen für immer verändert«, meint Uvnäs-Moberg. Tatsächlich haben französische Forscher herausgefunden, dass die Neuronen, die im Gehirn von Ratten Oxytozin produzieren, durch den Akt der Geburt und des Säugens neu strukturiert werden.[15] Andere Forscher haben gezeigt, dass Ratten, die als Säuglinge einer erhöhten Oxytozindosis ausgesetzt waren, lebenslang besser gegen Stress und Bluthochdruck geschützt sind.[16] Unter anderem deshalb glaubt Uvnäs-Moberg, dass sich das Gehirn einer Frau durch Geburt und Stillen auf Dauer verändert und ihr Nervensystem stärkt. »Ihr Antistresssystem ist aktiviert«, so die Autorin. »Sie haben auf jeden Fall einen Puffer.«

DER VORTEIL DER MÜTTER

In den ersten Jahren des neuen Jahrtausends haben zwei experimentelle Studien interessante Hinweise darauf geliefert, dass Mütter – die in kurzer Zeit so viel Neues lernen müssen – dabei tatsächlich durch ein leistungsfähigeres Gehirn unterstützt werden.

Eine dieser Untersuchungen stammte von der japanischen Universität Okayama, wo im Jahr 2003 ein Forscherteam (dem auch drei Mütter angehörten) unter Leitung von Kazuhito Tomizawa Oxytozin in das Gehirn von Mäusen injizierte, die noch nie trächtig gewesen waren.[17] Dann unterzogen sie eine Gruppe dieser Mäuse, ähnlich wie zuvor Kinsley und Lambert, einem Test, bei dem es um räumliches Lernen ging: Die Versuchstiere mussten in einem kreisförmigen Labyrinth mit acht Armen, von denen nur vier eine Belohnung enthielten, auf Futtersuche gehen. Die oxytozinbehandelten Mäuse schnitten dabei deutlich besser ab. Dann injizierten die Forscher einen Oxytozinantagonisten – der auf chemischem Weg dessen Wirkung blockierte – in das Gehirn von Mäusen, die mehrere Würfe gehabt hatten. Die Leistung dieser Tiere im Labyrinth ging zurück.

Tomizawa und seine Kollegen veröffentlichten ihre Ergebnisse im April 2003 in der renommierten Zeitschrift *Nature*. Sie hätten, so schrieben sie, im Hippocampus sowohl von Mäusen, die Oxytozininjektionen erhalten hatten, als auch von Mäusen, die mehr als einen Wurf zur Welt gebracht hatten, eine anhaltende Leistungssteigerung beobachtet, die so genannte L-LTP (long-lasting, long-term potentiation). L-LTP ist ein physiologisches Kennzeichen der Bildung des Langzeitgedächtnisses, die mit einer nachweisbar verbesserten Effizienz der informationsverarbeitenden Synapsen einhergeht. Die Nachricht schlug ein. Tomizawa hegte die Hoffnung, dass Oxytozin eines Tages zur Heilung altersbedingter Gedächtnisstörungen wie zum Beispiel Alzheimer eingesetzt werden könnte.

Im selben Jahr legte Tracey Shors, Verhaltensneurobiologin an der Rutgers University, Untersuchungsergebnisse vor, die zeigten, dass junge Mütter vor Stress geschützt sind, der sonst ihrem Gedächtnis schaden würde – ein Phänomen, das, wie die Forscherin vermutet, ebenfalls mit Oxytozin zusammenhängt.[18] In früheren Studien hatte Shors nachgewiesen, dass unbegattete Rattenweibchen nach belastenden Erfahrungen weniger effizient lernen. Sie berücksichtigte auch die Erkenntnis, dass stillende Frauen weniger stressanfällig sind. Shors entwarf also einen Test, bei dem Rattenmütter zunächst unter Stress gesetzt wurden, indem man sie in Plexiglasröhren einsperrte; anschließend wendete man eine klassische Pawlow'sche Technik an: Das Augenlid wurde mit einem winzigen elektrischen Impuls stimuliert, sobald sie einen bestimmten Ton hörten. Als daraufhin gemessen wurde, wie lange es dauerte, bis die Ratten lernten, beim Erklingen des Tons zu zwinkern, stellte sich heraus, dass die Mütter schneller lernten als die ebenso gestressten Nichtmütter.

Shors glaubt, dass dieses »einzigartige Reaktionssystem« junge Mütter befähigt, mit potenziellen Überforderungen fertig zu werden und sich besser um ihren Nachwuchs zu kümmern.[19] Das »Kuschelhormon« hat man deshalb im Verdacht, weil Oxytozin die Freisetzung von Stresshormonen, den so genannten Glukokortikoiden, hemmt.[20] Diese sind ein Grund dafür, dass anhaltender Stress im Lauf der Zeit den Hippocampus schädigen kann. Sie schwächen auch die Überlebensfähigkeit der Zellen bei Schlaganfall und epileptischen Anfällen.

Robert Sapolsky, Biologe an der Stanford University und international renommierter Stressexperte, der bahnbrechende Arbeiten zur Wirkung der Glukokortikoide vorgelegt hat, hält es ebenfalls für möglich, dass die Natur den Säugetiermüttern durch Oxytozin hilft. Dies illustriert er mit einer Geschichte über Zugvögel. Vögel, die regelmäßig vom mexikanischen Baja bis zur Arktis fliegen, ertragen Temperaturen weit unter dem Gefrierpunkt, ohne dass ein Anstieg des Stresshormonspiegels zu registrieren wäre. »Das ist erstaunlich«, so der Forscher. »Aber wenn man darüber nachdenkt, ist es ja ein normaler Arbeitstag für diese Vögel. Wenn sie darauf mit starkem Stress reagieren würden, dann würden sie nicht überleben.« Sapolsky vermutet, dass alle Tiere körpereigene Mechanismen haben, um mit ihrer Umwelt zurechtzukommen, und dass bei Säugetiermüttern Oxytozin diesen Zweck erfüllt, also die zu erwartende hohe Stressintensität mindert, sodass die geistigen Funktionen nicht oder zumindest nicht allzu stark beeinträchtigt werden. »Irgendwie haben Säugetiere das Problem gelöst, weil sich kognitive Fähigkeiten als nützlich erweisen, wenn man Nachwuchs zu versorgen hat«, meint Sapolsky.

Die Wirkung von Oxytozin auf den Menschen birgt noch viele Geheimnisse, denn es ist äußerst schwierig, das Hormon im menschlichen Gehirn zu erforschen. Zwar kann man Oxytozin im Blut leicht nachweisen, es kann jedoch nicht die Blut-Hirn-Schranke überwinden, weshalb bisher nicht überprüft werden konnte, ob die Werte im Blut und im Gehirn vergleichbar sind. [21]

Solcherlei Schwierigkeiten bei der Erforschung des Hormons sind vermutlich nicht der einzige Grund dafür, dass es so lange gedauert hat, bis die Wirkung von Oxytozin richtig gewürdigt wurde. Ein weiterer dürfte darin liegen, dass Fragen, die vor allem für die weibliche Physiologie von Bedeutung sind, von der männerdominierten Forschung jahrzehntelang vernachlässigt wurden. Inzwischen wissen wir immerhin, dass Frauen mit belastenden Ereignissen anders umgehen als Männer, aber auch auf diesem Gebiet bestehen nach wie vor erhebliche Wissenslücken.

DER PREIS DES STRESSES – UND WARUM MÄNNER MEHR BEZAHLEN

Seit Anfang der dreißiger Jahre war das zuerst von dem Harvard-Physiologen Walter Cannon beschriebene »Kampf oder Flucht«-Syndrom das vorherrschende Erklärungsmodell für Stressreaktionen von Mensch und Tier.[22] Cannon zeigte, wie Hormone dem Körper von jeher geholfen haben, bei kriegerischen Attacken oder Angriffen durch Raubtiere zu bestehen. Die Angst, die uns erfasst, bringt Körper und Gehirn mittels zweier separater Systeme auf Touren. Zum einen jagen die Botenstoffe Epinephrin (besser bekannt als Adrenalin) und das verwandte Norepinephrin durch Blutbahn und Nervensystem und sorgen für beschleunigten Herzschlag und erhöhten Blutdruck. Die Muskeln werden besser durchblutet, denn sie werden nun gebraucht. Die Pupillen weiten sich. Das sympathische Nervensystem wird aktiviert, um Höchstleistungen zu ermöglichen, indem weniger wichtige Funktionen wie Verdauung, Fettanlagerung und sogar das Immunsystem auf Eis gelegt werden. Anschließend setzt die Nebenniere Glukokortikoide frei, die die bereits erfolgte Reaktion unterstützen und über längere Zeit aufrechterhalten.

Cannon prägte für diesen Vorgang das Wort »Stress«, was gar nicht negativ gemeint war, und nannte denn auch sein 1932 erschienenes Buch *The Wisdom of the Body*. Um dieselbe Zeit definierte der Wissenschaftler Hans Selye den Stress so, wie wir das Phänomen heute verstehen – als Überbelastung, die uns krank machen kann. Selye entdeckte, dass seine Laborratten Magengeschwüre, eine vergrößerte Nebenniere und ein geschwächtes Immunsystem aufwiesen. Er erkannte, dass er sie durch anstrengende Experimente oder versehentliches Fallenlassen unabsichtlich misshandelt hatte, und einer Eingebung folgend begann er, sie *absichtlich* zu quälen, indem er sie Wärme oder Kälte aussetzte oder sie zu körperlicher Anstrengung zwang. Wieder wurden die Ratten krank, und Selye kam zu dem Schluss, dass der körperliche Stress das Leiden verursacht hatte.

Heute sind sich die Wissenschaftler weitgehend einig, dass auch ein Übermaß an Sorge und Angst – also mentaler Stress – der Gesundheit schaden kann. Doch erst Ende der neunziger Jahre begriffen wir allmählich, wie unterschiedlich Männer und Frauen auf solche Situationen reagieren. »Die Behauptung, die Auswirkungen von Stress auf den Körper würden einem helfen, als Mann in der Savanne zurechtzukommen, lässt die Hälfte der Daten außer Acht und ist von historischen Vorurteilen geprägt«, erklärt Sapolsky und merkt an, dass Dutzende wissenschaftlicher Untersuchungen »deutliche Unterschiede zwischen den Geschlechtern« belegen. So zeigen viele verhaltenswissenschaftliche Studien, dass Frauen – erheblich häufiger als Männer – auf Stress nicht durch Kampf oder Flucht reagieren, sondern Unterstützung bei anderen suchen.

Dieses Verhalten beruht stärker auf dem parasympathischen System, das für »Ruhe und Verbindung/Bindung« und für jene weniger dringlichen Körperfunktionen wie Wachstum und Heilung zuständig ist, die unterdrückt werden, wenn rasches und energisches Handeln gefordert ist.[23] Teilweise durch Oxytozinausschüttung ausgelöst, reduziert es den Ausstoß von Stresshormonen, senkt den Blutdruck und regt die Verdauung an. Wie Uvnäs-Moberg schreibt, löst es »Freundlichkeit statt Wut« aus.

Dass Frauen stärker als Männer dazu neigen, auf diese Weise mit Stress fertig zu werden, ist eine These, für die sich Shelley E. Taylor, Psychologieprofessorin an der University of California in Los Angeles, in den letzten Jahren stark gemacht hat. In einer viel beachteten Abhandlung aus dem Jahr 2000 stellte sie gemeinsam mit fünf Kollegen die These auf, dass Frauen seltener mit dem Kampf-oder-Flucht-Muster reagieren und meist auf ein anderes Verhalten zurückgreifen, das die Professorin als »tend-and-befriend« bezeichnet – Hinwendung und Kontaktaufnahme.[24] Die Forscher verknüpfen eine Fülle von Daten aus der Verhaltensforschung mit neuen Untersuchungen zu Oxytozin und endogenen Opioiden – Hormone, die offenbar auf Frauen größeren Einfluss haben als auf Männer. Mindestens eine Untersuchung hat gezeigt, dass bei Rattenweibchen unter Stress mehr Oxytozin freigesetzt wird als bei Männchen. Einige Experten meinen, dies hänge damit zusammen, dass das weibliche Sexualhormon Östrogen die Wirkung des Oxytozin verstärkt. »Wenn man weiblichen Tieren fünf Tage hintereinander Oxytozin verabreicht, dann sinkt ihr Blutdruck für mindestens drei Wochen«, erklärt Uvnäs-Moberg. »Bei Männchen hält dieser Effekt nur halb so lang an.«

In ihrem Buch *The Tending Instinct* bezieht Taylor ihre Darstellung der geschlechtsspezifischen Stressreaktionen auf weibliche Tiere und auf Frauen allgemein. Allerdings ist klar, dass dieser »Instinkt« für Mütter besondere Bedeutung hat, denn der Begriff »tending« meint die Hinwendung der Mutter zum Kind.

BERUHIGEN UND VERSORGEN

Angesichts der ungleichen Bedürfnisse von Männern und Frauen ist leicht nachvollziehbar, dass sich die Geschlechter auch im Hinblick auf physiologische Stressreaktionen im Lauf der Geschichte unterschiedlich entwickelt haben, meint Taylor. Männer kommen auf Touren, während Frauen versuchen, Ruhe zu bewahren. »Wenn eine Mutter vor einem bedrohlichen Raubtier flieht, ihr ängstliches Kleinkind aber schutzlos zurücklässt, ist es um die Überlebenschancen des Kindes schlecht bestellt«, schreibt die Professorin. »Folglich werden vor allem Verhaltensweisen weitervererbt, die das Überleben von Mutter und Kind sichern.«

Heute stellen Säbelzahntiger keine Bedrohung mehr da, vielmehr fürchten sich die Menschen vor Massenentlassungen, aber Frauen reagieren nach wie vor mit »Zuwendung« auf Stress, wie eine Untersuchung der Psychologin Rena Repetti von der University of California Los Angeles (UCLA) beweist.[25] Die Mutter von zwei Töchtern ist auch in ihrer Forschungsarbeit der Frage nachgegangen, wie sich Stress auf berufstätige Eltern auswirkt. Ende der neunziger Jahre befragte Repetti Eltern, wie sie nach einem stressigen Arbeitstag mit ihren unter zwölfjährigen Kindern umgingen – überprüft wurden die Aussagen durch die Befragung von einem Kind pro Familie, das seine Sicht der Dinge beisteuerte.

Repetti stellte fest, dass Väter nach Konflikten mit Kollegen und Vorgesetzten am Feierabend kaum auf ihre Söhne und Töchter eingingen. Kinder wie Eltern bestätigten, dass sich die Väter eher zurückzogen. Die Mütter hingegen wurden, nach eigener Einschätzung und nach Meinung der jungen Familienmitglieder, nach einem stressigen Arbeitstag sogar noch aufgeschlossener. Sie bekundeten mehr Interesse und Zuneigung, spielten mit den Kindern, ließen sich auf sie ein. Sie zeigten *Zuwendung.* »Kinder zu haben oder die ›Elternrolle‹ zu übernehmen, wirkt bei manchen Frauen offenbar als Puffer gegenüber Stressfaktoren am Arbeitsplatz, und dieses Ergebnis kann deutlich machen, *wie* das geschieht«, lautete Repettis Schlussfolgerung. »Ein verstärktes positives Engagement für die Kinder könnte einen Bewältigungsprozess widerspiegeln, der Eltern gegen die bösen Folgen von Stress am Arbeitsplatz abzuschirmen vermag.«

Das Stillen eines Babys wirkt, wie bereits erwähnt, auf Mütter oft besonders beruhigend. Kathy Mayer, die Internistin, die mit ihrer Milchpumpe am Steuer ertappt wurde, nutzte das Stillen ganz bewusst, um nach einem stressigen Tag abzuschalten.

»Wenn ich nach der Arbeit im Auto eine unangenehme Nachricht auf dem Anrufbeantworter abhöre und nervös werde, sage ich mir, dass ich jetzt heimkomme, meine Kinder stille und mir Zeit für sie nehme, und den Anruf beantworte ich später«, erklärt sie. »Was wir miteinander erleben, beruhigt mich vollkommen, und wenn ich mit den Nerven fertig bin, bekomme ich wieder einen klaren Kopf. Das bewahrt mich auch manchmal davor, Dinge zu sagen, die ich später bereut hätte.«

Nicht für alle Mütter ist das Stillen eine befriedigende Erfahrung –

die berühmte italienische Schriftstellerin Oriana Fallaci bezeichnete es als »Folter« –, aber viele berichten, sobald sie sich darauf einlassen, wirke es auf die Seele so beruhigend wie Meditation, da es die Anwesenheit im Hier und Jetzt fördere. Sue McDonald, meine Hebamme in San Francisco, die mir während meiner ersten Schwangerschaft beistand, erinnert sich an eine Jugendfreundin, die eine großartige, temperamentvolle Pianistin wurde. »Sie hat mir verraten, dass ihr Baby ein Geschenk Gottes war«, sagt Sue McDonald. »Eines Tages hat sie ihrem Kind beim Stillen zugeflüstert: ›Beeil dich, ich muss üben!‹« Plötzlich wurde ihr klar: Moment mal. Schau, wo du bist. Schau, was du tust. Dadurch hat sie das Leben plötzlich ganz anders gesehen.«

SOZIALE CHEMIE

Neben solch fürsorglicher Nähe ist ein weiteres auffälliges Merkmal der Haltung, die der Genfer Psychologieprofessor Daniel Stern als das »mütterliche Denken und Fühlen«[26] bezeichnet, das Suchen nach praktischer und seelischer Unterstützung durch andere erfahrene Mütter. So verändert sich oft über Nacht das gesellschaftliche Umfeld vollkommen. Auch die eigene Mutter oder Schwiegermutter wird jetzt interessanter, denn sie kann nicht nur brennende Fragen beantworten (Wo ist die weiche Stelle am Schädel des Babys? Sollte es auf dem Rücken oder auf dem Bauch schlafen? Sollte das Kind nicht bald sprechen lernen?), sondern auch nachvollziehen, was die junge Mutter jetzt durchmacht. Auch zu anderen Müttern wird die Beziehung enger, während Männer, auch der eigene Ehemann, vielleicht weniger fesselnd erscheinen. »Wir werden hinaus auf die Weide geschickt«, meinte ein alter Reisegefährte meines Mannes.

In einer in Boston durchgeführten Studie fragte Stern junge Mütter, wie viel und mit wem sie kurz nach der Geburt ihres Kindes Kontakt hatten, und stellte überrascht fest, wie viel Zeit sie mit erfahreneren Müttern verbrachten. »An einem durchschnittlichen Tag hatte jede junge Mutter mehr als zehn unterschiedliche Kontakte, das heißt Besuche oder Anrufe, also nahezu einen in jeder Stunde des Tages«,[27] schrieb er.

Eleanor Bigelow, die mit über 40 zwei Kinder unter drei Jahren zu versorgen hat, fand sich in einem Kreis von Müttern wieder, als sie nach mehrjähriger Tätigkeit im Vorstand einer Maklerfirma eine Auszeit nahm. Zuvor hatte sie den Tag vor allem mit Männern verbracht und den kumpelhaften Umgangston genossen. Jetzt kommt sie vor allem mit anderen Müttern zusammen, die sich mit ihren Babys gegenseitig besuchen, um zu plaudern und Erfahrungen auszutauschen. »Ich fühle mich weniger meschugge und einsam, wenn ich bei anderen Müttern Dampf ablassen kann, die meine Situation verstehen«, meint Eleanor. »Unsere Gespräche drehen sich um Familienthemen wie Kindererziehung, Religion, Schulen und so weiter – Dinge, mit denen sich Alleinstehende gar nicht befassen. Meine Freundschaften geben mir deshalb heute mehr, sie sind familienorientierter. Wir sitzen alle im selben Boot und versuchen uns gegenseitig zu helfen. Netzwerke unter Müttern sind stark und tragfähig.«

Warum sind sie so stark? Vielleicht weil eine Frau – außer im hohen Alter oder im Krankheitsfall – zu keiner Zeit so sehr auf andere angewiesen ist. Und wie die Schriftstellerin Fay Weldon einmal angemerkt hat, »ist das Eingestehen von Schwächen der Grundstein einer jeden guten Freundschaft«.[28]

Eine Schwäche zuzugeben ist am Arbeitsplatz gewöhnlich tabu, aus Gesprächen unter überforderten Müttern jedoch nicht wegzudenken. Dass wir uns klar machen, wie viel auf dem Spiel steht, wie sehr wir uns ins Zeug legen und wie oft etwas schief geht, schafft eine einzigartige Bindung. Ich kann mir nicht vorstellen, dass Männer oder kinderlose Frauen eine ähnliche Freundschaft pflegen wie ich und Elizabeth Share, eine berufstätige Mutter von zwei kleinen Söhnen, die vier Straßen weiter wohnt und die ich kaum sehe. Stattdessen schreiben wir uns E-Mails und führen merkwürdig anmutende

Telefongespräche. Das sieht zum Beispiel so aus: Ich kümmere mich ums Abendessen, mein Mann ist noch im Büro, ein Kind sitzt in der Badewanne, das andere am Computer. Auch mein Computer läuft noch, weil ich die Hoffnung nicht aufgebe, dass mir ein paar ruhige Minuten für Recherchen bleiben, in denen sich die Kinder still beschäftigen. Ungefähr alle zwei Minuten ertönt ein Hilferuf: »Mami, bring mir ein Handtuch!« »Mami, ich möchte Saft!« »Mami, ich hab was verschüttet!« »Mami, ich habe ausgetrunken!« »Mami!« »Mami!« »Mami!« Dann rufe ich Elizabeth an und höre, wie ihre Jungen im Hintergrund schreien.

»Ich kann jetzt nicht reden!«, rufe ich.

»Ich auch nicht!«, erwidert sie. Zehn Minuten später ruft sie wieder an, und dasselbe läuft noch einmal ab. Es ist, als würden wir beide ertrinken, und wenn wir nach Luft ringend kurz auftauchen, sehen wir die Hand der anderen wild fuchtelnd aus dem Wasser ragen. Dennoch ist es seltsam tröstlich, und wir stellen uns beide ein wenig gestärkt wieder unserem Alltag (auch bei ihr läuft der Computer, weil auch sie die Hoffnung nicht aufgibt). Für den Rest des Abends ist keine Mutter mehr allein auf ihrer Insel.

Ein starkes Netz von Frauenfreundschaften hilft uns, unsere Aufgaben als Mütter klüger und effizienter anzupacken. Sobald die Kinder zur Schule gehen, kursieren wie ein Lauffeuer Informationen über die Lehrer, die Tyrannen auf dem Pausenhof und die Sportvereine, denen unsere Kinder beitreten. Aber in einem wirklich guten Netzwerk wird nicht nur Klatsch ausgetauscht, sondern auch Gefälligkeiten, gute Ratschläge und sogar echte Hilfe in Notfällen. Auch bei Primaten zeigt solcherlei Geselligkeit positive Folgen: 16 Jahre lang erforschten Biologen das Verhalten wild lebender Paviane. Die 2003 veröffentlichte Studie ergab, dass der Zusammenhalt der erwachsenen Weibchen positive Folgen für die Überlebensrate ihrer Jungen hatte.[29] Das heißt, je mehr Zeit das Muttertier mit anderen Weibchen verbrachte und angenehmen Tätigkeiten wie der gegenseitigen Fellpflege nachging, desto größer war die Wahrscheinlichkeit, dass ihre Kinder das schwierige erste Lebensjahr überstanden. »Gesellige Tiere leben aus gutem Grund zusammen«, hielt Susan Alberts fest, Biologin an der Duke University und Koautorin der Studie.

Aus ihren Ergebnissen leiteten die Wissenschaftler ab, dass das soziale Netzwerk der Pavianmutter ein positives Umfeld für den Nachwuchs schuf und ihn zudem vor Räubern schützte. Auch Menschenmütter haben verinnerlicht, dass besser fährt, wer einer Gemeinschaft angehört; das dürfte der Grund sein, warum zahlreiche Studien belegen, dass Frauen unter Stress Unterstützung suchen – neben der Gebärfähigkeit »eines der zuverlässigsten Geschlechtsmerkmale«, wie Taylor meint.[30]

Und ebenso wie die Fürsorglichkeit hat auch dieses Merkmal im Kontext der Arbeitsteilung, die sich im Lauf der Menschheitsgeschichte herausgebildet hat, seinen Sinn. Während die Männer dem Mastodon nachstellten, mussten Frauen enger zusammenarbeiten und auch auf die Kinder der anderen achten – so wie wir es heute noch tun –, damit andere Mütter nach Gefahren Ausschau halten, Beeren pflücken oder einfach für ein paar Minuten ausspannen konnten.

Als aus diesem Verhalten eine Lebensweise wurde, hat sich wohl auch das Gehirn in diese Richtung entwickelt und schüttet nun Botenstoffe eines Belohnungssystems aus, das die enge Freundschaft mit anderen Frauen fördert. Durch Jeffrey Lorberbaums Gehirn-Scanning wissen wir bereits, dass Mütter anders als Väter auf das Schreien ihres Babys durch Aktivität des »Belohnungszentrums« reagieren – wodurch das fürsorgliche Verhalten verstärkt wird. Ähnliches könnte auch für Frauenfreundschaften gelten, wie eine faszinierende, bislang unveröffentlichte Studie zeigt, die auf der Jahresversammlung der Society for Behavioral Medicine (Gesellschaft für Verhaltensmedizin) 1999 vorgestellt wurde.[31] In dieser Untersuchung verabreichten Larry Jamner, Psychologe an der University of California in Irvine, und seine Kollegen einer Gruppe von 24 Frauen und 20 Männern Tabletten, die Naltrexon enthielten, eine Substanz, die für mindestens 24 Stunden die als angenehm erlebten Opioide im Blut reduziert. Die Teilnehmer führten Tagebücher, in denen sich zeigte, dass Frauen deutlich anders auf die Tabletten reagierten als Männer. Am Verhalten der Männer änderte sich nicht viel, Frauen hingegen vernachlässigten ihre sozialen Kontakte, schränkten Telefongespräche und den Kontakt zu Freunden ein und berichteten, dass ihnen das Zusammensein mit anderen nicht mehr viel Freude bereitete. Außerdem erklärten die Frauen, nicht aber die Männer, sie fühlten sich geistig weniger wach.

Jamner hatte sich für die Sache zu interessieren begonnen, weil sich gezeigt hatte, dass bei Tieren das Sozialverhalten zu einer Ausschüttung körpereigener Opioide führt, durch die Geselligkeit belohnt wird. Seine Ergebnisse werfen die Frage auf, ob soziale Bindungen sich für Frauen tatsächlich von Haus aus mehr lohnen als für Männer.

Bis heute gibt es nur magere Belege, die Hinweise auf den chemischen Unterbau der Bindungen zwischen Frauen liefern. Das Gebiet wurde von der Wissenschaft einfach vernachlässigt. Aber Barry Keverne, Professor für Verhaltensneurobiologie an der Cambridge University, hat die Biochemie mütterlichen Verhaltens und sozialer Bindungen bei Schafen und Affen gründlich untersucht und Ähnlichkeiten festgestellt: »Die Biologie ist unglaublich konservativ«, so Keverne. »Wenn es einen Mechanismus gibt, der dazu dient, die Mutter-Kind-Bindung zu stärken, dann wirkt er vermutlich auch bei vielen anderen Anlässen.«[32]

VERTRAUEN UND OXYTOZIN

Hat Oxytozin Einfluss auf Frauenfreundschaften? Bisher gibt es dafür keine eindeutigen Belege. Aber da inzwischen Forscher vieler Disziplinen dem Hormon wachsende Aufmerksamkeit schenken, entstanden quasi nebenbei einige interessante Beobachtungen und Theorien. So meinen einige Forscher, dass ein Oxytozinmangel im Gehirn für Autismus – eine genetische Störung, die enge Beziehungen zu anderen Menschen verhindert – mitverantwortlich sein könnte. Überdies belegte ein erstaunliches Experiment aus dem Jahr 2003, dass bei gesunden Erwachsenen ein klarer Zusammenhang zwischen dem im Blut messbaren Oxytozin, sozialen Bindungen und Vertrauen besteht.[33]

Zu dieser Untersuchung luden Paul Zak und seine Kollegen mehrere Freiwillige ein, die für ihr Erscheinen zehn Dollar erhielten; jeder Teilnehmer bekam daraufhin einen Partner zugeteilt. Nun spielten die Zweierteams ein Computerspiel, bei dem einer von beiden sich entscheiden musste, seinem Partner nichts, einen Teil seines Geldes oder alles zu schicken. Für jede überwiesene Summe sollte noch einmal das Doppelte draufgelegt werden; das heißt, wenn der erste Spieler seine gesamten zehn Dollar schickte, bekam der andere 30 Dollar. Anschließend durfte sich der Partner entscheiden, ob er Geld zurückschickte, war aber nicht dazu verpflichtet. In dieser zeitlich befristeten Beziehung konnte also der erste Spieler ein Vertrauenssignal schicken, und der zweite bewies anschließend, ob das in ihn gesetzte Vertrauen gerechtfertigt war.

Nachdem die Spieler ihre Entscheidung getroffen hatten, nahmen die Wissenschaftler Blutproben, um den Oxytozingehalt zu messen. Nun zeigte sich, dass bei den Spielern, die die größten Geldbeträge – und somit Vertrauensbeweise – erhalten hatten, auch das höchste Oxytozinniveau nachweisbar war; und tatsächlich belohnten sie das Vertrauen ihrer Partner, indem sie ebenfalls mehr Geld weiterleiteten. Überrascht stellte Zak fest, wie stark die hormonelle Reaktion ausfiel, sogar in der sterilen Umgebung des Labors, in dem die Spieler nur über ihre Computer verbunden waren. »Im persönlichen Kontakt wirkt sich Oxytozin zweifellos sehr stark aus«, hielt er fest.

Diesen völlig neuen Ansatz bezeichnet Zak als Neuroökonomie, eine Disziplin, die sich mit der Rolle neuraler Prozesse bei finanziellen Entscheidungen befasst. Wie der Forscher meint, wirken sich nationale Unterschiede im Vertrauen – und im Oxytozinniveau – auf den jeweiligen Lebensstandard aus. Daher regt Zak an, dass Staatsführer auf eine Steigerung der Oxytozinwerte hinwirken sollten – zum Beispiel durch Förderung des Stillens, aber auch indem sie ihre eigene Vertrauenswürdigkeit beweisen und mehr in positive Projekte wie Bildung und Umweltschutz investieren. »Generell gilt, dass Länder mit höherem Vertrauensniveau größere Gewinne an der Börse notieren – und die Menschen mehr verdienen«, stellt Zak fest.[32]

In einem so großen Szenarium wirkt die Kombination von Vertrauen, sozialen Bindungen und Oxytozin bestrickend. Aber ein ebenso aussagekräftiges Beispiel finde ich in meiner Familie. 1961 zogen meine Eltern mit uns vier Kindern von Minneapolis nach Kalifornien. Durch die Entscheidung meines Vaters wurde die ganze Familie entwurzelt, zurückblieben nicht nur die Eltern meiner Eltern, sondern auch viele ihrer Jugendfreunde – und meiner Mutter fiel die Aufgabe zu, einen neuen Bekanntenkreis aufzubauen. Meine beiden Brüder waren damals sieben und neun, und wie sie mir Jahre später erzählte, beschloss sie damals, dass die beiden ihre Bar-Mizwa nicht in einer leeren Synagoge feiern sollten. Also machte sie sich an die Arbeit, trat der jüdischen Frauenvereinigung bei, sammelte Spenden, baute Fahrgemeinschaften auf und buk schwere Torten, die sie verschenkte. Bald hatte sie einen großen Freundeskreis um sich geschart, der vor allem aus den Eltern der Schulkameraden ihrer Kinder bestand. Nicht nur waren beide Bar-Mizwas gut besucht – meine Mutter sieht bis heute, wo ihre Kinder teilweise schon über 50 sind, noch viele der Freunde, die ihr damals beistanden, während wir die Spielgefährten jener Tage schon fast vergessen haben. Wenn ich die Statistiken sehe, die belegen, dass Frauen im Schnitt um sieben Jahre länger leben als Männer, muss ich an meine Mutter denken – an ihre genussvolle Vorliebe für fette Speisen, ihr Festhalten an religiösen Bräuchen, vor allem aber an ihre Geselligkeit.

Haben die ein Leben lang gepflegten Freundschaften meine Mutter so gelassen und weise gemacht? Oder liegt Uvnäs-Moberg mit der Annahme richtig, dass die unmittelbare neurochemische Erfahrung, vier Kinder zu haben, Folgen für ihr Gehirn hatte und es gegen Stress resistent werden ließ? Oder war die Kombination beider Faktoren ausschlaggebend? Über diese Zusammenhänge können wir nur spekulieren. Allerdings weist eine wachsende Zahl von Untersuchungen darauf hin, dass die Stressminderung durch »tending-and-befriending« – und vielleicht auch die Hormone, die unterstützend mitwirken – zur Gesundheit von Gehirn und Körper beitragen.[35] Dass soziale Bindungen das Risiko stressbedingter Krankheiten mindern, weil sie Blutdruck und Herzfrequenz senken, wurde durch mehrere Studien belegt. Die Erkenntnis, dass Geselligkeit der Gesundheit nützt, hat sich in den vergangenen Jahren so weit durchgesetzt, dass neuen Patienten in manchen Arztpraxen bereits die Routinefrage gestellt wird, wie oft sie ihre Freunde sehen.

Wenn es ums Überleben geht, ist Geselligkeit also nicht nur für Mütter förderlich. Offenbar ist der Antrieb, sozial, kooperativ und vertrauensvoll zu sein, bei Müttern besonders stark, doch darf man darüber nicht vergessen, dass es auch kaum Geschöpfe auf Erden gibt, die so hoch motiviert und wettbewerbsfreudig sind wie Mütter.

7 MOTIVATION: DIE GEISTIGE KRAFT DER MUTTERLIEBE

Es ist die tiefe Liebe, die uns mutig macht.[1]
Der Weg des Lao Tse; 4.–3. Jahrhundert v. Chr.

Olivia Morales' Lebensbedingungen unterscheiden sich von denen der anderen Grundschulmütter eines privilegierten Vororts von San Francisco. Die junge, unverheiratete Mexikanerin spricht nur wenige Brocken Englisch und verdient ihren Lebensunterhalt als Zimmermädchen in einem Hotel.[2]

1999 lebte sie noch bei ihren Eltern in der mexikanischen Grenzstadt Mexikali, doch dann beschloss sie, alles auf eine Karte zu setzen, um ihrer Familie eine bessere Zukunft zu ermöglichen. Der Vater ihrer beiden Kinder, damals sechs beziehungsweise acht Jahre alt, hatte sie einige Jahre zuvor verlassen. Olivia Morales verdiente in ihrem Job – sie montierte am Fließband PC-Monitore – 20 Dollar in der Woche, was nicht einmal für das Schulgeld reichte. So lieh sie sich 1500 Dollar, besorgte sich mit dem Geld gefälschte Einwanderungspapiere und stieg in einen Bus nach Norden. Ihre Kinder ließ sie zunächst bei ihren Eltern zurück. »Ich hatte kein Gepäck, nur eine kleine Handtasche mit 60 Dollar und einem Lippenstift«, erzählt sie in der Küche der Zwei-Zimmer-Wohnung, die sie sich mit einer anderen Einwandererfamilie teilt. »Ich konnte nicht schlafen, weil ich Angst hatte, ausgeraubt zu werden. Deshalb«, sagt sie, die Arme an die Brust gedrückt und die Augen weit aufgerissen, »habe ich die Handtasche so an mich gepresst.«

Es ging jedoch alles gut, und nach drei Jahren hatte Olivia Morales genügend Geld zusammengespart, um einen Schleuser zu bezahlen, der ihre Kinder über die Grenze schmuggelte. »Hier wachsen sie mit zwei Sprachen auf und lernen, mit einem Computer umzugehen«, sagt sie. »Sie haben bessere Zukunftschancen und mehr Möglichkeiten, als ich hatte.«

Olivia Morales ist bei weitem nicht die Einzige, die um ihrer Kinder willen ein enormes Risiko einging. In den letzten drei Jahrzehnten haben Tausende Frauen aus Mexiko, Mittelamerika und der Karibik ähnlich viel aufs Spiel gesetzt und die Grenze zu den Vereinigten Staaten überschritten, um das Leben ihrer Familien zu verbessern. Ihr Aufbruch illustriert, wie viel Motivation eine Mutter entwickeln kann.[3]

Motivation ist eine der entscheidenden Komponenten der »emotionalen Intelligenz«, einem 1990 von dem Psychologen Peter Salovey von der Yale University definierten und inzwischen weithin bekannten Begriff.[4] Für Daniel Goleman, Autor des Bestsellers *Emotionale Intelligenz*, ist »positive Motivation« eine der wichtigsten Begabungen, die er als Fähigkeit definiert, Begeisterung und Zuversicht aufzubringen, und die Olympiasportler mit Musikern von Weltrang und Schachgroßmeistern gemein haben.[5] Bei Säugetieren besteht die stärkste Motivation wohl in dem Bedürfnis der Mutter, ihrem Nachwuchs nahe zu sein und für ihn zu sorgen. 1930 zeigte ein wissenschaftliches Experiment, dass Rattenmütter, die durch ein elektrisch geladenes Gitter von ihren Jungen getrennt waren, eher bereit waren, die elektrischen Schläge zu ertragen, um bei ihrem Nachwuchs zu sein, als andere Ratten, die auf dieselbe Weise an der Nahrungsaufnahme und Paarung gehindert wurden.[6]

Bei Menschenmüttern steckt tief in den Genen ein ähnlich machtvoller Trieb, der sie dazu anspornt, ihre Kinder zu nähren und zu schützen. »Mütter zeigen diese Großmut und Tapferkeit nicht, weil es unbedingt gut für sie selbst ist, sondern weil sie Mütter hatten, die dasselbe für sie taten. Und genau deshalb überlebte ein größerer Teil ihrer Abkömmlinge und damit eine größere Zahl der für dieses Verhalten verantwortlichen Gene«, erklärt der Evolutionsforscher Randolph Nesse von der University of Michigan. In dieser Hinsicht funktionieren wir ähnlich wie andere Säugetiere, und offenbar kann dadurch selbst unsere viel komplexere Lebensweise auf den Kopf gestellt werden. Auch wenn die Bindungshormone schon lange nicht mehr produziert werden, verhalten sich viele Mütter disziplinierter, angstfreier und auf eine neue Art ehrgeizig, Eigenschaften, die sich zu einer elementaren Lebensklugheit verbinden.

»Ein Baby ist eine permanente Aufgabe«, meint John Ratey, Psychiatrieprofessor in Harvard. Und diese Aufgabe steigere die Fähigkeit, ein Ziel im Auge zu behalten, ohne sich ablenken zu lassen. Ratey, ein Experte für Aufmerksamkeitsstörungen, berichtet von einer Patientin, die ihre mangelnde Konzentration erst erkannte, als ihr Kind drei Jahre alt wurde und in den Kindergarten kam. »Erst da merkte sie, dass sich etwas verändert hatte«, meint er. »Sie hatte sich daran gewöhnt, eine Aufgabe zu haben. Schließlich beschloss sie, ihr Studium wieder aufzunehmen, um zu promovieren.«

WER EINE AUFGABE HAT, ENTWICKELT VERANTWORTUNGSGEFÜHL

Tanja MacKenzie war nach eigener Aussage »ein Teenager mit vielen Problemen. Ständig stellte ich was an, ich blieb nachts lange fort und hörte nicht auf meine Eltern.«[7] Sie trank, kiffte und hatte ein derart schwaches Selbstwertgefühl, dass sie sich von »Jungs ausnutzen« ließ. Als sie mit 16 schwanger wurde, krempelte sie ihr Leben um. Sie zog in ein Heim für minderjährige Mütter und widmete sich zwei Jahre lang der Versorgung ihres Babys, während sie die vorgeschriebenen Pädagogikkurse zur Kindererziehung absolvierte. Dann ging sie halbtags zur Schule und machte sich schließlich als Schneiderin selbstständig, wobei sie zu Hause arbeitete, um sich besser um ihr Kind kümmern zu können. Als Minderjährige schwanger zu werden, sagt MacKenzie, die heute verheiratet und Mutter von drei weiteren

Kindern ist, »war das Beste, was mir passieren konnte. Dadurch habe ich die Verantwortung für mich übernommen und bin mir der Folgen meiner Handlungen für mich und andere viel bewusster geworden ... Die Verantwortung für einen anderen Menschen hat meinem Leben einen Sinn gegeben.«

Eine positive Entwicklung wie bei Tanja MacKenzie, zu der sicherlich die beträchtliche Hilfe durch Institutionen beitrug, ist leider eher selten. Schwangerschaften bei Minderjährigen sind nach wie vor ein großes Problem, da sehr viele junge Mütter, vor allem wenn sie selbst aus sozial schwachen Familien stammen oder nicht von Freunden und Verwandten unterstützt werden, ihre Babys so vernachlässigen, dass diese statistisch gesehen eine geringere Überlebenschance haben. Dennoch ist eine Entschlossenheit wie bei Tanja MacKenzie häufiger anzutreffen, als viele glauben. »Sobald wir den Begriff ›minderjährige Mütter‹ hören, befürchten wir das Schlimmste«, sagt Sue Hagedorn, die als Leiterin der School of Nursing an der University of Colorado im letzten Jahrzehnt Hunderte von jungen Müttern beobachten konnte. »Doch die meisten von ihnen bekommen die Sache im Lauf der Zeit einigermaßen in den Griff und machen ihre Sache wirklich gut. Mit der Mutterrolle finden sie offenbar ein Ziel im Leben, das sie zuvor nicht hatten.«

Tatsächlich erleben viele Frauen mit der Mutterrolle zum ersten Mal, was es heißt, über Macht zu verfügen – die Macht, neues Leben zu erschaffen und zu verteidigen. Und große Macht, das weiß jeder Fan von Spiderman, bringt große Verantwortung mit sich. Sogar einige große Kfz-Versicherungen haben erkannt, dass sich Menschen mit Kindern diszplinierter verhalten und bieten Verheirateten und Erziehungsberechtigten eines minderjährigen Kindes – ob mit oder ohne Trauschein – erheblich niedrigere Tarife an. Sie gehen davon aus, dass die Sorge für ein Kind den Versicherungsnehmer insgesamt zu einem verantwortungsbewussteren und vorsichtigeren Verhalten veranlasst.[8]

Um herauszufinden, welche soziale und wirtschaftliche Unterstützung Mütter erhielten, die noch zur Schule gingen oder studierten, befragte die Pädagogikprofessorin Pam Sandoval von der Indiana University Northwest Mitte der neunziger Jahre 28 Frauen, die ein Kind bekommen hatten, während sie zur Highschool oder aufs College gingen. Die meisten von ihnen berichteten, dass die Mutterrolle ihrem Leben Struktur gegeben habe. »Vor der Geburt meines Kindes hatte ich keinerlei Verantwortungsgefühl«, sagte eine junge, unverheiratete Afroamerikanerin, die in der Highschool-Zeit schwanger geworden war. »Ich hatte nur meine Musik im Kopf und dachte vor allem an mich selbst. Seit meine Tochter auf der Welt ist, habe ich das Gefühl, dass ein anderer Mensch zu mir aufsieht. Ich trage die Verantwortung – Schluss damit, keine Dummheiten mehr. Wegen meinem Kind gehe ich auch wieder zur Schule. Ich möchte ihm sagen können: ›He, sieh mal, ich habe meinen Abschluss gemacht, ich kann für dich sorgen.‹«

Sharon Hays, Professorin für Soziologie an der University of Virginia, hat ähnliche Aussagen von Frauen gesammelt, die in der Großstadt leben und über geringe Einkommen verfügen: »Viele von ihnen sahen kein Problem darin, der Prostitution nachzugehen und Drogen zu verkaufen – bis sie ein Kind bekamen«, sagt sie. Mit Kindern bekommt die Frage der Moral einen höheren Stellenwert – vielleicht auch deshalb, weil die Mütter mehr Selbstachtung haben. »Sie sagen, es mache sie zu besseren Menschen, sie fühlen sich erwachsener«, berichtet Hays. »Für Frauen mit geringem Einkommen ist die Mutterrolle tatsächlich ein zentraler Punkt für ein erfülltes Leben, daran besteht kein Zweifel. Wenn man Anregung braucht, wenn man sich besser fühlen und den Eindruck haben will, etwas für die Welt zu leisten, dann reicht ein Job in einem Fastfood-Restaurant einfach nicht aus.«

Dass die Sorge für ein Kind die Mutter in ihrem Selbstwertgefühl stärkt, beruht vermutlich darauf, dass sie ständig Verantwortung tragen und die Richtung vorgeben muss. Daniel Stern, Professor für Psychologie an der Universität Genf, der sich vorwiegend der Erforschung der Mutterrolle widmet, nennt dieses Phänomen »verantwortlich zeichnen«.

»Der alte Spruch, ›einer muss den Kopf hinhalten‹, gewinnt für Mütter eine ganz neue Bedeutung«, schreibt Stern in seinem Buch *Geburt einer Mutter*. »Praktisch bedeutet dies, dass Sie in Bruchteilen von Sekunden Entscheidungen treffen müssen, auch wenn Sie nicht genau wissen, was am besten zu tun ist, und Sie noch nie in einer ähnlichen Situation waren. Ihre Lage ist vergleichbar mit der eines Hauptgeschäftsführers, eines Polizisten im Dienst oder eines Arztes in Rufbereitschaft. Alle Blicke richten sich auf den Verantwortlichen und erwarten, dass er weiß, was zu tun ist ... Sie allein sind verantwortlich, das heißt, alle Erfolge und Misserfolge, auch wenn sie von jemand anderem verursacht sind, werden letztendlich Ihnen zugeschrieben.«[9]

Wenn die Erfolge überwiegen, empfindet sich die Mutter wahrscheinlich als generell kompetenter und ist von daher bereit, neue Herausforderungen anzunehmen. So jedenfalls sah es für die dreiunddreißigjährige Lori Willis aus, die berichtet, sie habe in sich neue Kraftreserven entdeckt, nachdem sich ihr Mann kurz nach der Geburt ihres Sohns von ihr habe scheiden lassen. »Erstaunlich, wie stark man für sein Kind sein kann, wenn das Leben eine böse Wendung nimmt«, sagt sie. Willis wuchs an der neuen Herausforderung und bewarb sich um eine anspruchsvolle Stelle als Koordinatorin der Psychologiekurse der Harvard Medical School. Dabei handelte sie eine Vier-Tage-Woche mit jeweils zehnstündigem Arbeitstag für sich aus, um einen Tag mehr mit ihrem Kleinkind verbringen zu können. »Man wird erwachsener, wenn man ein Kind hat, und begegnet dem Leben mit größerem Ernst.«

Die Psychologin Ravenna Helson von der University of California in Berkeley hat sich in den letzten 40 Jahren mit Absolventinnen des Mills College beschäftigt. Sie sagt, es bestehe ganz eindeutig ein Zusammenhang zwischen den Erfahrungen als Mutter und ihrer langfristigen Entwicklung. Wenn sie sich mit der Mutterrolle gut

arrangiert hatten, wurden sie in der Regel auch in anderen Lebens-
bereichen flexibler und einfallsreicher, weniger ängstlich und »do-
minanter« – das heißt konzentriert und zuversichtlich. Waren ihre
Erfahrungen als Mutter hingegen negativ geprägt, nahmen diese
emotionalen Qualitäten ab.

KEINE ANGST

Als Susan Gallymores sechsundzwanzigjähriger Sohn Nick, ein
Ranger bei der Armee, im Jahr 2004 in den Irak versetzt wurde,
konnte sie anfangs nachts nicht schlafen.[10] Immer wieder sah sie vor
sich, wie er verstümmelt oder getötet wurde. Doch bald hatte sie es
satt, sich so ausgeliefert zu fühlen. Sie beschloss, selbst die weite Reise
anzutreten und schließlich sogar ins Kampfgebiet zu fliegen, um
nach ihm zu sehen. Mit einer Großpackung Schokoriegel traf sie
schließlich auf seinem Stützpunkt ein. »He, Nick, deine *Mom* ist
hier!«, rief einer der Soldaten ihrem Sohn zu. Susan Gallymore, die
seitdem ihre Unruhe in den Griff zu bekommen versucht, indem sie
ein Buch über die Situation von Eltern zu Kriegszeiten schreibt, sagt
über ihre Reise: »Mein Sohn ist dort, und ich muss doch wissen, was
ihn erwartet und was er durchstehen muss.«

Ihr Mut war ebenso typisch wie bemerkenswert. Wie im Fall von
Olivia Morales und der Rattenmutter im Labor, die über ein elektri-
sches Gitter läuft, ging es in ihrer Geschichte nicht nur um eine Reise
und ein Wiedersehen, sondern auch um das Überwinden von Angst.
Bei den meisten Veränderungen, die im Gehirn einer Frau stattfinden, sobald sie Mutter wird, spielen die Hormone eine ebenso wichtige Rolle wie die Erfahrung. Und wie immer zeigt sich dies am deutlichsten bei Ratten.

Die von Natur aus scheuen Tiere halten sich am liebsten an
Schatten spendenden Wänden oder in dunklen Ecken auf, anstatt
sich ins Freie hinauszuwagen, wo sie von einem Fuchs oder Habicht

gefangen werden könnten. Doch die Muttertiere, die allein die Verantwortung für den Wurf tragen, sind gezwungen, ihre Gewohnheiten aufzugeben, um für sich und ihren Nachwuchs Nahrung zu beschaffen. Dies veranlasst sie unter Umständen, im buchstäblichen Sinne Neuland zu betreten und sich aus der gewohnten Umgebung zu entfernen. Tatsächlich lässt sich bei Ratten mit Beginn der Trächtigkeit ein Rückgang der Angst feststellen. Unter ihren Lebensbedingungen ein kluges Verhalten, denn wenn sie in vernünftigem Rahmen größere Risiken eingehen, können auch mehr Junge aus ihrem Wurf überleben.

Um diese These zu prüfen, setzten die Forscher Craig Kinsley und Kelly Lambert drei Gruppen von Ratten – Rättinnen vor der ersten Paarung, trächtige Weibchen und Muttertiere kurz nach dem Werfen – in die Mitte einer runden Einfriedung, um zu messen, wie lange sie es in dieser ihnen unangenehmen Umgebung aushielten.[11] Die jungen Rattenweibchen blieben nur etwa fünf Sekunden, ehe sie an der Wand Schutz suchten, die trächtigen hielten es etwas länger aus, während die Muttertiere am längsten ausharrten – im Durchschnitt zirka hundert Sekunden. Außerdem verfielen die trächtigen Ratten und Muttertiere seltener in Angststarre und erkundeten ihre Umgebung mit offenbar größerem Selbstvertrauen. Sie stellten sich öfter auf die Hinterbeine, um den Raum überblicken zu können, und kletterten häufiger über die kleinen Klötze, die im Weg lagen. »Solche Situationen habe ich in meiner Laufbahn auch schon erlebt«, sagt Lambert mit einem Lachen. »Nach dem Motto: ›Was soll's, verdammt noch mal? Ich mache das jetzt einfach‹.«

In einem ergänzenden Experiment widmeten sich Kinsley und Lambert der Frage, welche Prozesse im Gehirn der Ratten sie so mutig machten. Dazu setzten sie eine Gruppe der Tiere extremem Stress aus, indem sie sie in eine durchsichtige Plexiglasröhre sperrten, die in einem hell erleuchteten Raum stand. Anschließend sezierten die Forscher das Gehirn der Versuchstiere und untersuchten die »Angstzentren«, einschließlich der Amygdala und Teilen des

Hippokampus. Kinsley und Lambert forschten nach einem als C-Fos bekannten Protein, das entsteht, wenn Hirnzellen aktiv sind. Und tatsächlich ließ sich in dieser Hinsicht ein deutlicher Unterschied zwischen den beiden Gruppen feststellen. Bei den Muttertieren waren die Angstzentren weitaus weniger aktiviert worden.

Wie es zu diesem kühneren Verhalten kommt, bedarf zwar noch weiterer Untersuchungen, doch es scheint, als wären im Wesentlichen zwei Hormone dafür verantwortlich: das Oxytozin, das, wie in Kapitel 6 beschrieben, stressmindernd wirkt, und das Prolaktin, das Angst und Furcht dämpft.

Das so genannte »Elternhormon« Prolaktin verdankt seinen Namen seiner wichtigen Rolle bei der Milchbildung. Der Prolaktinspiegel steigt in der Schwangerschaft an und erhöht sich noch weiter, sobald das Baby an der Brust saugt, eine Stimulation, die ein Signal an den Hypothalamus und die Hypophyse der Mutter sendet. Bei stillenden Frauen konnte ein bis um das Achtfache höherer Prolaktinspiegel gegenüber dem Normalzustand gemessen werden. Zugleich ist Prolaktin wie auch das Oxytozin als Neurotransmitter im Gehirn aktiv. »Dieses Hormon hat faszinierende Eigenschaften«, sagt Inga Neumann, Neurobiologin an der Universität Regensburg, die an mehreren Untersuchungen zur Wirkungsweise des Prolaktins bei Menschen mitgewirkt hat. »Im Blut steuert es die Milchproduktion, doch im Gehirn beeinflusst es das Verhalten dahingehend, dass Tiere furchtloser werden und sogar bereit sind, ihr Leben aufs Spiel zu setzen.«

Prolaktin wurde Anfang der dreißiger Jahre von dem Wissenschaftler Oscar Riddle isoliert.[12] Tauben, denen er dieses Hormon injiziert hatte, zeigten ein intensiveres Brutverhalten. Andere Forscher konnten seither nachweisen, dass es offenbar den Wagemut der Vögel steigert. Bei besonders kühnen Elterntieren konnte ein sehr hoher Spiegel dieses Hormons gefunden werden. Wenn ein Angreifer dem Nest bedrohlich nahe kam, verwandelten sich Mutter- oder Vatertier oder beide in einen Lockvogel und verhielten sich, als wären sie verletzt, als hätten sie etwa einen Flügel gebrochen, um den Eindringling so vom Nest wegzulocken.

Auch bei Ratten wirkt Prolaktin wahre Wunder.[13] Als es von Forschern in das Hirn von Rattenweibchen injiziert wurde, die noch nie begattet worden waren, zeigten sich diese Tiere eher bereit, sich – so wie die furchtlosen Rattenmütter in Kinsleys und Lamberts Versuch – in den hell erleuchteten Abschnitten eines Labyrinths aufzuhalten. Besonders wichtig ist der Einfluss des Prolaktins während der Trächtigkeit des normalerweise scheuen Tiers, da sich die angeborene Furcht gegenüber allem Ungewohnten auch auf den Wurf richtet. Ein Rattenweibchen, das nicht die Zeit hatte, sich an Junge zu gewöhnen, wird sich auf der Stelle daranmachen, sie aufzufressen oder zu vergraben, anstatt sie zu beschützen.[14] War eine Ratte jedoch schon einmal trächtig, verschwindet diese Furcht, und sie verwandelt sich von einer potenziellen Bedrohung für die Jungen zu einem treu sorgenden Muttertier. Sobald eine Ratte diese hormonelle Umstellung erlebt und aktiv einen Wurf betreut hat, zeigt sie darüber hinaus für lange Zeit weitaus eher die Bereitschaft, auch für den Wurf eines anderen Tiers zu sorgen. Dieses Phänomen, »mütterliches Gedächtnis« genannt, findet sich offenbar auch bei Primaten und deutet darauf hin, dass eine anhaltende Veränderung im Gehirn stattgefunden hat.

Etwas sollte allerdings auch klar sein: Furchtlosigkeit ist nicht immer klug. In den von Forschern in Stadtstraßen aufgestellten Fallen wurden deutlich mehr säugende Ratten gefangen, da sie dazu tendieren, wie die Mannschaft von *Star Trek* kühn Neuland zu betreten, in das sich noch keine Ratte gewagt hat. Susan Galleymores Reise in den Irak hätte ein schlimmes Ende nehmen können, und das Gleiche gilt für Olivia Morales. Die Menschenrechtlerin Kathryn Rodriguez, die in Tucson die US-Grenze nach Mexiko überwacht, berichtet, dass viele der hoffnungsvollen Einwanderinnen tragisch scheitern. »Immer mehr Mütter überqueren die Grenze«, sagt sie. »und immer mehr von ihnen sterben in der Wüste.«

Trotzdem, für jede Rattenmutter, die in eine Falle gerät, hat eine andere Erfolg gehabt und vermehrt sich, weil sie neue Nahrungsquellen fand. Als ich zuletzt nachfragte, war Susan Galleymore unversehrt nach Almeda in Kalifornien zurückgekehrt und arbeitete an ihrem Buch, und die Kinder von Olivia Morales lernten Englisch und erledigten ihre Hausaufgaben am Computer.

DER KRIEG DER MÜTTER

Abgesehen von schlichter Furchtlosigkeit sind die Säugetiermütter auch noch für eine andere Art von Mut bekannt – für ihre Angriffslust gegenüber Eindringlingen. In der wissenschaftlichen Literatur finden sich zahllose Beispiele dafür, dass Nagetiere und Primaten angesichts einer Bedrohung ihres Nachwuchses zu Furien wurden und fast selbstzerstörerischen Mut bewiesen. Zu Recht warnen wir unsere Kinder, sich niemals unbedacht dem Wurf eines Hundes oder einer Katze zu nähern, selbst wenn es sich um das ehemals zahme Haustier handelt. Denn wie wir sehr wohl wissen, hat das Muttertier nur noch eines im Sinn – seinen Wurf bis zur Selbstständigkeit zu beschützen.

Die meisten Tiere sind gezwungen, Fremden gegenüber wachsam zu sein. Männliche Nager und Primaten neigen nämlich dazu, Junge, die von anderen Männchen gezeugt wurden, umzubringen, solange sie noch gesäugt werden.[15] Sobald kein Junges mehr durch Saugen die Milchproduktion stimuliert, kommt es bei der Mutter wieder zu einem Eisprung, was dem Eindringling die Möglichkeit gibt, selbst Nachwuchs mit dem Weibchen zu zeugen. Gefahr droht auch von anderen Weibchen, die mit der Mutter um sichere Nestplätze für die Jungen konkurrieren.

Die Anthropologin Sarah Hrdy hatte Gelegenheit, mütterliche Aggression aus nächster Nähe zu beobachten. Eines Nachmittags rief ihr Sohn an und bat sie, seine 45 Zentimeter lange Königspython zu füttern. Da sie nicht in die Stadt fahren mochte, um Futter zu kaufen, nahm Hrdy eine Maus, die sich in eine Lebendfalle unter dem Küchenherd verirrt hatte, und steckte sie in den Käfig der Python. Als sie eine Stunde später nachsah, hatte sich die Maus in eine wilde Kriegerin verwandelt und hockte vor der offensichtlich verschreckten Schlange, die sich in einer Ecke zusammengerollt hatte. Sarah Hrdy wusste zwar nicht, wie die Maus das fertig gebracht hatte, fand jedoch, dass sie sich die Freiheit verdient hatte. Sie brachte sie nach draußen und ließ sie laufen. Erst als ihr Sohn heimkam und den Schlangenkäfig säuberte, entdeckten sie die Ursache für das heldenhafte Verhalten der Maus: Nach ihrer Rettung aus der Falle hatte sie Junge geworfen, die versteckt im Bau der Schlange lagen.

Geschichten wie diese faszinieren Forscher ebenso wie Laien, vielleicht weil sie dem kulturellen Klischee der Mutter als friedfertige Heilige zuwiderlaufen. Obwohl uns unzählige Beweise eines Besseren belehren, halten viele an diesem Mythos fest. Die Realität, betont Sara Ruddick, die den Begriff »mütterliches Denken« geprägt hat, sieht so aus, dass sich eine Mutter ständig in einem Konflikt befindet – zum einen mit ihren Kindern und zum anderen mit der »Außenwelt«, die ihren Interessen oder denen ihrer Kinder entgegensteht.[16]

Bei Menschen zeigt sich dieses aggressivere Verhalten am deutlichsten in den ersten Tagen nach der Entbindung; zumeist sind es die Ehegatten, die sich den Zorn der Mütter zuziehen. Alison Fleming konnte nachweisen, dass Frauen in den ersten Wochen nach der Geburt allgemein ein Nachlassen der »positiven Gefühle« zu ihrem Partner erleben. Für viele Mütter ist dies jedoch eine Untertreibung. Sie haben das Gefühl, dass ihre Ehe quasi über Nacht zu einem Nullsummenspiel geworden ist. Wenn er ein Nickerchen hält, muss sie wach bleiben. Er macht Karriere, weil sie Opfer bringt. Und so weiter. Aber viele leidende Ehemänner wehren sich bereits mit dem Einwand, der Zorn der Mütter habe mehr mit den Hormonen als mit ihnen zu tun. Eine kleine, aber provokative Studie einer Forschergruppe der Universität Padua ergab einen direkten Zusammenhang zwischen postnatalen Gefühlen der Feindseligkeit und einem hohen Prolaktinspiegel.[17]

Während Frauen in der Hormonflut der ersten Zeit als Mutter entdecken, wie wütend sie werden können, und diese Empfindung in den kommenden Tagen und Jahren immer wieder erleben, finden sie zu ihrem Erstaunen vielleicht heraus, dass Wut manchmal durchaus etwas bewirken und sich sogar als kluge Strategie erweisen kann. Das Muttersein ist, kurz gesagt, ein wirksames Selbstbehauptungstraing. Auch die schüchternste Frau wird bald begreifen, dass ihr Leben auf den Kopf gestellt wird, wenn sie keine Autorität über ihr widerspenstiges Kleinkind hat. Und selbst eine sonst passive Frau wird sich im Interesse ihrer Kinder einen Ruck geben und sie gegen Masern impfen lassen und pünktlich zur Schule schicken. Wenn man diesen Weg einmal eingeschlagen und gelernt hat, sich durchzusetzen, bleibt man meist dabei.

Bei Tieren hält die Phase der mütterlichen Aggression meist nicht lange an. Sie ist am ausgeprägtesten, solange die Jungen noch gesäugt werden; wenn die Jungen nicht mehr in der Nähe sind, beobachtet man sie hingegen nur selten. Da Mutter und Kind beim Menschen über viel längere Zeit eng verbunden bleiben, mag ein gewisser Rest von Angriffslust bei ihnen ebenfalls länger anhalten. Die Psychologin Julie Suhr von der Ohio State University erinnert sich an einen Nachmittag, als sie sich in einem Vorgarten mit anderen Eltern unterhielt, während die Kinder ein Stück entfernt miteinander spielten. Ein Fremder trat auf die Kinder zu, um ihnen zu sagen, dass er seinen entlaufenen Hund suche. Er hatte die Worte kaum ausgesprochen, erinnert sich Julie Suhr, da war »unser Gespräch, rumms!, im Bruchteil einer Sekunde verstummt, und wir waren bei den Kindern ... Der Kerl hatte keine Ahnung, warum die Eltern alle auf ihn losmarschierten, bis eine der Mütter meinte: ›Ja, warum gehen Sie auch zu den Kindern, wo die Eltern doch quasi daneben stehen?‹«

Der Kampfgeist einer Mutter kann sich in den verschiedensten Formen zeigen, bis hin zu der Bereitschaft, sich gegen Gesellschaft und Staat aufzulehnen. Gibt man bei Google als Suchbegriff »Mütter gegen« ein, erhält man eine riesige Anzahl von Treffern. Mütter organisieren sich gegen Gewalt, Trunkenheit am Steuer und Videospiele, gegen Bandenkriege, Schusswaffen und unterhaltsflüchtige Väter. Andere Mütter kämpfen gegen Armut, Krieg, Gentechnik und Genitalverstümmelung. Bei meinen Reisen durch Lateinamerika Anfang der neunziger Jahre lernte ich in Argentinien mit den »Müttern der Plaza de Mayo« die wohl tapferste dieser Frauengruppen kennen. Ihre Mitglieder stammen aus wohlhabenden ebenso wie aus armen Familien, deren Söhne und Töchter »verschwanden«, als Soldaten und rechtsgerichtete Todesschwadrone in den Jahren der Militärdiktatur 1976 bis 1983 die Bevölkerung terrorisierten. (Im Ganzen wurden 30.000 Argentinier sofort umgebracht oder in dem sogenannten »schmutzigen Krieg« verschleppt und niemals wieder gesehen.) Jahrelang litten die Mütter darunter, dass sie nicht wussten, ob ihre Kinder tot oder noch am Leben waren. Zunächst suchten sie auf traditionellem Weg nach einer Antwort – sie gingen zur Polizei oder engagierten einen Rechtsanwalt. Doch als die Militärs ihnen die geforderten Informationen vorenthielten, entschlossen sie sich zu dem für die damaligen repressiven Verhältnisse ausgesprochen kühnen Schritt, sich zu organisieren, um internationalen Druck zu mobilisieren. In Schwarz gekleidet, mit einem weißen Kopftuch, zogen die Mütter jeden Donnerstagnachmittag über den Platz vor dem Präsidentenpalast. Schon bald galten sie als größte Herausforderung der Diktatur. »Wir hatten es satt, an Türen zu klopfen und bei wer weiß nicht wem vorstellig zu werden …, uns hintergangen, im Stich gelassen und an den Rand gedrängt zu fühlen«, erklärte Hebe de Bonafini, die Vorsitzende der Gruppe.[18]

Im Lauf der Zeit gingen die Mütter über ihr ursprüngliches Ziel, das Schicksal der eigenen Kinder aufzuklären, hinaus und wurden zum Anwalt aller Opfer von Menschenrechtsverletzungen im Land.

Sie ließen sich weder von Morddrohungen noch vom »Verschwinden« einiger ihrer Mitstreiterinnen einschüchtern. Und als das Land zu einer Art Demokratie zurückkehrte und die neue Regierung den Militärs eine umstrittene Amnestie anbot, setzten die Mütter ihre Protestmärsche fort. Bei meiner ersten Begegnung mit den engagierten Argentinierinnen war ihre Zahl zwar kleiner geworden, dennoch hielten sie weiterhin zu Dutzenden wöchentlich ihre Mahnwache ab und protestierten mit unverminderter Entschlossenheit gegen Missstände wie die Korruption der Regierung und polizeiliche Übergriffe.

NEUER EHRGEIZ

Kaum eine Erfahrung trägt so viel dazu bei, dass sich Frauen neue Prioritäten setzen und ihre Energien anders ausrichten, wie das Kinderkriegen. Einige geben eine anspruchsvolle Karriere auf. Andere engagieren sich mit neuer Leidenschaft in ihrem Beruf. Und wieder andere suchen nach besseren Wegen, den Beruf mit ihrem Leben als Mutter zu vereinbaren. Zwar will uns das Klischee vom durch Schwangerschaft beeinträchtigten Hirn glauben machen, dass Frauen als Mütter generell mehr zum Hegen und Pflegen neigen und weniger Ehrgeiz an den Tag legen, doch vieles deutet darauf hin, dass ihre Tatkraft eher größer wird.

»Mit dem Augenblick von Chelseas Geburt drehte sich bei mir alles um mich und meine Sterblichkeit«, sagt Rayona Sharpnack. »Ich plante bereits zwei Generationen im Voraus, und damit gab es plötzlich viel mehr, was getan werden musste.«

Sharpnack, zuvor Leistungssportlerin, jetzt Lehrerin und Managementberaterin, gründete ihre eigene Firma, als ihre Tochter vier war. Ihr Institut für Frauen in Führungspositionen in Redwood City hat seitdem Hunderte von Karrieren begleitet. Und ihre selbstbewusste Einstellung zu ihrem Job – das gleiche Selbstbewusstsein, mit dem sie die Mutterrolle ausfüllt – ist evolutionär gesehen keineswegs etwas Besonderes, stellt die Anthropologin Sarah Hrdy fest.

In der Geschichte der Menschheit war mütterlicher Ehrgeiz »zur Produktion von Nachkommen, die überlebten und gediehen« unverzichtbar, hält Hrdy fest. Und es ist »hochgradig wahrscheinlich, dass in einer fernen Vergangenheit, als Status und Mutterschaft noch absolut zusammengehörten, das Streben nach Dominanz genetisch in der Psyche weiblicher Primaten vorprogrammiert war«.[19] Von daher werden Mütter nicht anders als Männer und andere Frauen in dem Bereich, der für sie von Bedeutung ist, ihren Status sichern. Bei Primaten wie Pinseläffchen, Tamarins und einigen Pavianarten zeigt sich diese Neigung darin, dass dominante Weibchen rangtiefere bedrängen, was bei diesen in Einzelfällen eine verzögerte Ovulation oder gar spontane Aborte zur Folge haben kann. Und in einigen Stammeskulturen Südamerikas suchen sich Mütter aktiv einen Geliebten, der als »Zweitvater« ihrer Kinder für zusätzliche Nahrung und andere für deren Überleben wichtige Dinge sorgt.

Heute sieht der Alltag so aus, dass Millionen von Müttern in der westlichen Industriegesellschaft kaum eine andere Wahl haben, als sich ihren Status auf einem wettbewerbsorientierten Arbeitsmarkt zu sichern. So sehr sie ihre Kinder auch lieben und mit ihnen zusammen sein möchten, sie sind auf ein regelmäßiges Gehalt angewiesen, um nicht in Armut zu versinken. Laut einer Statistik der US-Regierung aus dem Jahr 2000 ist die Zahl der allein erziehenden Mütter mit Kindern unter 18 seit 1970 von drei auf zehn Millionen angestiegen – das heißt, dass Mütter eine größere finanzielle Verantwortung tragen als je zuvor.[20] Nichtsdestotrotz wird alle paar Jahre in den Medien von einem »neuen Trend« bei Müttern berichtet, ihre Karrierepläne aufzugeben und wieder zu Hause zu bleiben.

In den meisten, wenn auch nicht in allen Fällen gehören die in diesen Artikeln vorgestellten Frauen zu einer privilegierten Minderheit und werden finanziell entweder von ihren Familien oder von ihrem Ehemann unterstützt. Als die *New York Times* 1980 eine Titelstory mit der Überschrift »Viele junge Frauen stellen heute die Familie über die Karriere« brachte,[21] waren die Interviewten Studentinnen namhafter Universitäten, die ungeachtet ihrer Lippenbekenntnisse Medizin oder ein anderes karriereträchtiges Fach studierten. 1986 versprach eine Titelgeschichte der Zeitschrift *Fortune* die Antwort auf die Frage »Warum Frauen den Job aufgeben« (gefolgt von ähnlichen Artikeln in *Forbes, USA Today* und anderen Magazinen). Darin hieß es, dass »deutlich mehr Frauen als Männer nach zehn Jahren ihre Management-Karriere hinwerfen«. Als die Autorin Susan Faludi – sie beschreibt dies in ihrem Buch *Backlash* – den Verfasser des Artikels mit Beweisen konfrontierte, dass der von ihm dargestellte Trend nicht existierte, gab er zu, dass die Zahl derer, die ihren Beruf an den Nagel hängten, bei Frauen und Männern annähernd gleich war.[22]

Dennoch erscheinen in regelmäßigen Abständen neue Berichte über die abflauenden Berufsambitionen von Frauen, und jedes Mal finden sie große Aufmerksamkeit und führen zu lebhaften Debatten. Wie im Fall einer Titelgeschichte des *New York Times Magazine* aus dem Jahr 2003 über die »Revolution der Aussteigerinnen«.[23] Getreu der Tradition befasste sich der Artikel mit einer kleinen Gruppe erfolgreicher, gut ausgebildeter Frauen, die sich für die von ihnen unverblümt so genannte »Flucht in die Mutterschaft« entschieden hatten. Auch diese Story inspirierte weitere zum gleichen Thema, darunter eine in der Zeitschrift *Time* mit der Schlagzeile »Der Grund fürs Daheimbleiben: Warum sich immer mehr junge Mütter aus der beruflichen Tretmühle verabschieden«.[24] Die neue Flut von Artikeln stützte sich hauptsächlich auf eine Statistik, wonach die Zahl der berufstätigen verheirateten Frauen mit kleinen Kindern von 59 Prozent im Jahr 1998 auf 55 Prozent im Jahr 2000 gesunken war.

Wenn man bedenkt, dass die USA in dieser Zeitspanne unter einer Rezession litten, die es nicht nur Müttern schwer machte, ihren Job zu behalten, so kann man das wohl kaum als »Revolution« bezeichnen. Und erneut war der Rückgang am stärksten bei Frauen, die es sich noch am ehesten leisten konnten, daheim zu bleiben, unter ihnen die älteren und besser ausgebildeten Mütter. Bei Afroamerikanerinnen ohne Highschool-Abschluss stieg die Zahl der berufstätigen Mütter mit kleinen Kindern in dieser Zeit sogar leicht an.[25]

Und wie gesagt: Wenn sich tatkräftige, gut ausgebildete und finanziell abgesicherte Frauen dafür entscheiden, »zu Hause zu bleiben«, handelt es sich oft eher um das Umlenken als um das Aufgeben von Ambitionen. Dies illustriert ein Artikel im *New Yorker* mit der Überschrift »Mama über Bord! Was fängt eine Powerfrau tagsüber mit sich an, nachdem sie die Karriereschiene verlassen hat?«.[26] Der Artikel dreht sich um Mütter wie Sera, eine »brillante Leistungsträgerin«, die im Zeitraum von sechs Jahren vier Kinder bekam und sie alle in verschiedene Kurse wie Tanzen für Kleinkinder, Eurythmie, Gymnastik, Zeichnen, Kunst, Schach, Segeln und Spanisch einschrieb.

Das »Aussteigen« aus dem offiziellen Arbeitsleben kann also durchaus von ebenso viel – wenn nicht sogar mehr – Leistungsbereitschaft und Ehrgeiz begleitet sein wie die frühere Karriere. Aber auf jede privilegierte Mutter, die diesen Weg einschlägt, kommen viele wie Rayona Sharpnack, die ihr Berufsleben mit neuer Kraft und Entschlossenheit angehen.

Da ist beispielsweise Vaschelle, die ihren Nachnamen lieber nicht nennt. Sie verließ ihren gewalttätigen Ehemann, den sie mit 19 Jahren geheiratet hatte, ging mit ihrer dreijährigen Tochter auf eine kleine hawaianische Insel und wurde dort zur Beraterin für Opfer häuslicher Gewalt. Daneben eröffnete sie eine florierende Massagepraxis und arbeitete freiberuflich als Fotografin. »Im Interesse meiner Tochter musste ich etwas aus mir machen«, sagt sie. »Wir hatten sonst niemanden, auf den wir uns verlassen konnten.«

Andere Frauen, die bereits Karriere gemacht haben, finden nach der Geburt ihres Kindes durch die neue Aufgabe zu Hause auch wieder mehr Sinn in ihrer Arbeit. »Ich möchte, dass meine Kinder stolz auf mich sind, deshalb sprechen wir oft darüber, was ich in meinem

Job noch verbessern kann«, sagt Rhonda Staudt, eine Ingenieurin und Mutter von drei Kindern aus dem Bundesstaat New York. Eine ihrer größten Leistungen war die Konstruktion einer Fabrikanlage, die keinen Abfall produziert und die ein innovatives Team unter ihrer Leitung 1999 für Xerox entwickelte. Sie weiß noch, wie in jenem Jahr eine Gruppe von Managern einer anderen Firma ihr Werk besichtigte. Der Führer erklärte, sie hätten so viel erreicht, weil Ingenieure schwierige Herausforderungen lieben, bei denen sie über sich selbst hinauswachsen können.

»Ich habe die Augen verdreht und mir gedacht: Okay, das mag vielleicht für euch Jungs der Grund gewesen sein«, berichtet sie.[27] Als der Führer ihr dann jedoch die Frage stellte, warum sie sich so vehement für dieses hohe ökologische Ziel eingesetzt habe, verlor sie die Fassung. »Ich bin Mutter«, erwiderte sie schlicht.

»Es war, als hätte man mich gefragt, was ist für Sie das Wichtigste im Leben«, erklärt sie. »Ich bin Mutter. Lange ehe ich Mutter wurde, wusste ich schon, dass ich einmal Mutter sein würde. Und ich möchte, dass meine Kinder unter guten Bedingungen aufwachsen und einmal Verantwortung übernehmen – nicht nur für ihre Familie, sondern auch für ihre Lebensweise und die Umwelt.«

Wenn man sich die Mitgliederverzeichnisse der rasch wachsenden Umweltbewegungen von heute ansieht, wird man in ihnen zahllose berufstätige Mütter finden. Zum Teil mag dies daran liegen, dass gemeinnützige Organisationen in der Regel freundlichere und flexiblere Bedingungen bieten als die normale Arbeitswelt. Vor allem aber sind es die idealistischen Ziele, die sie attraktiv machen. »Frauen und Mütter sind dabei, diese Bewegung zu übernehmen«, sagt George Basile, ein erfahrener Wissenschaftler von The Natural Step, einer Gruppe aus San Francisco, die Firmen in Fragen des Umweltschutzes berät. »Sie haben einfach eine andere Sensibilität, und wahrscheinlich ist dies die Voraussetzung, um wirklich etwas verändern zu können.«

Durch diese zukunftsorientierte Haltung und den Wunsch, mehr

Zeit mit ihren Kindern zu verbringen, entwickeln Frauen viel Kreativität bei der Gestaltung ihrer Karriere. Die Veränderungen in ihrem Privatleben sind für sie ein Grund, mehr entsprechende Veränderungen auch auf beruflichem Gebiet zu fordern.

So war es jedenfalls bei Hrdy, die nach der Geburt ihrer drei Kinder ihre mit vielen Reisen verbundene Feldforschung bei Primaten aufgab und stattdessen Lehraufträge übernahm und Versuchsreihen mit menschlichen Testpersonen entwickelte, sodass sie rechtzeitig zum Abendessen zu Hause sein konnte. In der Folge schrieb sie zwei einflussreiche Bücher, die ihre Reputation untermauerten. Dennoch, so bemerkt sie, halten ihr einige Kollegen immer noch vor, aus der akademischen Welt ausgestiegen zu sein.

Bei der heute sechzigjährigen Anne Gelbspan war der Wandlungsprozess nach der Geburt ihrer Kinder langwieriger und schwieriger. Die gebürtige Schwedin war an ein Leben voller Reisen und Abenteuer gewöhnt. Sie hatte ein Geschäft geführt, das Stoffe aus dem Nahen Osten vertrieb, war nach Teheran getrampt und hatte einige Zeit in einem Dorf in Nordafrika gelebt. Als sie ihren zukünftigen Mann, den Enthüllungsjournalisten Ross Gelbspan, kennen lernte, folgte sie ihm schließlich nach New York. Innerhalb von zweieinhalb Jahren bekam sie zwei Töchter. In der kleinen Stadtwohnung der Familie fühlte sie sich eingesperrt, zumal ihr Mann durch seine Arbeit kaum zu Hause war. Zu allem Überfluss litten beide Babys unter Schlafstörungen.

»Ich bekam eine regelrechte Depression«, erinnert sich Anne Gelbspan. »Ich hatte keine Ahnung gehabt, auf was ich mich da einließ.« Ihr einziger Trost war die Möglichkeit, mit ihren beiden Kleinkindern die Wohnung zu verlassen und zu dem Spielplatz im Central Park zu gehen, ihrem »Wasserloch«, wie sie es nannte. Dort fand sie Gesellschaft und konnte sich mit anderen Frauen über Kindererziehung, Einschlafhilfen, Ernährung und Babysitter austauschen. Wie wichtig ein solcher Treffpunkt war, wurde ihr klar, als sie allmählich wieder »ihre Blockaden verlor«, wie sie sich ausdrückte, und ihr Leben veränderte. Sie belegte Kurse in Umweltpsychologie, und als sie mit ihrer Familie nach Boston zog, sah sie ihre neue Umgebung mit anderen Augen. »Wir lebten in einer großartigen Anlage mit einem Spielplatz nicht weit von unserer Wohnung, doch wir waren nur fünf Minuten vom weniger privilegierten Roxbury entfernt«, sagt sie. »Ehe ich selbst Kinder bekam, wäre mir das nicht aufgefallen. Da brauchte ich die Gemeinschaft nicht so sehr, ich hatte mich immer sehr unabhängig gefühlt.«

Gelbspan begann, als ehrenamtliche Beraterin bei der Gestaltung von sozialem Wohnraum für das Bostoner Women's Institute for Housing and Economic Development zu arbeiten. Dort kann sie die in ihrer Jugend in Schweden (wo das »Allgemeinwohl eine Selbstverständlichkeit ist«) erworbene architektonische Sensibilität mit ihrer unternehmerischen Energie und ihren Einsichten als Mutter verknüpfen. Ihre inzwischen erwachsenen Töchter teilen ihr soziales Engagement. Eine arbeitet für die Wohlfahrtsorganisation Oxfam, die humanitäre Hilfe leistet, die andere studiert Wirtschaft und befasst sich mit Unternehmensethik.

Napoleon Bonaparte erwähnte in seinen Schriften einmal »den Mut um zwei Uhr nachts … den Mut eines Menschen, der nicht vorbereitet ist auf das, was ihm geschieht«.[28] Er dachte dabei an Kriegsherren, nicht an Mütter, und dennoch passt das Bild für beide. Eine große Liebe macht mutig, und so lernen viele Mütter rasch, sich auf veränderte Situationen einzustellen, zuvor unvorstellbare Risiken einzugehen und immer wagemutiger zu werden. Doch obwohl die Erfahrung Mütter lehrt, wie wichtig Motivation und Durchsetzungsfähigkeit sind, greifen sie im Alltag doch meist lieber auf andere Varianten sozialer Intelligenz wie Einfühlungsvermögen und positives Umdeuten zurück.

8 EMOTIONALE INTELLIGENZ: WIE MUTTER SEIN UNSERE SOZIALEN FÄHIGKEITEN STEIGERT

> *... die Vorstellung, Mutter zu sein, bedeutet, sich in starken Beziehungen, in tiefen Verbindungen zu sehen ... Die Mutterschaft hat mich keineswegs des Denkens beraubt, sondern mir im Gegenteil neue und erstaunliche Dinge gegeben, über die ich nachdenken konnte, und die Motivation, die Mühen des Denkens auf mich zu nehmen.[1]*
>
> JANE SMILEY, *Can Mothers Think?*

MITTE DER NEUNZIGER JAHRE UNTERSUCHTEN amerikanische Forscher in einem neurowissenschaftlichen Institut in Madison, Wisconsin, buddhistische Mönche aus Südasien mittels Gehirnscans, weil sie mehr über ihre erstaunliche Gelassenheit erfahren wollten.[2] Diese »Olympioniken ... der Meditation«, wie sie der Psychologe Richard Davidson von der University of Wisconsin nennt, widmen sich täglich über Stunden hinweg kontemplativen Übungen. Dabei stellen sie sich beispielsweise ein Ereignis vor, das sie wütend macht, um diese Emotion dann in Mitgefühl zu verwandeln. Durch diese hingebungsvollen Übungen werden sie zu Meistern der Ausgeglichenheit.

An diese Mönche muss ich denken, wenn mein Sohn Joey mit schriller Stimme protestiert, weil ich ihm keine zweite Portion Nachtisch geben will. Er benutzt dabei einen Ausdruck, den ich, so viel ist sicher, in der dritten Klasse noch nicht kannte und nicht im Traum für meine Mutter gebraucht hätte. In diesem Augenblick ist Joey alles andere als niedlich, und ich merke, dass sich ein Teil meines Gehirns auf den Gegenschlag vorbereitet: die gebrüllte Auflistung all der Opfer, die ich für ihn gebracht habe, angefangen vom Verzicht auf Kaffee während der Schwangerschaft bis hin zu der Tatsache, dass ich letzten Sonntag vor sieben Uhr von ihm geweckt wurde.

Unsere Blicke treffen sich. Ich hole tief Luft. Und dann sage ich ihm, wie lieb ich ihn habe. Zwar könne ich verstehen, dass er wütend ist, doch die Ausdrücke, die er gebraucht, seien nicht in Ordnung, er müsse also lernen, nachzudenken, ehe er etwas sage. Dabei stelle ich mir die begeisterten Ovationen aller Erziehungsgurus vor, denn ich hoffe, dass mein Verzicht darauf, nun meinerseits alle Lieblingsschimpfwörter rauszubrüllen, also mein kontrolliertes, erwachsenes Verhalten, Joey eines Tages irgendwie von Nutzen sein wird. Selbstverständlich gelingt mir dieser Trick nicht immer. Doch an diesem Tag spüre ich, dass ich meine »emotionale Intelligenz« ein Stück weiterentwickelt habe.

Die Theorie von den »verschiedenen Spielarten der Intelligenz« wurde 1983 von dem Harvard-Psychologen Howard Gardner vorgestellt.[3] Er führt sieben Arten von Intelligenz an, vom Vermögen, Worte und Zahlen zu begreifen – linguistische und logische Intelligenz –, bis zur Fähigkeit, sich selbst und andere zu verstehen – *intra*personelle und *inter*personelle Intelligenz. Sieben Jahre später prägten der Psychologe Peter Salovey von der Yale University und sein Kollege John Mayer den Begriff »emotionale Intelligenz« und definierten sie als »Zugang zu den eigenen Gefühlen und die Fähigkeit zwischen ihnen zu unterscheiden und sein Verhalten von ihnen leiten zu lassen«.[4] Diese Eigenschaften, früher einmal »guter Charakter« genannt, können zum Gelingen von Freundschaften und Ehen und offenbar sogar zu einer besseren körperlichen Gesundheit beitragen, also alles in allem zu einem glücklicheren Leben. Außerdem deutet einiges darauf hin, dass sie einen Wettbewerbsvorteil am Arbeitsplatz darstellen, besonders in Berufen, die mit intensiven persönlichen Kontakten verbunden sind, wie beim Unterrichten, in der Medizin und im Handel. Offenbar lassen sich diese Fähigkeiten trainieren, und es gibt wohl kaum Umstände, die so viel Gelegenheit zu ständiger Übung bieten wie der tägliche Umgang mit dem eigenen Kind.

Dass Davidson, ein Kollege des in Kapitel 3 zitierten Neurowissenschaftlers Jack Nitschke, nicht nur die Gehirne von Müttern, sondern auch die von Mönchen mit dem Scanverfahren untersuchte, ist kein Zufall. Beide Gruppen üben sich regelmäßig in positiven Gefühlen wie Liebe und Mitgefühl, den Grundlagen der emotionalen Intelligenz. Nach Aussage von Experten sind diese Empfindungen mit einer gewissen Erfahrung leichter abrufbar. »Liebe wie auch andere positive Emotionen sind nicht statisch, sondern können als Fertigkeit erlernt werden«, behauptet Davidson. »Es sind Techniken, die man genauso einüben kann wie das Fahrradfahren oder andere komplexe motorische Abläufe. Sobald man diese Gefühle trainiert, gewinnen sie an Intensität und stellen sich häufiger ein.«[5]

Aus diesen und anderen Gründen ist die emotionale Intelligenz oder der EQ wohl der wichtigste Bereich, in dem Mutterschaft eine Frau klüger machen kann. Die Liebe zum Kind verpflichtet auf eine ganz neuartige, intensive Weise zum Üben. Zudem ermöglicht uns das Aufziehen von Kindern immer wieder aufs Neue, unser Einfühlungsvermögen einzusetzen – ein wichtiger Bestandteil der emotionalen Intelligenz. Darüber hinaus trainieren wir so emotional kluge Eigenschaften wie Selbstbeherrschung, Konfliktlösung und »Spin-Control«, einen von Neurowissenschaftlern beschriebenen Prozess der Umdeutung, der es uns ermöglicht, negative Eindrücke in einem positiveren Licht zu sehen.

KETTENREAKTION DER LIEBE

Mutterliebe wird oft als eines der reinsten Gefühle überhaupt bezeichnet. Von einem analytischeren Standpunkt aus könnte man sagen, dass Mütter an ihren Kindern hängen, beruht auf einer Mischung aus Selbstsucht und Selbstlosigkeit sowie Hormonen und Erfahrung – alles in allem eine komplexe, mächtige Kraft, die sie antreibt und dazu inspiriert, ihren Nachwuchs geschickt zu seinem eigenen Vorteil zu manipulieren.

Im Zentrum der Mutterliebe steht das Verlangen, der Unsterblichkeit so nahe zu kommen, wie es einem Menschen nur möglich ist. Ein uralter, weitgehend blinder Fleck meines Selbst treibt mich dazu, meine Gene – über Joey – weiterzugeben. Meine Chancen dafür sinken, wenn Joey etwa den Ausdruck, mit dem er mich soeben tituliert hat, an einer potenziellen Partnerin oder an einem hitzköpfigen Polizisten ausprobiert.

Unterstützt durch eine Kombination von Hormonen bewirkt der evolutionäre Druck wahre Wunder, wenn es darum geht, von den ersten Tagen an eine Bindung zwischen Mutter und Kind aufzubauen, mit dem sie sich zu diesem Zeitpunkt noch fast eins fühlt. Bei bestimmten bolivianischen Ureinwohnern ändern bei jeder Geburt eines Kindes beide Eltern den Namen und benennen sich mit einer Variante des Namens des Neugeborenen.[6] Und in einer US-amerikanischen Studie an Eltern drei Monate alter Babys bezeichneten 73 Prozent der Mütter und 66 Prozent der Väter ihr Kind als »makellos«.[7] Wenn ich mir meine Tagebücher aus der Zeit nach Joeys Geburt ansehe, finde ich dort so peinlich entrückte Bemerkungen wie: »Seinen langen Fingern nach wird er sicher mal ein Genie.«

James Leckman, der Wissenschaftler in Yale, dessen Arbeit in Kapitel 3 geschildert wurde, ist von diesem Phänomen fasziniert. In seinen Gehirnscans von Müttern suchte er nach der Bestätigung für seine These, dass ein Zusammenhang zwischen elterlicher Liebe und mystischen Erfahrungen besteht. (Frühere Gehirnscans lassen darauf schließen, dass spirituelle Erfahrungen über ein Netzwerk aus Amygdala, Scheitellappen und dem rechten Frontalkortex zustande kommen, was einige Forscher dazu veranlasste, von einem »Gottmodul« im Gehirn zu sprechen). Leckman weist auf die Parallelen zwischen Religiosität und Elternrolle hin: Bei beiden ist Idealisierung im Spiel, eine Neudefinition dessen, was man für das Wichtigste im Leben hält, eine alles andere ausschließende Konzentration, der Wunsch nach Gegenseitigkeit und der Eindruck, etwas zu erleben, das man nicht beschreiben kann.

»Sehen Sie es einmal so«, sagt Leckman. »Wir alle haben schon einmal die Erfahrung der Hilflosigkeit und des Hungers gemacht, und dann kam jemand, der größer war als wir selbst und hat sich um uns gekümmert, sonst existierten wir heute nicht. Und dies geschah, ehe wir in der Lage waren, es mit Worten zu schildern.« Diese starken Empfindungen erklären vielleicht, weshalb es die meisten Eltern ausgesprochen erfüllend finden, sich in den schlaflosen Nächten der Säuglingszeit und den erschöpfenden Prüfungen und Krisen, die Jugend und Pubertät mit sich bringen, aufopfernd an die Seite ihrer Kinder zu stellen. Wahrscheinlich wird dabei, zumindest zu Anfang, wie schon in Kapitel 3 beschrieben, der »Belohnungs«-Schaltkreis des Gehirns aktiviert. In einem bemerkenswerten Experiment mit einem kleinen Kernspintomographen hat der Psychiater Craig Ferris an der medizinischen Fakultät der University of Massachusetts herausgefunden, dass dieser Schaltkreis auch bei einer Rattenmutter aktiviert wird, wenn sie ihre Jungen säugt. »Ein Verhalten, das das Belohnungssystem stimuliert, wird aller Wahrscheinlichkeit nach wiederholt werden, denn Belohnung ist eine positive Verstärkung«, sagt Ferris. »Ein Grund, weshalb Ratten nach dem Werfen eine Bindung zu ihren Jungen eingehen, liegt wahrscheinlich in der Aktivierung eines Lustgefühls beim Muttertier. Dies kann auch bei anderen Arten der Fall sein.«

Michael Merzenich glaubt, dass auch beim Menschen das Stillen – oder das, was er wissenschaftlich »ventral-to-ventral-contact« nennt, also der anhaltende Bauch-zu-Bauch-Kontakt von Mutter und Kind – wesentlich zum Bestand einer potenziell lebenslangen Bindung beitragen kann. Stillen, so Merzenich, bringe eine vorübergehende Aufhebung der Schranke zwischen Mutter und Kind mit sich, bei der das Gehirn der beiden stark stimuliert werde.«Hier sind Mutter und Kind vereint, was in dem Selbstbild einer Mutter zwangsläufig Spuren hinterlassen muss«, so Merzenich. »Wenn Sie mich fragen, woher die Empathie kommt, dann sage ich, sie stammt aus dieser Interaktion. Und sie kann sich mit Sicherheit auch auf andere Menschen ausdehnen … Es ist eine intensive Erfahrung, die ein Mann leider niemals so machen kann, und vielleicht ist das der Grund, weshalb Frauen die Menschen auf der Welt mit anderen Augen sehen als Männer.«

EMOTIONALE INTELLIGENZ: EIN INTENSIVKURS

Die wiederholten intimen Erfahrungen der meisten Mütter beim Wiegen und Liebkosen ihres Babys, beim Stillen und Wechseln der Windeln kommt unter Umständen einem Intensivkurs gleich, bei dem man lernt, wie jemand, der ganz anders ist als man selbst, im täglichen Leben reagiert. Wenn man ein Kleinkind versorgt, erfährt man außerdem, wie sehr die eigene Zufriedenheit vom Wohlergehen eines anderen menschlichen Wesens abhängen kann und wie wichtig es ist, so schnell wie möglich dessen Gefühle einschätzen zu lernen und darauf einzugehen.

Diese neue Erkenntnis trifft die Mutter mit einer besonderen Wucht und zudem in einem Moment, in dem sie körperlich und gefühlsmäßig wohl verletzlicher und empfänglicher ist als je zuvor. Mit der ersten Geburt ist für viele Frauen die bislang ungekannte Erfahrung eines völligen Kontrollverlusts verbunden. Doch so aus den vertrauten Abläufen des früheren Lebens herausgerissen, wächst auch die Offenheit gegenüber fremden Einflüssen.

In diesem Zusammenhang stellt die Mutter womöglich fest, dass sich ihr »seelisches Gleichgewicht vollkommen neu austariert«, wie Leckman es formuliert. Fast alles, was sie tut oder nicht tut, wird ihr Baby beeinflussen, so wie das Baby auch sie beeinflusst. »Unversehens ist man gefordert, sich unglaublich differenziert auf die Gefühle eines anderen einzustimmen«, sagt Salovey. »Es ist ein Intensivkurs mit enormen Feedback-Mechanismen.«

Und worin bestehen diese Feedback-Mechanismen? Das reicht vom nächtlichen Strampeln des ständigen Begleiters in ihrem Bauch, nachdem die Mutter beim Abendessen ihrem egoistischen Verlangen nach etwas scharf Gewürztem nachgegeben hat, über die unzähligen Umarmungen und Küsse unseres Sprösslings bis hin zum flüchtigen Aufscheinen seiner emotionalen Intelligenz. Nur wenige Tage nach dem Debakel mit dem Nachtisch saß ich mit Joey in der Küche. Er hörte mir aufmerksam zu, als ich mich über ein unangenehmes Telefongespräch beklagte, das ich gerade wegen einer Zeitungsstory mit einem unleidlichen Informanten geführt hatte. Als ich fertig war, gab Joey nüchtern zu bedenken: »Vielleicht hat er einen noch schlechteren Tag gehabt als du« – ein Echo, wie ich hoffte, meines Auftritts ein paar Tage zuvor.

Anfangs deutet allerdings nur wenig auf große Lernfortschritte. Wir bringen aus dem Krankenhaus ein hilfloses Bündel mit nach Hause, das völlig von uns abhängig ist, gerade mal Blickkontakt zu unseren Brüsten aufnehmen und seinen Bedürfnissen nur durch Schreien Ausdruck verleihen kann. Ganz auf uns gestellt, müssen wir anhand des Klangs und der Lautstärke herausfinden, ob es Hunger oder nasse Windeln hat, ob es müde oder ob ihm langweilig ist, oder ob es unter einer der seltenen Krankheiten leidet, über die wir dringend etwas nachlesen müssen. Manchmal gibt es auch schlichtweg keine richtige Antwort, und dann können wir zu nachtschlafender Zeit einfach nur wach bleiben, das Kleine wiegen, füttern und ihm die Windeln wechseln, bis einer oder alle beide vor Erschöpfung einschlafen.

Dies alles gehört zur überstürzten Einführung in die Eigenarten des jeweiligen Kindes, die Eltern letztlich als Grundlage für intelligentes Verhalten brauchen. Möglicherweise gewinnt man auf diese Weise zugleich Einsichten in die Eigenheiten anderer Menschen, doch man wird sich mit keiner anderen Person jemals so intensiv beschäftigen. Zwei Wochen nach der Geburt berichten Mütter, sich im Durchschnitt annähernd 14 Stunden am Tag ausschließlich auf ihr Baby zu konzentrieren (Väter in etwa die Hälfte der Zeit).[8] »Man muss tatsächlich auf die geringsten Veränderungen achten – der Augen oder des Muskeltonus«, sagt Barry Lester, Professor für Kinderheilkunde an der Brown University, der sich mit der frühkindlichen Entwicklung beschäftigt. »Ein Baby schreit, man nimmt es in einer ganz bestimmten Weise auf, und es gefällt ihm. Am nächsten Tag aber gefällt es ihm überhaupt nicht mehr. Das lehrt uns, im Ganzen viel sensibler auf das Verhalten anderer einzugehen.«

So wie unsere Arme allmählich kräftiger werden, weil wir immer wieder einen Säugling hochnehmen, der täglich schwerer wird, so erhält auch unser Gehirn ein ausgefeiltes Trainingsprogramm, wenn uns unsere Kinder immer raffiniertere Bälle zuspielen. Wir wachsen an ihnen, und indem wir auf ihre sich ändernden Bedürfnisse eingehen, greifen wir auf immer neue Fähigkeiten in uns selbst zurück. Wenn das Kind beispielsweise zu reden beginnt, verfallen viele von uns in eine empathische Sprechweise, die die Wissenschaftler »Mutterisch« oder Ammensprache nennen. Eltern schrauben die Stimme automatisch etwa eine Oktave höher, während sie die Aussprache verlangsamen und ein einfacheres Vokabular mit häufigeren Wiederholungen verwenden, um sich auf das Sprachverständnis des Kindes einzustellen. Babys reagieren nicht nur zufriedener und aufmerksamer auf diese Art der Ansprache, sie scheint auch ihren Spracherwerb am wirksamsten zu unterstützen. Eine japanische Studie mit sechs Monate alten Babys ergab, dass gehörlose wie hörende Säuglinge stärker auf übertriebene, sozusagen »mutterische« Zeichensprache reagieren.[9] Bei einem Test mit depressiven Müttern hingegen stellte sich heraus, dass sie nicht in der Lage waren, ihre Sprechweise zu modifizieren, wenn sie sich an ihre Babys wandten. Unzureichendes »Mutterisch«, so die Schlussfolgerung der Wissenschaftler, kann ein Grund dafür sein, weshalb depressive

Mütter ihre emotionalen Probleme manchmal an ihre Kinder weitergeben.[10]

Sobald Kinder ganze Sätze bilden können, werden sie natürlich gewissenhafte Beobachter ihrer Mütter und lenken die Aufmerksamkeit auf Schwachpunkte und Charaktermängel, sei es durch Protest oder durch peinliche Imitation – und fast immer mit der verstärkenden Kombination aus Strafe und Liebe.

Die Schriftstellerin Anne Lamott hat dieses Wechselspiel in einer beeindruckenden Passage über einen Konflikt mit ihrem kleinen Sohn Sam beschrieben.[11]

… Am schlimmsten ist die Furcht, Furcht vor der Person, für die du dich insgeheim hältst, die Furcht, die du in den Augen deines Kindes siehst. Doch unter dieser Furcht finde ich immer wieder eine erstaunliche Widerstandskraft, Vergebung, ja sogar Gnade. Als Sam mich zum dritten Mal in jener Nacht weckte, bin ich schließlich im Wohnzimmer explodiert. Ich lag auf der Couch, hatte die Hände vors Gesicht geschlagen… und nach ein paar Minuten kam Sam ins Wohnzimmer getrappst, weil er trotzdem bei mir sein, weil er trotzdem kuscheln wollte … wie die Babyspinne, die sich durch die pelzigen schwarzen Beine der Tarantelmutter schiebt, weil sie weiß, sie wird sie irgendwo da drinnen finden.

EMPATHIE – DIE WURZEL DES MUTTERSEINS

Dan Batson, der sich als Professor für Psychologie an der University of Kansas intensiv der Erforschung der Empathie widmet, nennt sie eine »auf den anderen ausgerichtete emotionale Reaktion, hervorgerufen durch und eingestimmt auf das wahrgenommene Wohlbefinden des anderen«. Empathie unterscheidet sich also durch eine altruistische Komponente vom allgemeineren Mitfühlen, das man richtiger vielleicht als »emotionale Übertragung« bezeichnen sollte. Damit ist sie auch eine bewusstere, zweckgerichtete Empfindung. Sie bildet die Grundlage für Vertrauen und Kooperation und wird daher von dem Yale-Professor Salovey und anderen zu Recht als Komponente der emotionalen Intelligenz aufgeführt.

Zwar gilt Empathie grundsätzlich als menschliche Eigenschaft, doch sie lässt sich auch bei vielen Säugetieren beobachten. Als man einer Albinoratte zeigte, wie eine andere in einem Gurt in der Luft hing und verzweifelt mit den Beinen ruderte, betätigte die erste einen Hebel, um sie wieder auf den Boden und damit in Sicherheit zu bringen.[12] In einem anderen Versuch brachte man einem Rhesusäffchen bei, an einer Kette zu ziehen, wenn es etwas Essbares wollte. Zur gleichen Zeit erhielt ein weiterer Affe, dessen Gesicht es sehen konnte, einen elektrischen Schock. Der erste zog es daraufhin vor, über mehrere Tage hinweg die Kette zu ignorieren und lieber zu hungern, als dem Artgenossen Schmerz zuzufügen.[13]

Das heißt jedoch nicht, dass alle Mütter zu Empathie fähig sind oder ständig zu diesem Verhalten bereit und in der Lage sind. Ich erinnere mich an eine finster blickende Frau auf Inlineskates, die ich einmal beobachtete. Sie schnallte ihr schreiendes Kleinkind in einem dieser wackligen Wagen fest, die man an ein Fahrrad hängen kann. In diesem Fall war er jedoch an der Taille der Mutter befestigt. Als die Frau auf ihren Inlineskates losfuhr, schrie die Tochter in dem schwankenden Gefährt: »Nein, Mami! Nicht mit den Rollerblades!«

Die meisten Mütter jedoch versuchen in den ersten Tagen nach der Geburt mittels Empathie herauszufinden, was ihr Kind braucht, wie sie es trösten und zufrieden stellen können. Während wir dieses Verhalten angesichts der neuen Lebensumstände wieder und wieder an den Tag legen, verändert sich mit der Zeit auch unser Gehirn – und dies erklärt vielleicht, warum bei der in Kapitel 3 beschriebenen Schweizer Kernspin-Studie das Gehirn von Eltern beim Klang eines schreienden Babys stärker aktiviert wurde als das von kinderlosen Erwachsenen. »Das Gehirn verändert sich, wenn man eine neue Verhaltensweise annimmt, in einem neuen Bezugssystem agiert oder unter emotioneller Hochspannung etwas Neues hinzulernt«, erklärt der Hirnforscher Michael Merzenich. »Dies alles führt zu Umstrukturierungen im Gehirn, die sich immer stärker ausprägen, während das Verhalten zur Routine wird.«

Wo würde ein Neurowissenschaftler diese Veränderungen lokalisieren? Aufgrund der bruchstückhaften Kenntnisse über die emotionelle Ausstattung des Gehirns hält die Wissenschaft dazu bisher lediglich Hypothesen bereit. Was, so fragt sie sich beispielsweise, passiert, wenn ein Baby lächelt, und die Mutter lächelt zurück? Eltern teilen die Gefühle ihrer Kinder unentwegt, sie zucken zusammen, wenn ihr Sohn gegen Masern geimpft wird, und strahlen mit der Tochter um die Wette, wenn sie ihr Geburtstagsgeschenk auspackt.

Die Neurowissenschaftlerin Kelly Lambert erinnert sich an einen Vorfall, als sie ihrer Tochter Laura die Windeln wechselte:

Sie lag auf dem Wickeltisch, wir sahen einander an, und ich sprach mit ihr, während ich die Windeln wechselte. Völlig unvermittelt hatte sie plötzlich eine schreckliche Kolik oder so etwas, sie bekam diesen knallroten Kopf mit dem Schreigesicht. Sofort verzog ich, ohne dass ich mir des Vorgangs gleich bewusst wurde, mein Gesicht ebenso wie sie. Ich weiß noch, wie ich mir sagte: Moment mal, warum tust du das? Es kam mir vor wie eine empathische Überreaktion.

Schon seit einiger Zeit weiß man, dass sich bei Menschen, die einen bestimmten Gesichtsausdruck annehmen, bald auch die dazugehörige Emotion einstellt.[14] Wie sich gezeigt hat, macht es einen Menschen glücklicher, wenn er lächelt. Und den Ausdruck eines anderen bewusst oder unbewusst zu imitieren ist, wie Wissenschaftler jüngst entdeckt haben, eine besonders wirksame Technik, um ein Gefühl zu erfassen.

Ein Neurologenteam von der University of California hat mit

Hilfe von Gehirnscans die Reaktion von elf Probanden auf Bilder untersucht, die Gesichter in sechs verschiedenen Stimmungen zeigten – Glück, Trauer, Wut, Überraschung, Ekel und Angst. Einige der Probanden wurden gebeten, die ihnen auf einem Foto gezeigte Mimik zu imitieren, während sich die anderen die Aufnahmen lediglich anschauen sollten. Bei beiden Versuchsgruppen wurden im Wesentlichen die gleichen Regelkreise im Gehirn aktiviert, nämlich Teile des Kortex, die bei Bewegungsabläufen eine Rolle spielen, sowie zwei andere bedeutende Gefühlszentren, die Insula und die Amygdala. Imitation löste jedoch eine weitaus stärkere Aktivität aus als bloßes Betrachten.[15]

Kelly Lamberts Gesichtsausdruck beim Schmerz ihrer Tochter gehört zu jener Art Reflexreaktion, die das Gehirn zu größerer Empathie anregt, so der Leiter der Studie, Psychiatrieprofessor Marco Iacoboni. Erst kürzlich entdeckte er, dass die bei seinen Untersuchungen aktivierten Kortexzonen eine wichtige Rolle bei der Imitation spielen. Sie sind – über die Insula, die nach Iacobonis Ansicht womöglich die zentrale Schnittstelle bei der Übertragung von Imitation in Emotion sein könnte – mit dem limbischen System verbunden.

Iacoboni vermutet, dass dieser Schaltkreis, und damit die Fähigkeit zu Empathie, sowohl geschädigt als auch gestärkt werden kann. Eine besondere Stärkung erfährt die an Empathie beteiligte neurale Kette seiner Meinung nach durch praktizierte Imitation und durch imitiert werden. Autistische Kinder beispielsweise, die in ihren sozialen Fähigkeiten prinzipiell unterentwickelt sind, verhalten sich freundlicher, wenn sie imitiert werden. »Sie rücken näher heran, sie berühren einen häufiger«, sagt Iacoboni. Dementsprechend kann eine Mutter, die immer wieder auf den Gesichtsausdruck ihres Kindes eingeht – und umgekehrt –, ihre Fähigkeit verbessern, die Gefühle ihres Kindes und damit auch die anderer Menschen zu verstehen.

»Jemand, der sich regelmäßig in seine Kinder einfühlt, wird auch gegenüber anderen Menschen wachsendes Einfühlungsvermögen zeigen, davon bin ich fest überzeugt«, erklärt Iacoboni. »Die jeweils zu Grunde liegenden neurophysiologischen Vorgänge sind dieselben ... Diese Bereiche des Gehirns reagieren also stärker auf Reize, was dazu führt, dass man andere unbewusst schneller imitiert. Man simuliert den anderen, man fühlt sich in ihn hinein, und schließlich entsteht so ein segensreicher Kreislauf.« Wie andere Forscher, die »positive« Emotionen untersuchen, glaubt auch Iacoboni, dass ein bedeutender Teil des an der Empathie beteiligten Instrumentariums im Gehirn von kürzlich entdeckten spezialisierten Nervenzellen des motorischen Kortex bereitgestellt wird, die im Frontallappen angesiedelt sind. Diese so genannten Spiegelneuronen feuern ganz unabhängig davon, ob man selbst agiert oder den emotionalen Ausdruck eines anderen beobachtet. Es handelt sich um eine Wechseldynamik, bei der in beiden Beteiligten die gleichen Gehirnregionen arbeiten. Dieser Vorgang kann durch zwei Komponenten intensiviert werden: durch den Grad der emotionalen Nähe zu dem Menschen, den man beobachtet, und dadurch, dass beide Seiten bereits in der Vergangenheit das Gleiche getan oder gefühlt haben.

Tania Singer vom University College London hat die Kernspinaufnahmen von 16 Frauen untersucht, bei denen aus diesen beiden Gründen eine besonders starke empathische Reaktion zu erwarten war. Alle 16 Probandinnen wurden zweimal gescannt. Im ersten Durchgang erhielten die Frauen einen schmerzhaften Elektroschock an der rechten Hand, nachdem sie über den Computerbildschirm gewarnt worden waren, wann sich der Schmerz einstellen und wie stark er sein würde. Anschließend wurden die Frauen beobachtet, während ihre Ehemänner den gleichen Elektroschock erhielten. Zwar konnten sie dabei die Warnung am Computerschirm lesen, nicht aber das Gesicht ihres Mannes sehen.[16]

Es zeigte sich, dass bei den Frauen jeweils die gleiche Gehirnregion zu arbeiten begann, unabhängig davon, ob sie einen Schmerz für sich selbst befürchteten oder annahmen, ihre Partner würden ihn erleiden. Nach dem Versuch berichteten sie, sie hätten zwar nicht den

Schmerz gespürt, wohl aber das Leid. Wie Iacoboni in seiner Studie verzeichnete auch Tania Singer Aktivität in der Insula, darüber hinaus in den vorderen Stirnhirnlappen, die mit einem »emotionalen Alarmsystem« verglichen werden, das die Aufmerksamkeit des Gehirns auf plötzliche unangenehme physische oder emotionale Veränderungen lenkt. Diese Region leuchtet in der Kernspinaufnahme bei Schmerz auf – und ist ebenfalls aktiv, wenn eine Mutter ihr Baby schreien hört.

ANGEWANDTE EMOTIONALE INTELLIGENZ

Anfang der siebziger Jahre führte der bekannte, damals an der Harvard Medical School tätige Kinderarzt T. Berry Brazelton intensive Untersuchungen zur Interaktion von Müttern mit ihrem Neugeborenen durch. In diesem Zusammenhang beschrieb er eine Mutter, die besonders gut in der Lage war, die Hinweise ihres Babys zu deuten, und wusste, wann es nach einer Phase intensiver Kommunikation eine Pause brauchte.[17]

Mit einem entspannten Lächeln ließ sie sich auf dem Stuhl zurücksinken, reduzierte andere Aktivitäten wie Artikulation und Bewegung und wartete darauf, bis das Kleine wieder so weit war. Als es sie erneut ansah, nahm sie langsam eine Aktivität nach der anderen wieder auf, als wollte sie herausfinden, wie viel es bewältigen konnte. Außerdem besaß sie ein Gespür für sein Bedürfnis nach Erwiderung. Sie artikulierte etwas, dann wartete sie auf die Reaktion. Wenn sie lächelte, wartete sie sein Lächeln ab, ehe sie erneut zu lächeln begann. Wenn sie sich über das Kind neigte, geschah das in feinfühliger Anpassung an seine Körperbewegungen, und wenn diese aufgeregt oder hektisch waren, ließ sie sich auf dem Stuhl zurücksinken … Offenbar brachte sie ihm bei, wie es seine Fähigkeit, auf einen Reiz zu reagieren, allmählich steigern konnte … (und) ermöglichte ihm die Erfahrung, die Interaktion mit der Umgebung nach seinem eigenen Tempo gestalten zu können.

Man schätzt, dass 90 Prozent der menschlichen Kommunikation wortlos stattfindet – durch Heben der Augenbrauen, Schürzen der Lippen, den freundlichen oder sarkastischen Ton einer Begrüßung, die Nachdrücklichkeit eines Schritts. Für einen Großteil der ersten zwei Lebensjahre sind Kinder fast vollständig auf Mimik, Gesten oder für sie sinnlose Worte angewiesen, und verantwortliche Eltern müssen lernen, Spezialisten im Dechiffrieren ihrer Codes zu werden.

Eine weitere Harvard-Studie hatte erstmals Hinweise darauf geliefert, dass auch die Mütter aus dieser Art der Interaktion einen Gewinn ziehen und nicht nur gegenüber Babys, sondern auch gegenüber Erwachsenen mehr Intuition entwickeln. Der Psychologe Robert Rosenthal hatte einen Test entwickelt, den er Profile of Nonverbal Sensitivity (Nonverbales Sensibilitätsprofil) nannte.[18] Er zeigte seinen Probandinnen eine Reihe von Videos, auf denen eine junge Frau starke Emotionen ausdrückte, nämlich entweder Hass, Eifersucht, Reue oder mütterliche Zuwendung. Die Videos waren ohne Ton, es wurden also keinerlei verbale Hinweise gegeben.

In einer Versuchsreihe zeigten Rosenthal und seine Mitarbeiter den Film acht Frauen mit Kleinkindern im vorsprachlichen Stadium und sechs verheirateten Frauen ohne Kinder. Die Mütter schnitten bei der Deutung der Gefühle erheblich besser ab, was in einem Kontrollversuch sechs Monate später bestätigt werden konnte. Allerdings, so betonten die Wissenschaftler, könne man daraus nicht zweifelsfrei schließen, dass die Frauen aufgrund ihrer Mutterschaft das Deuten nonverbaler Signale beherrschten. Es könnte natürlich auch sein, dass emotional kompetentere Frauen eher Mutter würden. Einen Schluss konnten Rosenthal und seine Kollegen allerdings ziehen: »Es scheint, dass Kleinkinder ihre Eltern nonverbal ›bilden‹«, schrieben sie.

Viele Mütter, mit denen ich sprach, stimmten dem zu und gaben Beispiele, wie ihre Fähigkeit, nonverbale Signale zu deuten, zugenommen habe. So konnte die bereits in Kapitel 7 erwähnte Lori Willis treffsicher sagen, dass ihr 18 Monate alter Sohn Alec ärztliche Hilfe brauchte, ehe er wegen eines Magen-Darm-Infekts ins Krankenhaus eingeliefert werden musste. »Ich wusste schon eine Woche, bevor er krank wurde, dass etwas nicht Ordnung war«, berichtete sie. »Nicht, dass er lethargisch wirkte. Aber da war etwas mit seinen Augen, die irgendwie trübe aussahen. Er hat so leuchtend blaue Babyaugen, und das Weiß erschien mir stumpf.«

Und die Journalistin Susan Kostal aus San Francisco, Mutter von drei Kindern, schilderte mir, wie ihre durch die Kinder eingeübten nonverbalen Fähigkeiten bei einer Nachbarin funktionierten: »Uns gegenüber wohnte eine offenbar recht einsame Frau. Von Zeit zu Zeit rief sie an und bat mich um einen Gefallen. Als sie sich eines Nachmittags meldete, wollte sie, dass ich ihre Mutter vom Busbahnhof abholte, doch die Art, wie sie ihr Anliegen vorbrachte, war anders als zuvor. Ihr Tonfall hatte sich verändert, er klang eher nach einem Befehl als nach einer Bitte.« Obwohl leicht verärgert, fuhr Susan Kostal zum Busbahnhof. Als sie zurückkam, standen Streifenwagen vor dem Haus ihrer Nachbarin. »Mir war gleich klar, dass sie einen Selbstmordversuch unternommen hatte«, erinnerte sie sich. »Also ging ich zu einem Polizisten und fragte ihn rundheraus: ›Hat sie es getan?‹ Die Beamten waren äußerst erstaunt, dass ich es bereits wusste.«

Susan Kostal erklärte es so, dass sie einfach bessere Antennen besaß, seit sie Kinder hatte. »Wenn jemand ein befremdliches, unpassendes Verhalten an den Tag legt, heißt das normalerweise, dass er krank wird oder kurz vor einem größeren Entwicklungssprung steht. Ehe ich selbst Kinder bekam, habe ich auf so etwas nicht weiter geachtet. Aber bei einer berufstätigen Mutter hängt der Ablauf der nächsten zwei Tage davon ab, ob jemand krank wird oder nicht.«

Diese erhöhte Empfänglichkeit für Dinge, die anderen widerfahren, könnte auch erklären, weshalb Mütter große Fähigkeit in einer der Empathie verwandten, jedoch eher vom Verstand gesteuerten Technik entwickeln. Man nennt dies die »Theory of Mind«: die Kunst herauszufinden, was jemand anderes gerade denkt. Es heißt, wenn sich zwei Tiere länger als zehn Sekunden direkt in die Augen sehen, bereiten sie sich entweder auf einen Kampf oder auf den Paarungsakt vor. Doch es gibt auch noch eine dritte Möglichkeit, nämlich dass eine Mutter herauszufinden versucht, was sich ihr Sprössling dabei gedacht hat, als er die Wand bekritzelte, sein Mittagsessen vergaß oder sich diese schrägen Tätowierungen verpassen ließ. Wie die Empathie setzt die »Theory of Mind« voraus, die Gefühle eines anderen aus zumeist nonverbalen Hinweisen zu erschließen: ein Funkeln in den Augen, die Tatsache, dass jemand die Hände in den Taschen lässt. Doch während Empathie auf der emotionalen Absicht zu helfen beruht, stellt die »Theory of Mind« eine eher distanzierte kognitive Haltung dar.

Der Autor Paul Ekman, Psychologe an der University of California, hat sich mit der Entwicklung eines bemerkenswerten Instruments für die zukünftigen Experten der »Theory of Mind« einen Namen gemacht. Er hat Tausende von flüchtigen Gesichtsausdrücken festgehalten, die darüber Aufschluss geben, was eine Person gerade denkt und fühlt. Die Fähigkeit, diese flüchtigen »Mikro-Ausdrücke« lesen zu können – sie halten sich nur eine Viertelsekunde, und bis zu 43 Gesichtsmuskeln in verschiedenen Kombinationen sind daran beteiligt –, ist von besonderer Bedeutung, wenn man die Aufrichtigkeit einer Person beurteilen will. Ekmans Anliegen war nicht, zu prüfen, ob Eltern auf diesem Gebiet besser abschneiden als kinderlose Menschen, er behauptet aber, wie die meisten emotionalen Fähigkeiten lasse sich auch diese durch gezieltes Üben steigern.

Es hilft Müttern sicher, wenn sie sich bei der »Theory of Mind« vor Augen halten, dass ihr Junge nicht nur bildlich gesprochen vom Mars kommt, sondern sich als in der Entwicklung befindliches Wesen tatsächlich in einer anderen neurologischen Galaxie befindet.

»Ich mache mir immer wieder klar, dass sie noch nicht komplett myelinisiert sind«, sagte mein Bruder Jim – er ist Psychiater –, als sein fünfjähriger Sohn durchdrehte, weil sein Roboter aus Plastik kaputtgegangen war. Die so genannte »weiße Substanz« des Gehirns, die fettigen Myelin-Schichten, umhüllt ähnlich wie die Isolation rund um ein Kabel die Axone – das sind Fortsätze an den Neuronen, die die Information über die Synapsen tragen. In der Kindheit ist diese Isolationsschicht noch recht dünn, was zu rascheren neuralen Verbindungen führt. Dies ist möglicherweise der Grund, weshalb Kinder impulsiver reagieren und größere Wagnisse eingehen.[19] Zudem ist der Präfrontalkortex – evolutionär gesehen als jüngster Teil des menschlichen Gehirns für die Festlegung von Prioritäten und für das Unterdrücken von Impulsen verantwortlich – der letzte Bereich, der vollständig ausreift. Wenn dieses Gehirnareal die Entwicklung abgeschlossen hat, ist das Kind vielleicht schon über 20, und die Mutter hatte ausreichend Gelegenheit, drei andere emotional nutzbringende Fähigkeiten einzuüben.

SELBSTBEHERRSCHUNG, KONFLIKTLÖSUNG UND POSITIVES UMDEUTEN

Im tagtäglichen Umgang mit dem Kind – beim Überreden, Schmeicheln, Drängen, damit es auf dem schmalen Pfad der Zivilisation bleibt – werden Eltern wahrscheinlich drei Verhaltensweisen lernen, die ihnen auch im Umgang mit anderen Menschen von Nutzen sein können.

Die erste und zugleich eine der schwierigsten Aufgaben bei der Kindererziehung ist die Selbstbeherrschung. Doch wenn man eine normale – also konflikttrchtige – Beziehung zu seinem Nachwuchs hat, bieten sich zweifellos etliche Gelegenheiten, sie einzuüben. Wie man festgestellt hat, äußern Mütter von zwei- bis dreijährigen Kindern im Durchschnitt alle 90 Sekunden einen Befehl oder einen

Tadel, zu einem Konflikt kommt es durchschnittlich eineinhalb- bis dreieinhalbmal pro Stunde.[20]

Hierbei wird die Selbstbeherrschung der Mutter immer wieder auf die Probe gestellt. Wenn sie keine Musterkinder hat, wird sie sich wahrscheinlich des Öfteren dabei ertappen, schimpfen, fluchen oder gar zuschlagen zu wollen. Oder sie möchte alles stehen und liegen lassen und das Weite suchen – Impulse, die man, wie der bessere Teil von uns weiß, kontrollieren muss. Trösten kann sie sich nur mit dem Wissen, dass sie dabei die Frontallappen ihres Gehirns trainiert, jenen Teil des Kortex unmittelbar hinter der Stirn, der zum Scheitel und zu den Ohren verläuft.

Einem leidgeprüften Bahnarbeiter namens Phineas Gage ist es zu verdanken, dass die wissenschaftliche Forschung Mitte des 19. Jahrhunderts einen großen Fortschritt beim Verständnis der Rolle der Frontallappen erzielte.[21] Bei einer Explosion im September 1848 drang ein etwa zehn Meter langer und zwölf Pfund schwerer Stahlbolzen in die Schläfe des unglücklichen jungen Mannes ein und hinterließ schwere Verletzungen im linken Frontallappen seines Gehirns. Gage überlebte diesen schrecklichen Unfall und erholte sich so weit, dass er einige Monate später seine Arbeit wieder aufnehmen konnte. Seine Vorgesetzten erkannten jedoch bald, wie sehr er sich verändert hatte. »Er war nicht mehr derselbe«, sagten seine Freunde. Der vormals höfliche, tüchtige und disziplinierte Mann war jetzt ungeduldig, aufbrausend und ordinär. Er konnte seine Impulse nicht mehr zügeln, oder, wie sein Arzt sich ausdrückte: »Das Gleichgewicht zwischen den Fähigkeiten seines Verstandes und seinen animalischen Trieben scheint zerstört zu sein.«

Die Frontallappen sind – dies gilt besonders für Eltern jähzorniger Kinder – zwar der am schwersten arbeitende Teil des Gehirns, doch sind bei der Selbstbeherrschung noch andere Teile des Gehirns beteiligt. Buddhisten sprechen von der Kunst, »den Funken zu erkennen, bevor er zur Flamme wird«, wenn sie lernen, ihre Emotionen zu zügeln, eine Fertigkeit, die wahrscheinlich komplexere Techniken erfordert als nur den Impuls zu unterdrücken, jemanden anzuschreien oder ihm an die Gurgel zu springen.[22]

Versagen die Frontallappen zeitweise den Dienst, kann das Gehirn auf eine zweite raffinierte Technik aus dem Spektrum der emotionalen Intelligenz zurückzugreifen: die Fähigkeit zur Konfliktlösung und Beschwichtigung. Der Entwicklungspsychologe Edward Tronick von der Harvard Medical School hat Versuche mit Müttern und Säuglingen durchgeführt, bei denen die Mütter dem Baby gegenübersaßen und mit ihm kommunizieren, dann aber plötzlich keine Reaktion mehr zeigen sollten.[23] Natürlich reagierten die Säuglinge heftig auf das starre Gesicht. Sie runzelten die Stirn, wandten sich ab, sahen die Mutter erneut an, lächelten oder gaben vor zu husten. Doch schließlich versanken die meisten in Trauer. An diesem Punkt sollten die Mütter die Starre aufgeben und versuchen, die Beziehung wieder ins Lot zu bringen. Je nachdem, wie stabil die Beziehung zuvor gewesen war, gingen einige Babys bereitwillig auf die erneuten Impulse der Mutter ein, während andere nachtragend waren und die Versöhnung verweigerten.

»Daraus können Erwachsene viel lernen«, meint Lester, der in seiner Säuglingsklinik die Interaktion zwischen Mutter und Kind eingehend studieren konnte. Bekanntermaßen sind – wenn überhaupt – nur wenige Beziehungen frei von Konflikten. Daher, stellt Lester fest, »hängt das Gelingen einer Beziehung von der Möglichkeit zur Wiedergutmachung ab, und offensichtlich lässt sich dies auf Erwachsene übertragen. Wenn wir das bei einem Baby erreichen können, schaffen wir es auch mit unserem Partner.«

Sowohl in friedlichen wie in konfliktreichen Zeiten kann auch eine dritte Spielart emotionaler Intelligenz von großem Nutzen sein: die Neueinschätzung oder Umdeutung. Als eine Art erlernter Optimismus bedeutet dies, »mit der Veränderung unseres Denkens auch unser Empfinden zu ändern«, erklärt der Neurowissenschaftler Kevin Ochsner von der Columbia University, der die diesem Prozess zu Grunde liegenden Abläufe im Gehirn untersucht hat.

Bei der Kontrolle der eigenen Emotionen, einer Grundvoraussetzung im Umgang mit anderen, ist die Fähigkeit, Dinge positiv zu sehen, ein entscheidender Faktor. Die kenntnisreiche Beobachterin der amerikanischen Kultur Joan Didion schrieb vor langer Zeit: »Wir erzählen uns Geschichten, um zu überleben.«[24] Der innere Monolog einer Mutter schwankt dann etwa zwischen Reaktionen wie: »Au, das tut weh« oder: »Der ist ja ganz schön stark.« / »Zum Teufel mit ihm!« – »Aber er ist mein Sohn!« / »Jetzt ist er schon vier und geht immer noch nicht auf den Topf.« – »Er ist eben ein Individualist und lässt sich von Autorität nicht einschüchtern.« / »Warum muss er immer Nein sagen!« – »Womöglich wird er mal ein erfolgreicher Anwalt.« / »Es hängt mir zum Hals heraus, Mutter zu sein.« – »Vielleicht steigert das Muttersein meine geistigen Fähigkeiten …«

Eine meiner Lieblingsgeschichten über das Umdeuten stammt von meinem Bruder Jim, der nicht gerade der geborene Optimist ist, jedoch ein außergewöhnlich liebevoller Vater. Eines Abends ertappte er seinen sechs Jahre alten Sohn dabei, wie er im Badezimmer schluchzend an die Wand neben der Toilettenschüssel pinkelte. Jim erkannte schnell, dass dem Jungen eine wichtige Spielkarte ins Klo gefallen war und er eine, wie mein Bruder es nannte, »Führungsentscheidung« treffen musste, was nun Priorität hatte. »Er ist ein richtiger Denker!«, lautete Jims stolzer Kommentar.

Bei einer Untersuchung zur Umdeutungsfähigkeit unterzogen Ochsner und seine Kollegen ihre Probanden einem Gehirnscan, während sie ihnen Fotos mit beunruhigenden Inhalten zeigten, jedoch zugleich eine Erklärung vorspielten, die die Bilder in freundlicherem Licht erscheinen ließ. Man sah zum Beispiel eine Gruppe weinender Frauen vor einer Kirche, was unwillkürlich an ein Begräbnis denken ließ. Den Probanden aber wurde gesagt, es habe gerade eine Hochzeit stattgefunden und die Frauen weinten vor Freude. Die Ergebnisse der Untersuchung führten Ochsner zu der Annahme, dass hauptsächlich der Präfrontalkortex, also der vordere Teil des Frontallappens, für den Vorgang, bei dem eine zunächst schlimm erscheinende Situation emotional positiv umgedeutet wird, verantwortlich ist, indem er die Aktivität der Amygdala eindämmt.

Warum diese Denkweise – also auch im Falle meines in sein Kind vernarrten Bruders – klug sein soll? Vor allem, weil Optimismus eine große Triebkraft und daher ein entscheidender Aspekt emotionaler Intelligenz ist. Der Psychologe und Bestsellerautor Martin Seligman, von dem bereits etliche Schriften zum Thema Optimismus, und zwar insbesondere zur erlernten Variante, vorliegen, fand heraus, dass optimistische Versicherungsvertreter in den ersten beiden Jahren ihrer Tätigkeit 37 Prozent mehr Versicherungen verkaufen konnten als ihre pessimistischeren Kollegen.[25] Der Optimismus bewirkt auch, dass Eltern bis zum Umfallen schuften, um ihre Kinder großzuziehen, weil sie darauf vertrauen, dass es sich eines Tages emotional auszahlen wird. Und er bewirkt, dass Menschen sich nach erfahrener Zurückweisung und Ablehnung rasch wieder fangen.

Studien der letzten Jahre haben gezeigt, dass depressive Menschen eine erhöhte Aktivität der Amygdala und eine verringerte Aktivität im Präfrontalkortex aufweisen. Daher stellte sich Ochsner die Frage, ob sie etwa aufgrund dieser Konstitution nicht in der Lage sind, die emotionale Neubewertung in Gang zu setzen. Kann man das Netzwerk im Gehirn mit Medikamenten stimulieren, um eine optimistischere Weltsicht zu erzeugen? Oder erreicht man dies auch durch häufiges Trainieren, wie es motivierte Mütter tun? Während die Wissenschaftler diese Frage noch nicht klar beantworten können, kommen immer mehr von ihnen zu demselben Ergebnis wie Davidson und Ekman, dass wir unsere emotionalen Fähigkeiten durch bewusste Anstrengung steigern können. Ekman, der wie Davidson mit buddhistischen Mönchen gearbeitet hat, drückt es anders aus. Er nennt den Dalai-Lama ehrfurchtsvoll einen »Mozart des Geistes« und fügt hinzu: »Wir können nicht alle Mozart sein, aber wir können Musik machen.«

Da Mütter seit frühesten Zeiten ihren Nachwuchs nähren und versorgen, ihm beibringen, mit anderen auszukommen und damit die Chancen erhöhen, dass er sich eines Tages selbst fortpflanzt, kam es in unserer Spezies zu einer erfreulichen Entwicklung: Im Lauf der Jahrhunderte verbesserte sich unsere Fähigkeit zu komplexem kognitiven Denken, zur Empathie und zu optimistischer Haltung.

Paul MacLean, Forscher an den amerikanischen National Institutes of Health, vertritt die Ansicht, die soziale Entwicklung der Säugetiere habe sich vorrangig im Verhalten der Mütter niedergeschlagen.[26] Die Überlebensstrategie am unteren Ende der Evolutionskette besteht nach wie vor darin, möglichst viele befruchtete Eier zu hinterlassen; Menschenmütter hingegen investieren ihre Zeit und Energie in relativ wenige Embryos, deren größeres Gehirn und längere Kindheit sie befähigt, sich in einem zunehmend komplexen sozialen Umfeld zurechtzufinden.

Das Gehirn eines Neugeborenen hat gerade mal ein Viertel der Größe des Gehirns des zukünftigen Erwachsenen. So kann sein Kopf zwar problemlos das Becken der Mutter passieren, doch zugleich ist es bei der Geburt auch vollkommen unselbstständig. Die weitere Entwicklung des Gehirns findet außerhalb des Mutterleibs statt, und den meisten Säuglingen stehen Jahre bevor, in denen sie herumgetragen, auf hohe Stühle gesetzt oder in Kinderautositze gepackt und aufs Sorgfältigste überwacht und ausgebildet werden. Dieser Pakt zwischen Eltern und Kind ist der Kern des zunehmend sozialen Charakters unserer Kultur.

Möglich wurde diese Entwicklung durch einen Evolutionssprung, als bei einigen weiblichen Reptilien Tropfen eines Sekrets aus der Brust austraten, das der Vorläufer der Muttermilch war, erklärt Sarah Hrdy. Zugleich bedeutete dies das Ende des Einzelgängertums. »Die Anfänge der Laktation ließen also nicht erahnen, dass sie einmal etwas mit der Evolution der Intelligenz zu tun haben würde«, schreibt Hrdy, »aber so war es.«[27] Das Säugen zwang die Muttertiere nämlich, bei den Jungen zu bleiben und mit ihnen eine enge soziale Gemeinschaft zu bilden, wie es sie bis dahin noch nicht gegeben hatte. Die langen Phasen der Nähe, so Hrdy, waren »schließlich am bedeutsamsten für die Evolution sozialer Bindungen sowie neuer Gehirnabschnitte und neuer Eigenschaften (vor allem mit Empathie gepaarter Intelligenz)«. Soziale Intelligenz war zwar nicht die einzige, aber mit Abstand die wichtigste Form von Intelligenz, die im Lauf der Menschheitsgeschichte entstand.

Diese Veränderung betraf nicht nur die Jungen, sondern führte langsam, aber stetig auch zu steigenden Anforderungen an die Mütter. Nach einer Schwangerschaft von neun Monaten verbrachten die Frauen schließlich Jahre mit dem Versorgen, Ernähren und Beschützen der von ihnen abhängigen Kinder. Die zunehmende Verantwortung führte wahrscheinlich zu einem »intellektuellen Wettrüsten im Rahmen der Elternschaft«, lautet die These von Cort Petersen, Professor für Psychiatrie an der University of North Carolina in Chapel Hill, der Pionierarbeit in der Erforschung mütterlichen Verhaltens geleistet hat. »Vater oder Mutter zu sein, hieß jetzt, dass mehr zu tun war, als einem Kind das Leben schenken. Es musste Nahrung für den Nachwuchs beschafft und er musste vor den Gefahren der Außenwelt beschützt werden. Natürlich ist das schwieriger, als nur für sich selbst zu sorgen. So gesehen überrascht es nicht, dass die geistigen Fähigkeiten der Eltern wachsen.«

Den Ergebnissen eines bahnbrechenden Forschungsprojekts zufolge steuern Mütter die Evolution der Intelligenz und des Sozialverhaltens nicht nur durch ihre Fürsorge, sondern auch durch ihre Gene. In Experimenten mit speziell dafür gezüchteten Mäusen an der Cambridge University konnte der Neurophysiologe Barry Keverne zeigen, dass die von der Mutter ererbten Gene einen stärkeren Einfluss auf die jüngeren »ausführenden« Teile des Gehirns haben – die bei der sozialen Interaktion eine entscheidende Rolle spielen – als die des Vaters.[28] Mäuse, die vom Einfluss mütterlicher Gene abgeschnitten wurden, bekamen Junge mit einem größeren Körper und kleinerem Gehirn. Bei jenen, die vom väterlichen Erbe abgeschnitten waren, zeigte sich das Gegenteil: Junge mit einem größeren Gehirn und einem kleineren Körper.

Natürlich ist die Evolution eine Sache von Äonen, nicht von Stunden. In der Lebensspanne einzelner Eltern besteht jedoch die Möglichkeit großer Entwicklungssprünge, da sie meist versuchen, die Fehler der eigenen Eltern zu vermeiden und aus den Bedürfnissen ihrer Kinder zu lernen. Indem sie sie erziehen, leisten sie die weitaus schwierigere Aufgabe, sich selbst zu erziehen. Und der potenzielle Gewinn aus alledem bleibt keineswegs nur den leiblichen Müttern vorbehalten.

III

NA UND?

9 VÄTER UND ANDERE SELBSTLOSE MENSCHEN: DER NUTZEN FÜR DIE ANGEHÖRIGEN

[Einen] beträchtlichen Anteil dessen, was dem Mutter-
dasein solches Gewicht verleiht … macht nicht die selbst-
lose Liebe zu einem anderen Wesen aus, sondern … dass
es Gelegenheit bietet, ein gewandeltes Selbst kennen und
lieben zu lernen … Auch Männer haben diese Möglichkeit,
denn nichts umfasst mehr als der Gedanke der Wandlung.[1]
GORDON CHURCHWELL, *Expecting: One Man's*
Uncensored Memoir of Pregnancy

WENIGE MINUTEN NACH DER GEBURT ihrer Kinder drückte eine Gruppe von 20 frischgebackenen Vätern ihre Babys an die nackte Brust. 20 weitere Väter standen einfach nur daneben und sahen zu, wie ihre Frauen die Säuglinge in die Arme schlossen. Zwei Wochen später ließ man die Väter, die an einem wissenschaftlichen Experiment des Stockholmer Karolinska-Instituts teilnahmen, von ihren Neugeborenen erzählen.[2] »Der Unterschied war wirklich eindrucksvoll«, sagt die Neurowissenschaftlerin Kerstin Uvnäs-Moberg, die das Experiment leitete. »Diejenigen, die sofort Hautkontakt mit den Kindern gehabt hatten, sagten Dinge wie: ›Mein Baby ist das schönste auf der Welt, einfach großartig.‹ Die anderen äußerten sich zwar auch positiv, jedoch ohne sich eines derart überschwänglichen Vokabulars zu bedienen. Sie sagten Dinge wie: ›Er ist ein hübscher Junge, und ich hoffe, er wird sich gut entwickeln.‹ Jedenfalls war der emotionale Wert der benutzten Worte eindeutig unterschiedlich.«

Obwohl das mütterliche Gehirn für die Forschung noch relatives

Neuland darstellt, widmen sich die Wissenschaftler bereits auch der Frage, wie Väter und »Ersatzeltern« – also verwandte oder nicht verwandte Bezugspersonen – sich durch intensiven Kontakt mit Kindern bis in die Biochemie hinein verändern können. Mit dieser Fragestellung hat sich Sara Ruddick bereits in den siebziger Jahren beschäftigt und so ihren Weitblick bewiesen: »Wenn ich über Mutterschaft schrieb, hatte ich auch immer die Männer im Blick. Wenn Mütter anders denken«, sagt sie, »liegt das an der Arbeit, die wir leisten.« Väter, Adoptiveltern und sogar kinderlose Weltverbesserer verrichten ähnliche Arbeit, und es gibt Anhaltspunkte dafür, dass sie auch von einigen damit verbundenen Vorteilen profitieren.

Gemeinsam ist allen ein gewisser Altruismus (laut Wörterbuch die »durch Rücksicht auf andere gekennzeichnete Denk- und Handlungsweise«[3]), den viele Väter an den Tag legen, obwohl ihnen die Gesellschaft diesbezüglich keine strengen Maßstäbe vorgibt. Neuere Untersuchungen zeigen, dass altruistisches Handeln – von der Fürsorge für ein Kind bis hin zur Arbeit bei der Armenspeisung – die körperliche und geistige Gesundheit stärkt.

In der Studie *Aging Well*,[4] die auf Daten der Harvard Study of Adult Development basiert, die in über 50 Jahren gesammelt wurden, berichtet der Psychiater George E. Vaillant, dass tätige Hilfe für andere zu den wichtigsten prognostischen Faktoren für Gesundheit und Langlebigkeit zählt. Stephanie L. Brown wiederum, Psychologin an der University of Michigan, legte 2003 ihren Bericht über eine fünfjährige Studie mit 423 älteren Ehepaaren vor, die sie zusammen mit Kollegen durchgeführt hatte.[5] Die Ergebnisse besagten, dass Ehepartner, die anderen *keine* emotionale oder konkrete Unterstützung gaben, in dem Zeitraum, über den sich die Studie erstreckte, ein doppelt so hohes Sterberisiko hatten.

Die Wechselbeziehung zwischen Altruismus und Gesundheit ist in dieser und ähnlichen Untersuchungen so deutlich geworden, dass viele Forscher inzwischen herauszufinden versuchen, welche biologischen Mechanismen dem zu Grunde liegen – mehr dazu gegen

Ende dieses Kapitels. An dieser Stelle genügt es festzuhalten, dass Altruismus zu den gesunden Reaktionen auf die Herausforderungen des Lebens gehört, die der Psychologe Erik Erikson als »Generativität« bezeichnet[6] und als das klügste Ziel betrachtet hat, das Menschen mittleren Alters sich setzen können. Generativität finde ihren reinsten Ausdruck im Aufziehen von Kindern, meinte Erikson. Allerdings betonte er dabei, dass nicht alle Eltern generativ und nicht alle Nichteltern dazu außerstande seien. Ausschlaggebend sei die bewusste Entscheidung, und so riet er Menschen mittleren Alters, »die Gedanken an den Tod beiseite zu schieben und seiner Unausweichlichkeit das einzige Glück von Bestand entgegenzusetzen: mit den Mitteln, die einem zur Verfügung stehen, das Positive und die höhere Ordnung in seinem Teil der Welt zu stärken«.

DAS DADDY BRAIN

Die verblüffende Wandlung selbstsüchtiger Männer, die abrupt in einen unvermeidlich engen Kontakt mit kleinen Kindern geworfen werden, ist eine beliebte Aschenputtelgeschichte, die in letzter Zeit den Stoff für überraschend viele Hollywoodfilme geliefert hat. Da gibt es zum Beispiel *Mr. Mom* (arbeitsloser Ehemann entdeckt seine nettere, sanftere Seite, als er sich der Hausarbeit und den Kindern widmet), *Family Man* (fröhlicher Workaholic, den zunächst schon der Anblick einer Windel in Angst und Schrecken versetzt, wandelt sich nach einer gehörigen Dosis Kinder in einen angenehmen, monogamen Typen), und *Im Dutzend billiger*, in dem Steve Martin seinen lang gehegten Traum, eine Elite-Footballmannschaft zu trainieren, bereitwillig aufgibt, während er das abgedroschene Jackie-Kennedy-Zitat abwandelt: »Wenn ich die Erziehung meiner Kinder vermassle, ist nichts sonst mehr von Bedeutung.« Es gibt sogar ein kleines Untergenre von Jack-Nicholson-Filmen, in denen der uns so vertraute miesepetrige Junggeselle am Ende ein Kind auf den Knien schaukelt. Der Trend erreichte 2003 einen ersten Höhepunkt, und zwar mit *Der Kindergarten Daddy*, in dem ein weiterer fröhlicher Workaholic, gespielt von Eddie Murphy, seinen Job verliert und schließlich seine wahre Erfüllung darin findet, dass er sich nicht nur um seine eigenen, sondern auch noch um eine Meute fremder Kinder kümmert.

Es ist ermutigend, sich vor Augen zu führen, dass nicht all diese Stoffe der Phantasie der Drehbuchautoren entspringen. Experten für Erwachsenenbildung behaupten ebenso wie viele Väter selbst, dass Kinder einen in puncto »Generativität« und emotionale Intelligenz sehr voranbringen können. Der Psychologe Ed de St. Aubin von der Marquette University, der mehr als 300 Erwachsene unterschiedlicher Einkommens- und Berufsgruppen über längere Zeit beobachtet hat, erklärt, dass Männer, die ihren Kindern ein echter Vater gewesen sind, im Durchschnitt sehr viel generativer sind als Männer, denen diese Erfahrung fehlt. Die Diskrepanz sei hier viel größer als zwischen Müttern und Nichtmüttern, erklärt er, wenngleich anscheinend auch Mütter profitieren. De St. Aubin führt den Geschlechterunterschied darauf zurück, dass Frauen von Kindheit an stärker auf die Rolle der Nährenden hin sozialisiert werden und sich daher, selbst wenn sie kinderlos bleiben, häufig Ventile für generatives Verhalten suchen. »Viele Männer müssen dazu erst Väter werden«, sagt er. »Sie wachsen dann über sich selbst hinaus, nachdem sie einen großen Teil ihres Lebens in die Ausbildung ihrer eigenen Stärken und ihrer Selbstständigkeit investiert haben. Erst durch die Vaterrolle orientieren sie sich auf andere hin.« Teil dieses Prozesses, so glaubt er, ist die Tatsache, dass das Elterndasein Erwachsene zwingt, ihre eigenen Werte zu formulieren und zu erklären. Dadurch wird es selbstverständlicher, sich auch diesen Werten entsprechend zu verhalten.

Scott Coltrane, Soziologe und Vaterschaftsexperte, merkt an, dass die Realität dem effekthascherischen Hollywoodbild des begeisterten Vaters längst den Rang abgelaufen hat. Heutzutage verbringen Millionen hingebungsvoller Väter mehr Zeit mit der Betreuung ihrer Kinder und verändern sich durch diese Erfahrung auch in ihrer Persönlichkeit. Verglichen mit der Welt der Säugetiere, wo sich rund 90 Prozent der Erzeuger nach der Empfängnis auf Nimmerwiedersehen verabschieden,[7] widmen sich Menschenväter mit beispielhafter Hingabe ihrem Nachwuchs. Menschen setzen in dieser Hinsicht schon lange sehr viel höhere Maßstäbe und steigern sie immer weiter, wenngleich sich auch heute noch viele Väter im Alltag schnell aus dem Staub machen. In diesem Prozess verändert sich auch allmählich die menschliche Kultur, auch wenn diese Veränderung für viele Frauen, die unter der sprichwörtlichen »Doppelbelastung« leiden, weil sie in der Arbeitswelt ihren Mann stehen müssen, während gleichzeitig das Gros der Hausarbeit an ihnen hängen bleibt, viel zu langsam vor sich geht.

»Zwei Entwicklungen vollziehen sich parallel«, sagt Coltrane, Professor an der University of California in Riverside und Autor des Werks *Family Man: Fatherhood, Housework, and Gender Equity.* »Absolut gesehen gibt es weniger Väter, aber diese sind viel präsenter.« Mit anderen Worten: Seit die Frauen voll ins Berufsleben eingestiegen sind, wird weniger geheiratet, die Scheidungsquoten sind gestiegen, und der Durchschnittsmann lebt infolgedessen weniger lang mit Kindern zusammen als früher. In den Familien, die zusammen bleiben, verbringt der Vater jedoch mehr Zeit denn je mit seinen Kindern, seit derartige Daten gesammelt werden. Von den sechziger bis Anfang der achtziger Jahre, so Coltrane, widmeten Väter ihren Kindern nur etwa ein Drittel so viel Zeit wie die Mütter. Ende der neunziger Jahre bringen sie zwar immer noch weniger Zeit für ihre Kinder auf als die Mütter, aber sie holen auf: Werktags kommen sie auf zwei Drittel, am Wochenende immerhin auf vier Fünftel der Zeit, die eine Mutter für den Nachwuchs aufwendet. Statistiken zeigen, dass einer von vier Vätern sich heute um sein Vorschulkind kümmert, während die Mutter arbeiten geht. Mehr als zwei Millionen Kinder werden inzwischen hauptsächlich von den Vätern aufgezogen.

Unzählige dieser aktiv engagierten Väter haben Coltrane berichtet, welche positiven Veränderungen ihre Kinder bei ihnen ausgelöst haben. Sie umarmen ihre Kinder viel häufiger, als das ihre Väter mit ihnen taten, und zeigen ihnen ihre Zuneigung. Viele erklären außerdem, sie hätten in der mit den Kindern verbrachten Zeit begonnen, sich mit ihren persönlichen Problemen – insbesondere mit ihrem Verhalten bei Wut und Ärger – auseinander zu setzen. Coltrane ist überzeugt, dass Männer es im Kontakt mit kleinen Kindern eher »wagen«, Verletzlichkeit zu zeigen, da deren Liebe bedingungsloser zu sein scheint als die ihrer Ehefrauen. »Die meisten Männer geben nicht gern zu, dass auch sie ihre Fehler haben«, sagt er, »aber die Väter berichten, ihr Engagement für die Familie habe sie buchstäblich gezwungen, ihre persönlichen Angelegenheiten und Beziehungsprobleme aufzuarbeiten – für die meisten eine willkommene Gelegenheit.« Ein von Coltrane befragter Postangestellter zum Beispiel berichtete, seine Kinder hätten ihm geholfen, sich seine Schüchternheit einzugestehen und anders damit umzugehen.[8] »Wenn ich sehe, dass meine Kinder schüchtern sind, hilft mir das, mich selbst zu überwinden«, erzählte er. »Wenn eins von ihnen sagt: ›Papa, kommst du bitte mit nach oben, damit ich bei Sarah klingeln kann?‹, dann bin ich zwar auch verlegen … aber ich versuche, meinem Kind beizubringen, wie man mit Menschen umgeht, also tu ich ihm den Gefallen.«

Wenn aus Tierversuchen überhaupt Rückschlüsse auf den Menschen möglich sind, so wirkt sich das engagierte Vaterdasein moderner Männer unter Umständen ähnlich positiv auf Lernfähigkeit und Gedächtnis aus wie bei Mutterratten. Die Schlüsselrolle spielt dabei anscheinend, wie stark man sich auf die Kinder einlässt. Im Jahre 2004 verglichen Kelly Lambert und ihre Studenten, wie die Mäusearten *Peromyscus Californicus*, bei der sich beide Elternteile die Brutpflege teilen, und die Hirschmaus (*Peromyscus Maniculatus*), bei der der Vater keine Pflichten übernimmt, reagieren, wenn sie mit einem fremden Jungen konfrontiert werden. Dabei erwies sich die

Peromyscus Californicus als effizienter bei der Nahrungsbeschaffung und als weniger furchtsam, und sie übernahm bereitwilliger die Fürsorge für das Junge. Ähnliche Beobachtungen hat Lambert auch bei anderen Arten gemacht, die gemeinsame Brutpflege betreiben. Männliche Krallenaffen mit Nachwuchs, die besonders viel Familiensinn entwickeln, da die Weibchen stets Zwillinge zur Welt bringen und die Männchen deshalb zwangsläufig die Jungen mit versorgen müssen, erinnerten sich genauer, wo Froot Loops versteckt waren, als ihre Artgenossen, die noch keine Jungen hatten.

Bei Ratten kümmern sich hauptsächlich die Mütter um den Nachwuchs. Doch sind Ratten-Pflegeväter mehrere Tage von Neugeborenen umgeben, bilden sich bei ihnen explosionsartig und massenhaft neue Gehirnzellen. Ähnliches geht bei Ratten-Pflegemüttern vor sich, allerdings sind es bei ihnen sechzehnmal so viele neue Zellen wie bei den Pflegevätern. »Bei den Papas gibt es anscheinend eine unsichtbare Obergrenze«, schreibt Lamberts Kollege Kinsley sarkastisch.

Nachdem ich von diesen intelligenten Vätern im Reich der Säugetiere gehört hatte, ging ich meine Aufzeichnungen von Gesprächen mit besonders engagierten Vätern noch einmal durch und merkte, dass einige mir berichtet hatten, sie seien effizienter und nervenstärker geworden. Gary Harrington, der von zu Hause aus als Teilzeitanwalt und Drehbuchautor tätig ist und die Hauptverantwortung für die Versorgung seiner beiden Kinder trägt, während seine Frau Vollzeit in ihrer Anwaltskanzlei in San Francisco arbeitet, ist im Multitasking genauso versiert wie viele der Mütter, die ich kenne.

Ein weiterer außerordentlich engagierter Vater, der Elektriker Kent Salisbury, der sich gemeinsam mit seiner Frau, der Softwareentwicklerin Carole Gifford, um seinen Sohn Sam kümmert, erzählt, wie Sam als Kleinkind seine Konzentrationsfähigkeit geschärft hat. »Ich war wirklich erstaunt, dass mir schwere körperliche Arbeiten – Rohre biegen und Hämmer schwingen – wenig ausmachten und es sehr viel anstrengender und schwieriger für mich war, vier Stunden mit einem Kind zu verbringen«, sagt er. »Da muss man ständig präsent und aufmerksam sein. Man darf nicht wegsehen. Sobald er weint, springst du.«

Es gab auch Tage, da wollte Sam gar nicht mehr aufhören zu weinen, und Salisbury musste ihn eine Stunde oder länger im Kreis herumtragen. »Dann habe ich ihm ständig ›Cast Your Fate to the Wind‹ vorgesungen«, erinnert er sich. »Es hat nicht funktioniert, obwohl es das Lied war, das ich am besten konnte.« Salisbury ist überzeugt, dass die Geduld, die er dabei gelernt hat, ihm heute sehr zugute kommt. »Früher habe ich mich viel leichter aufgeregt und bin ausfallend geworden«, erzählt er. »Heute schaffe ich es, mich zurückzulehnen und den Mund zu halten, nicht nur meiner Frau gegenüber, sondern auch bei der Arbeit. Zum Beispiel muss ich oft Kostenvoranschläge machen, und manchmal erkläre ich den Kunden, dass es wirklich hilfreich wäre, wenn sie sich vor meinem Erscheinen schon klar wären, welche Arbeiten durchgeführt werden sollen. Aber dann komme ich zu den Leuten ins Haus, und der Mann sagt: ›Wir brauchen genau da eine Steckdose für meinen Fernseher.‹ Worauf seine Frau sagt: ›Aber Schatz, wir hatten doch ausgemacht, er soll einen halben Meter weiter nach rechts.‹ Und ich sitze daneben und drehe Däumchen. Früher war ich in solchen Situationen oft so sauer, dass ich nur noch Auf Nimmerwiedersehen! gesagt habe und gegangen bin. Jetzt lehne ich mich einfach zurück und denke mir: ›Das kriegen wir schon hin.‹ Das habe ich durch das Zusammensein mit Sam gelernt.«

Dass nicht alle Männer solche Erfüllung im Zusammenleben mit Kindern finden, macht leider die große Zahl derer deutlich, die ihre Familien im Stich lassen – und auch die kürzlich publizierten, außergewöhnlich bitteren Memoiren eines Vaters. Ein Leser des 2003 erschienenen Buches *Poor Daddy: Adventures of a Stay At Home Father* von Jim Hagarty schrieb dazu auf der Website von Amazon: »Der einzig brauchbare Rat, den er anzubieten hat, lautet, man müsse dieses lächerliche Experiment so schnell wie möglich beenden und tun, was er getan hat: die Rolle der Kindesmutter überlassen und sich wieder in den gnadenlosen Konkurrenzkampf da draußen stürzen, in den man viel besser passt.« Und doch macht ein frühzeitiges intensives Erleben der Vaterrolle, wie Uvnäs-Mobergs Hautkontakt-Studie mit Vätern und Babys zeigt, vielen Vätern Lust auf weitere Erfahrungen dieser Art – vielleicht aus den gleichen in der Biochemie wurzelnden Gründen wie bei den Müttern.

DIE CHEMIE DER FÜRSORGE

Schon seit Jahren kursieren Geschichten über »Schwangerschaftsübelkeit« und solidaritätsbedingte Gewichtszunahme bei Männern – das so genannte Couvade-Syndrom (vom französischen *couver* = brüten). Erst im Jahr 2000 allerdings haben wir dank der Forschungsarbeit zweier kanadischer Wissenschaftler erfahren, dass viele Männer tatsächlich an dem biochemischen Chaos der Schwangerschaft teilhaben.[9] Diese werdenden Väter stehen unter dem Einfluss derselben Hormone wie die Frau, wenn auch nicht im gleichen Ausmaß. Offenbar ist dies eine Strategie der Natur, Männer auf ihr Vaterdasein einzustimmen.

Der Prolaktinspiegel – das Hormon, das bei der Frau die Milch einschießen lässt und Ängste mindert – steigt bei werdenden Vätern ebenso an wie der des Östrogens, des bekannten »Weiblichkeitshormons« – so jedenfalls die Erkenntnisse von Anne Storey, Psychologin an der Memorial University in Neufundland, und Katherine Wynne-Edwards, Biologin an der Queensland University in Ontario. Auch der Kortisolspiegel verdoppelt sich; dieses »Flucht oder Kampf«-Hormon könnte man Wynne-Edwards zufolge genauso gut als »Kopf hoch und Blick nach vorn, etwas wirklich Wichtiges geht vor sich«-Hormon bezeichnen. Das Kortisol macht vielleicht auch die Reaktion verständlich, die der Hirnforscher Mark George an sich feststellte, als er durch einen Flughafen ging, nachdem er von der Schwangerschaft seiner Frau erfahren hatte: »Es war erstaunlich«, sagte er. »Ich halte mich ständig in Flughafengebäuden auf, aber nie zuvor war mir aufgefallen, wie viele *Kinder* es dort gibt. Urplötzlich fragte ich mich auf dem Weg von Flugsteig zu Flugsteig: Wo kommen bloß all die Kinder her?«

Irgendwie hatten einige der fundamentalen chemischen Veränderungen in der werdenden Mutter auch von ihrem Partner Besitz ergriffen – bloß wie? Verantwortlich sind höchstwahrscheinlich die Pheromone, jene raffinierten biochemischen Botenstoffe, die besonders effektiv wirken, wenn Menschen sich über längere Zeit hinweg körperlich nah sind. Je größer die Nähe, desto wahrscheinlicher ist, dass auch der Mann hormonelle Veränderungen durchläuft und Symptome wie Übelkeit oder Gewichtszunahme an den Tag legt. Erstaunlicherweise haben zwei Studien zufolge neun von zehn Männern mindestens ein solches Symptom bei sich festgestellt. Nach Storeys Theorie erleben Väter, die nicht mit den Müttern zusammenleben, diese Veränderungen nicht. »Es gibt vermutlich unterschiedliche Wege, ein guter Vater oder eine gute Mutter zu werden«, sagt sie, »aber vielleicht trägt das gemeinsame Erleben der Schwangerschaft doch einiges dazu bei.«

Der väterliche Rauschzustand dauert an und intensiviert sich in mancherlei Hinsicht, sobald das Baby den Mutterleib verlassen hat. Zu diesem Zeitpunkt sackt nämlich beim Mann der Testosteronspiegel, jenes durch und durch männliche Hormon, das mit Konkurrenz sowie sexueller und körperlicher Aggression in Verbindung steht, um ein ganzes Drittel ab. Im Lauf der Menschheitsgeschichte hat diese Veränderung wahrscheinlich dazu beigetragen, die Männer ruhig zu stellen und das Risiko zu reduzieren, dass sie ihre Partnerinnen gerade dann verlassen, wenn diese sie am nötigsten brauchen. Und wenn man mit »klug« eine Geisteshaltung definiert, die einem selbst und den eigenen Kindern zu überleben hilft, dann werden Männer durch die Vaterschaft auf jeden Fall klüger. Ein hoher Testosteronspiegel lässt auch das schädliche Cholesterol ansteigen und erhöht damit das Risiko für Herzinfarkt und Schlaganfall. Außerdem fördert er waghalsiges Verhalten, wie es beispielsweise für den »Testosteronschub« typisch ist, den Jungen zu Beginn der Pubertät durchmachen. Während dieser Zeit sterben vier bis fünf Mal so viele junge Männer durch Autounfälle, Mord und Selbstmord als Frauen.

Ebenso wie bei Müttern variiert der Hormonspiegel bei Männern je nach der Intensität des Kontakts, den ein Vater zu seinem Kind hat.[10] Hält ein Mann beispielsweise ein weinendes Neugeborenes oder auch nur eine weinende Puppe im Arm, sackt der Testosteronspiegel weiter ab, während der Prolaktinspiegel steigt. Möglicherweise spielt auch das Oxytozin eine Rolle, allerdings ist der Einfluss dieses Hormons, wie in Kapitel 6 ausgeführt, bei Frauen anscheinend größer. Uvnäs-Moberg vermutet, dass das Oxytozin in ihrer Studie mit Vätern, die Hautkontakt mit ihren Babys hatten, ausschlaggebend war.

Im Jahr 2002 verglich die Neurowissenschaftlerin Alison Fleming aus Toronto Väter mit Nichtvätern und stellte fest, dass Väter stärker reagierten, wenn sie Kinder weinen hörten.[11] Der Herzschlag wurde schneller, und die Hormonzusammensetzung im Blut veränderte sich. Überdies berichteten die Väter häufiger als die Kinderlosen, sie empfänden sich jetzt als mitfühlender und aufmerksamer. Es stellte sich heraus, dass diejenigen, die am mitfühlendsten und handlungsbereitesten waren, den niedrigsten Testosteronspiegel aufwiesen.

Momentan ist dies zwar noch eine Theorie, doch möglicherweise löst der erhöhte Prolaktinspiegel bei engagierten Vätern eine positive Rückkoppelung aus. Wenn der Vater für sein Baby sorgt, steigert der erhöhte Prolaktinspiegel die Aktivität der Neurotransmitter – etwa Dopamin und Beta-Endorphin – und ruft dadurch ein Glücksgefühl hervor, das ihn wiederum dazu inspiriert, seine Fürsorge fortzusetzen.[12]

Ein weiteres Hormon, das eine Rolle spielt, wenn ein Mann sich um seine kleinen Kinder kümmert, ist das Vasopressin, dessen molekulare Struktur der des Oxytozins ähnelt. Dies wissen wir dank Studien an Präriewühlmäusen, kleinen, pelztragenden Nagetieren mit beispielhaftem Brutpflegeverhalten.[13] Die Männchen sind nach der ersten sexuellen Begegnung ein Leben lang monogam und halten sich als liebevolle, fürsorgliche Väter stets in der Nähe des Nests auf. Unmittelbar nach der Geburt ihrer Jungen steigt bei den männlichen Präriewühlmäusen die Zahl der Vasopressinrezeptoren sprunghaft an – anders als bei den Wiesenwühlmäusen, einer anderen Spezies, bei der die Männchen fast unverbesserlich promisk sind. Ich sage »fast«, weil Wissenschaftler im Jahr 2004 herausfanden, dass sich diese Wiesenwühlmäuse zu treuen Ehegatten und liebevollen Vätern umprogrammieren lassen, wenn man ihnen ein Gen implantiert, das die Vasopressinrezeptoren im Gehirn aktiviert. Nicht auszudenken, welche Folgerungen sich daraus für das menschliche Geschlechterverhältnis ergeben könnten …

Die Hormone im Blutkreislauf eines Menschenvaters normalisieren sich innerhalb von wenigen Monaten nach der Geburt des Babys.[14] Allerdings hat er sich als Mensch bleibend verändert, je nachdem, wie stark er in die Schwangerschaft, die Geburt selbst und das anschließende Chaos involviert gewesen ist. Einen Anhaltspunkt hierfür fand Alison Fleming in der Tatsache, dass bei Vätern mit zwei oder mehr Kindern der Prolaktinspiegel stärker ansteigt, wenn sie sich um die Kleinen kümmern, als bei Vätern mit nur einem Kind. Mit anderen Worten, durch die Erfahrung der Elternschaft verändert sich das männliche Gehirn zumindest in einem Aspekt ebenso wie das mütterliche. Außerdem haben die in Kapitel 8 erwähnten Harvard-Forscher, die die emotionale Intelligenz von Müttern untersucht haben, herausgefunden, dass auch Väter im Bereich der emotionalen Intelligenz Fortschritte erzielen, wenn auch nicht so große. »Wenn Väter anfangen, mehr Zeit in die Betreuung ihrer Kinder zu investieren, ist zu erwarten, dass … die Fortschritte der Männer sich denen annähern, die wir bei Frauen festgestellt haben«, schlossen die Wissenschaftler optimistisch.

»Dem Mann meines Lebens bin ich nicht begegnet, aber ich habe gemerkt, dass ich deswegen nicht zwangsläufig meinen Kinderwunsch begraben musste«, sagt Laurie-Ann Barbour, die im Alter von 41 ein vier Monate altes Mädchen aus Vietnam adoptierte. Mit ihrer Entscheidung, »das in mir zu befriedigen, was lieben, geben und umsorgen will«, ist Barbour in guter Gesellschaft: Trotz beträchtlicher juristischer und finanzieller Hürden wurden in den neunziger Jahren in den USA jährlich rund 125.000 Kinder adoptiert, etwa die Hälfte davon von Alleinstehenden.[15]

Barbour, die bis dahin allein gelebt und eine Vielzahl von Tätigkeiten – von Büroarbeit bis Catering – ausgeübt hatte, wollte sich nach der Adoption ihrer Tochter ein stabileres soziales Netz aufbauen. Sie beteiligte sich an einem Wohnprojekt in Sonoma County, Kalifornien, wo an die 50 Erwachsene und 20 Kinder eine Gemeinschaft bilden, in der man die Mahlzeiten gemeinsam einnimmt, sich einen Garten teilt und in der Kinderbetreuung abwechselt. »Ein herrliches Gefühl«, sagt sie. »Wenn draußen ein Kind schreit, gehen sofort alle Fenster auf, weil jeder helfen will.«

Barbours Erfahrungen lassen darauf schließen, dass ihr der erhöhte Oxytozinspiegel und die – für das Gehirn sicher positive – verstärkte soziale Interaktion gut tun. Beides steht in direktem Zusammenhang mit ihrer Entscheidung, ein Kind aufzunehmen. Und zumindest in der Anfangszeit lag wahrscheinlich auch ihr Prolaktinspiegel höher. Da dieses »Elternschaftshormon« bei Krallenaffen, die jüngere Geschwister umhertragen, ansteigt, vermuten Wissenschaftler, dass es durch Fürsorge und Hautkontakt aktiviert wird.[16] Und obwohl bislang noch keine Studien zum Thema Prolaktin in Adoptivfamilien vorliegen, darf man annehmen, dass die Behauptung mancher Adoptiveltern, sie hätten sich durch den Kontakt mit dem neuen Kind stark verändert, auch mit biochemischen Ursachen zu tun hat. So berichtet Luciano Felicio, Professor für Veterinärmedizin an der Universität von Sao Paulo, der ein Kind adoptiert hat, dass bei seiner Frau eine Woche nach der Adoption ein erhöhter Prolaktinspiegel gemessen wurde.

Abgesehen von den hormonellen Einflüssen erleben Adoptiveltern wahrscheinlich ebenso wie leibliche Eltern die Erfahrung der Fürsorge für ein Kind häufig als geistige Bereicherung. Versuche an Ratten bestätigen diese Vermutung. Wie in Kapitel 5 beschrieben, verbesserte sich bei Ratten, die als »Pflegeeltern« fungieren, das Gedächtnis und die Lernfähigkeit fast im gleichen Maße wie bei leiblichen Rattenmüttern. Die zusätzlichen Stimuli, die die Jungen in das ansonsten ereignislose Leben der Pflegemütter brachten, steigerten deren Leistungsfähigkeit. Craig Kinsley und Kelly Lambert fanden zudem heraus, dass sich durch den Umgang mit den Jungen im Hippocampus der Pflegemütter sehr rasch Hunderte neuer Neuronen entwickelten. »Das Gehirn wird stimuliert; es ist, als würde die bloße Anwesenheit von Jungen bei den Eltern einen Kreislauf in Gang setzen«, meint Lambert.

Dennoch lässt sich nicht leugnen, dass die neunmonatige Vorbereitungszeit der Schwangerschaft und das Erlebnis, ein Kind zur Welt zu bringen, es leiblichen Müttern erleichtert, die in der Regel lebenslange Verpflichtung der Elternschaft auf sich zu nehmen. 1985 ergab eine Untersuchung der Bindungsstärke zwischen Müttern und ihren vierzehn Monate alten Babys keinerlei Unterschiede zwischen den leiblichen Kindern und einer Vergleichsgruppe mit Adoptivkindern, was zu dem Schluss führte, dass eine »hormonell vorbereitete« Mutter wohl keine notwendige Voraussetzung für die *Kindes*entwicklung ist.[17] Allerdings belegte eine weitere Studie aus den achtziger Jahren, die sich mehr auf die Mütter konzentrierte, dass Adoptivmütter dazu neigen, beschützender zu sein und mehr Ängste in Bezug auf ihre Elternrolle zu entwickeln als leibliche Mütter. Michael Numan vom Boston College erklärt, dieser Unterschied unterstreiche die Wichtigkeit hormoneller Veränderungen, die bei leiblichen Müttern die Ängste reduzieren.[18] Wenn man allerdings in Betracht ziehe, dass

Adoptiveltern gewöhnlich ein relativ stressfreies Leben führen, finanziell gut gestellt sind und ein intaktes soziales Umfeld haben – denn nur dann wird eine Adoption überhaupt genehmigt –, ist wohl damit zu rechnen, dass sich deren Ängste im Laufe der Zeit ebenfalls legen.

Auf Susan Kostal, die ich bereits in Kapitel 8 vorgestellt habe, trifft dies jedenfalls zu. Sie ist finanziell abgesichert, führt eine gute Ehe und ist gläubige Christin. Nachdem sie bereits zwei Töchter zur Welt gebracht hatte, fühlte sie sich deshalb gut darauf vorbereitet, noch ein drittes Kind zu adoptieren, dem sie in einem ukrainischen Waisenhaus, wo Kostals Mann Marlow gearbeitet hatte, begegnet war. Lara, ein hübscher Blondschopf, war damals bereits zweieinhalb Jahre alt. Sie war eine Frühgeburt gewesen und hatte nur ein knappes Kilo gewogen. Außerdem fehlte ihr der rechte Arm zur Hälfte, und sie sprach weder Russisch noch Englisch. Überhaupt schien sie nur ein einziges, ihrer Phantasie entsprungenes Wort zu kennen, das sie unentwegt wiederholte. Sechs Monate nachdem Kostal zum ersten Mal ein Foto von Lara gesehen hatte, war sie mitten in der Nacht aufgewacht und hatte sich gefragt, wie es dem Mädchen wohl ging. »Es war beunruhigend«, sagt sie. »Etwas Ähnliches war mir noch nie passiert, und am Helfersyndrom leide ich eigentlich auch nicht.« Trotzdem hatten sie und ihr Mann das Gefühl, dass ihnen »eine Aufgabe gestellt wurde«.

Kostal wusste, dass sie sich eine große Belastung aufbürdete, war dann aber doch überrascht, wie schwierig es in der Anfangszeit wurde. Nach der ersten Begegnung mit Lara habe sie »keinerlei tiefe Beziehung oder schicksalhafte Verbundenheit« gespürt. Die Kleine schleuderte ihr zur Begrüßung einen Löffel quer durch das Zimmer im Waisenhaus entgegen, spuckte sie anschließend auf dem Flug nach Hause mit Bananenbrei voll und wollte nicht auf ihrem Schoß sitzen, außer man bestach sie mit Essen. »Nach drei oder vier Monaten war ich völlig ausgelaugt; meine Energien schwanden dahin, und all meine Anstrengungen wurden mir nicht so vergolten, wie das meiner Erfahrung nach bei leiblichen Kindern der Fall war«, sagt sie. »Zwar wussten wir, dass die Schaffung einer Bindung für Kinder sehr schwierig sein kann, doch wir hatten dummerweise nicht bedacht, dass das für Marlow und mich ebenso galt … Ich wünschte, jene ersten Jahre mit ihr erlebt zu haben, in denen zwischen den meisten Müttern und Kindern all die Liebe und Nähe entsteht, die einem helfen, die schrecklichen Zeiten nach dem zweiten Lebensjahr durchzustehen. Wenn man diese Zeit nicht erlebt hat, reduziert sich die Beziehung auf die Wahrung von Umgangsformen.«

Vier Jahre nach der Adoption, erzählt Kostal, seien sie und Lara sich näher gekommen, jedoch sei die Beziehung nie so entspannt gewesen wie die zu ihren leiblichen Töchtern. »In gewisser Weise sind wir einander verbunden, weil wir gemeinsam durch die Hölle gegangen sind … und weil ich weiß, was in ihr vorgeht«, sagt Kostal. »Sie hat große Fortschritte gemacht, und obwohl mir klar ist, dass das zum großen Teil an ihr selbst liegt, bin ich doch sicher, dass wir auch etwas dazu beigetragen haben. Ich glaube nicht, dass wir ihr wahres Selbst erstickt haben, und ihr wahres Selbst ist ein wunderbares, kraftvolles Wesen.«

Susan Kostal ist auch nach wie vor überzeugt, dass die Erfahrung gut für sie und ihre Familie war und ist. »Bereits jetzt reagieren wir alle sensibler auf einander und auf andere Menschen in unserer Umgebung, weil wir jeden Tag aufs Neue erlebt haben, dass nicht jeder so ist wie wir«, sagt sie. »Mich und Marlow hat es Demut gelehrt. Es hat uns gezeigt, dass wir auch nicht alles wissen … Ich habe jetzt begriffen, dass man das eine Kind vielleicht nur einmal zur Ruhe ermahnen muss, ein anderes hingegen mit mehr Nachdruck, so im Sinne von ›Komm jetzt her, ich muss mit dir reden‹. Darum urteile ich heute über viele Situationen nicht mehr so vorschnell.«

Glücklicherweise nimmt der Lernprozess, den die Kinder in Gang setzen, bei vielen anderen Adoptiveltern keinen so schwierigen Verlauf. Beispielsweise werden alljährlich Zehntausende Kinder mit nur mehr einem leiblichen Elternteil von ihren neuen Stiefmüttern oder -vätern adoptiert, die vermutlich Gelegenheit hatten, sich bewusst zu machen, was sie damit auf sich nehmen.[19] Obwohl solche Konstellationen auch gewisse Schwierigkeiten in sich bergen – eines der Hauptprobleme ist hier die Eifersucht –, kann sich das ungeplante »Hinzukommen« eines Kindes überraschend positiv auswirken. »Du hast mich gelehrt, so sehr zu lieben, dass es wehtut. Du hast mich wieder lächeln gelehrt. Du hast mich gelehrt, dass man das Leben nicht so furchtbar ernst nehmen soll und manchmal einfach nur spielen muss«, schrieb der vierunddreißigjährige Obergefreite der US-Armee Jesse Givens aus Springfield, Missouri, an seinen sechsjährigen Stiefsohn in einem Brief, der nach seinem Tod im Irak veröffentlicht wurde.[20]

Zu denjenigen, die am meisten von den Vorzügen der Kinderbetreuung schwärmen, gehören die unverheirateten Tanten und Onkel, die gelegentlich Zeit mit den Kindern verbringen, ohne an sieben Tagen die Woche 24 Stunden lang die Verantwortung zu tragen. Die unverheiratete sechsundvierzigjährige Lesley Koenig sagt, sie bereue es nicht, sich unbeirrt auf ihre Karriere als Regisseurin von Opern- und Ballettproduktionen konzentriert zu haben, während ihre Schwester drei Kinder zur Welt brachte, die sie voll und ganz auslasten. Koenig bezeichnet sich selbst als »Supertante«. »Ich habe viel Zeit mit ihnen verbracht, seit sie ganz klein waren, und sie haben gelernt, mit all den guten Sachen, den richtig witzigen Fragen zu mir zu kommen«, sagt sie. »Mit mir reden sie über Drogen und Sex und alles, was ihrer Mutter schreckliche Sorgen machen würde.« Koenig ist überzeugt, dass sie durch diese Erfahrung mehr Mitgefühl und Verständnis entwickelt hat. »Ich war immer so ungeduldig mit anderen Leuten, wenn sie etwas einfach nicht kapierten«, sagt sie. »Aber durch das Zusammensein mit den Kindern habe ich allmählich gelernt, wie unterschiedlich Menschen eben sind. Jetzt urteile ich nicht mehr so rasch.«

Immer häufiger kommt es heutzutage zu einer speziellen Form der Adoption, bei der Großeltern plötzlich zu den alleinigen Bezugspersonen ihrer Enkelkinder werden, just zu dem Zeitpunkt, als sie geglaubt haben, in Ruhe ihre Rente genießen zu können. Manche weigern sich, diese Rolle anzunehmen, anderen hingegen gibt sie neuen Lebenssinn.

Suzan Houseman aus San Francisco zum Beispiel kümmert sich um fünf ihrer Enkel – alle noch keine sechs Jahre alt –, anstatt die freie Zeit zu genießen, wie sie es eigentlich vorgehabt hatte.[21] In diesem Fall ist die Aufgabe besonders anspruchsvoll, da Houseman an einem degenerativen Krankheitssyndrom leidet und beim Gehen Schmerzen hat, mit einem Sauerstoffgerät schläft und mehr schlecht als recht von ihrer Behindertenrente lebt. Zwei ihrer Enkel sind Autisten, zwei weitere leiden an Lernstörungen. Die Eltern erwiesen sich als unfähig, sich überhaupt um sie zu kümmern, und Houseman sagt: »Es ist eine Menge Arbeit. Am Ende des Tages falle ich wie erschlagen ins Bett. Aber das Zusammensein mit den Kindern ist der Grund, warum ich jeden Morgen aufstehe. Ich muss aufstehen. Ich kann nicht liegen bleiben. Sie brauchen mich.«

GESUNDE ALTRUISTEN:
WARUM ES NETTEN LEUTEN GUT GEHT

In einer Einrichtung für obdachlose Aidskranke in einem Stadtteil von San Francisco, in den sich kaum jemals ein Tourist verirrt, massiert Alyssa Nickell einem älteren Motorradfahrer den Nacken. Zu seinen Füßen stehen, in Müllsäcke verpackt, seine irdischen Besitztümer, und der Gestank seines Lebens auf der Straße hängt im Raum. Nickell trägt keine Handschuhe, und es macht auch nicht den Anschein, als würde sie die Luft anhalten.[22] Seit drei Jahren verrichtet die zweiunddreißigjährige Theologiestudentin im Rahmen einer Gruppe namens Care Through Touch sechs Stunden pro Woche diese Arbeit. »Ich bin nicht sicher, ob ich es altruistisch nennen würde«, sagt sie. »Dazu gewinne ich eigentlich zu viel durch diese

Arbeit. Natürlich gibt es Tage, an denen ich daran zweifle, dass ich überhaupt etwas zu geben habe. Aber dann mache ich mich an die Arbeit, und hinterher fühle ich mich wacher und stärker.«

Wie Erik Erikson erklärt hat, muss man nicht unbedingt Kinder haben, um sich altruistisch zu betätigen. Oft haben kinderlose Erwachsene wie Nickell mehr Zeit und Energie, andere bedürftige Erwachsene zu »bemuttern«. Dadurch können sie einige gesunde Vorteile nutzen, die sonst vor allem Eltern zugute kommen – mit dem Unterschied, dass sie abends nach Hause gehen und fernsehen können, wenn ihnen danach ist. Zu den möglichen positiven Auswirkungen zählen ein erhöhtes Selbstwertgefühl, Stressabbau, ein gesteigertes Einfühlungsvermögen und sogar eine stabilere Gesundheit.

Sharon Lamb beschloss schon früh, dass sie nicht Mutter werden wollte. Sie machte als Krankenschwester Karriere und hielt bald Vorträge im ganzen Land: »Hätte ich Kinder gehabt, so viel war mir klar, dann hätte ich ihnen auch viel Zeit widmen wollen«, sagt sie. Stattdessen konzentrierte sie ihre Energie darauf, sich in ihrem ebenfalls altruistischen Beruf eine Führungsposition zu erarbeiten, und wirkte parallel dazu ehrenamtlich als Leiterin einer in San Francisco ansässigen Unterstützergruppe für Patienten mit Gehirntumor. Abends und am Wochenende machte sie Telefonberatung und fungierte als Sekretärin der National Brain Tumor Foundation. »Die meisten Menschen, mit denen ich zu tun habe, haben nicht mehr lange zu leben«, sagt Lamb, die 2004 sechzig geworden ist. »Aber ich glaube, obwohl sie dem Tod nahe sind, ist es für sie tröstlich, dass jemand für sie da ist. Und mir selbst nimmt es auch Stress – irgendwie fällt es mir auf diese Weise leichter, mich mit dem Gedanken an meinen eigenen Tod auseinander zu setzen. Weil ich weiß, dass ich tue, was ich kann.«

Jahrzehntelang haben sich Evolutionstheoretiker die Köpfe darüber zerbrochen, warum Menschen wie Lamb tun, was sie tun, also ein – erstaunlich weit verbreitetes – Verhalten aufrechterhalten, das zur Entwicklung der menschlichen Gesellschaft beigetragen hat. Anfangs sah es aus, als würde der Altruismus der darwinistischen Theorie vom Individuum widersprechen, das für sein Überleben und das seines Nachwuchses kämpft. Doch seit den sechziger Jahren versucht die Denkschule der so genannten »Zweiten darwinistischen Revolution« scheinbar selbstlose Handlungen in neuem Licht zu sehen.

Der Biologe William Hamilton entwickelte die Theorie der »Verwandtenselektion« (*kin selection*) oder »Gesamtfitness« (*inclusive fitness*), die besagt, dass wir letztlich das Überleben unserer Gene fördern, wenn wir unseren Verwandten helfen, weil wir mit Geschwistern, Cousins, Tanten und Onkeln einige Gene gemeinsam haben.[23] In den siebziger Jahren legte der in Harvard tätige Biologe Robert Trivers eine Erklärung für die bis dato rätselhafte Frage vor, warum Menschen und Tiere häufig auch anderen helfen, die nicht mit ihnen verwandt sind. Er nannte dieses Verhalten, das in Redewendungen wie »eine Hand wäscht die andere« auf den Punkt gebracht wird, »reziproken Altruismus«. Das heißt, Menschen – ebenso wie Tiere – tauschen eine Zeit lang selbstlose Handlungen aus, während sie gleichzeitig das Verhalten des anderen genau beobachten und registrieren. Laut Trivers ist dieses »Listenführen« die Grundlage für Freundschaft. Daran anknüpfend haben andere Theoretiker weitere Möglichkeiten aufgezeigt, wie wir uns selbst etwas Gutes tun, indem wir anderen etwas Gutes tun. Wenn wir zum Beispiel für einen selbstlosen Akt nicht mit einer Gegenleistung belohnt werden, so kann er immer noch gut für unser Prestige sein und dazu führen, dass Menschen uns spontan einen Gefallen erweisen, weil sie darauf vertrauen, dass wir unserem guten Ruf gerecht werden.

Die meisten von uns wissen bereits, dass Vertrauen und Zusammenarbeit ein gutes Gefühl vermitteln – ein geschickter Trick der Natur, der manchmal einen Geizhals in einen großzügigen Zeitgenossen verwandelt. Dem Grund dafür versuchen Neurowissenschaftler seit kurzem auf die Spur zu kommen. Erinnern Sie sich noch, wie

Paul Zak anhand eines Computerspiels herausfand, dass bei Menschen, die Vertrauen zeigen oder vermittelt bekommen, der Oxytozinspiegel steigt? Wissenschaftler, die menschliche Gehirne unter ähnlichen Umständen untersuchten, stellten fest, dass der bloße Anblick einer Person, mit der man gerade zusammengearbeitet hat, im »Belohnungszentrum« des Gehirns erhöhte Aktivität auslöst.[24]

Gleichzeitig können sich diese herzlichen, selbstlosen Gefühle auch körperlich positiv bemerkbar machen, wie unter anderem die bereits erwähnte Studie von Vaillant und Brown nahe legt. Im Sinne der »positiven« Psychologie wurden in den vergangenen zwei Jahrzehnten die biologischen Mechanismen, die diesen Effekt bewirken, immer genauer erforscht. Angespornt wird dieses Interesse gewiss durch neue Forschungsmittel, die von Einrichtungen wie dem Institute for Research of Unlimited Love zur Verfügung gestellt werden, sowie durch die Tatsache, dass die geburtenstarken Jahrgänge in die Jahre kommen und zunehmend darüber nachdenken, welche Betätigungen einem längeren, gesünderen und sinnvolleren Leben zuträglich sind.

Die Forschungen über den gesundheitlichen Nutzen von Altruismus führten zu der Erkenntnis, dass freiwillige Arbeit für die Gemeinschaft bei vielen Menschen – insbesondere den älteren – die körperliche Aktivität steigert, was schon an sich Körper und Geist gut tut. Hinzu kommt etwas, was Sozialwissenschaftler als »Gefühl der Selbsttätigkeit« bezeichnen, womit das Gefühl gemeint ist, dass man seine Umgebung im Griff hat. In einem berühmten Experiment zur Erforschung dieses Phänomens wurde Bewohnern eines Altersheims nach dem Zufallsprinzip die Pflege einer Zimmerpflanze übertragen:[25] Unter denjenigen, die sich um eine Pflanze kümmerten, lag die Sterberate während der Dauer der Studie deutlich niedriger als bei der Vergleichsgruppe. Freiwillige, ehrenamtliche Tätigkeiten fördern auch soziale Kontakte und wirken somit – wie in Kapitel 6 gezeigt – stressreduzierend, was sich ebenfalls positiv auf Körper und Geist auswirken kann.

Als Nancy McGirr, unverheiratet und kinderlos, die Lebensmitte erreichte, beschloss sie, von nun an einen Weg einzuschlagen, der die beschriebenen positiven Elemente mit einschloss. Sie hatte in den achtziger Jahren als Kriegsfotografin in Mittelamerika gearbeitet, sich dabei aber immer einsamer und niedergeschlagener gefühlt, vor allem, nachdem sie hatte mit ansehen müssen, wie zwei junge Fotografen, die bei ihr gelernt hatten, in El Salvador erschossen wurden. Nach diesen Morden beschloss sie, in ein anderes Land zu ziehen und »das Augenmerk auf Dinge zu richten, die nichts mit Krieg zu tun haben«. McGirr ließ sich in Guatemala nieder und widmete sich einer neuen Lebensaufgabe, bei der Kinder im Mittelpunkt standen. In Guatemala City waren ihr die mehrere tausend jugendlicher Schrottsammler aufgefallen, die auf der größten Müllhalde der Hauptstadt nach Brauchbarem suchten und sich vom Verkauf von Altplastik und -metall ernährten. Solchen Kindern begann sie beizubringen, wie man mit einer Kamera umgeht, und 1991 gründete sie »Fotokids«, eine gemeinnützige Einrichtung, die an kriegstraumatisierte Kinder Stipendien vergibt, ihnen Unterricht erteilt und Kameras zur Verfügung stellt. Einige ihrer Schüler sind inzwischen weit herumgekommen und haben überall auf der Welt ihre Arbeiten ausgestellt. Vielen von ihnen ist dadurch ein Leben in Kriminalität und Drogensucht erspart geblieben. »Ich freue mich wirklich für diese jungen Menschen. Sie sind seit zwölf Jahren Teil meines Lebens, und ich will ihr Bestes – das hält mich in Schwung«, sagte McGirr 2003 in einem Interview.[26]

Wie die tapferen Mütter, die ich in Kapitel 7 vorgestellt habe, setzt McGirr ihren Wagemut und Ehrgeiz zugunsten der Kinder ein, die sie gewissermaßen adoptiert hat. Und wie die Mütter im folgenden Kapitel hat sie es ihren Kindern zu verdanken, dass sie in ihrer Arbeit ein außerordentliches Organisationstalent und eine Menge Kreativität entwickelt hat.

10 BESSER ALS EIN BWL-STUDIUM: MUTTERS MEHRWERT BEI DER ARBEIT

Wenn man mit einer Gruppe Kleinkinder fertig wird,
wird man auch mit einer Gruppe Bürokraten fertig.
Das Verfahren ist fast das gleiche.
Ein leitender Manager, zitiert im Bericht
»Inside Women's Power« des Wellesley College[1]

DIE VERLEGERIN AMANDA COOK ist eine von Millionen berufstätigen Müttern in den USA, die sich am Arbeitsplatz ihre elterlichen Fähigkeiten zunutze machen. Eine besonders probate Taktik, die sie bei der Betreuung ihres kleinen Sohnes Aidan entwickelt hat, beruht auf der Verführungskraft der Wahlfreiheit. »Anstatt zu sagen: ›Nein, die Schokolade bekommst du nicht‹, frage ich Aidan: ›Möchtest du lieber den Blaubeer- oder den Erdbeerjoghurt?‹«, erklärt sie. »Das Prinzip, das hier zur Wirkung kommt, ist die ›Illusion der Kontrolle‹.«

Diese Illusion wirkt auch im Büro Wunder, hat Cook herausgefunden. Hier können ihre Autoren nunmehr frei entscheiden, ob sie ein Manuskript in zwei oder in vier (nicht aber in sechs) Monaten abliefern wollen, und sie dürfen einen der zwei Untertitel (nicht aber den Titel selbst) wählen. Dies ist nur ein kleiner Teil des Handwerkszeugs, das sich Cook während ihres Dauertrainings zu Hause angeeignet hat, in diesem anspruchsvollen Kurs über die Kunst, andere Menschen zu verstehen, die zu den wichtigsten, wenn auch in der Vergangenheit häufig unterschätzten hilfreichen Fähigkeiten am Arbeitsplatz zählt.

Fast 26 Millionen berufstätige Mütter gibt es heute in den USA, und rund 40 Prozent von ihnen haben Kinder unter sechs Jahren.[2] Unter den richtigen Bedingungen lassen sich aus jeder der erwähnten Qualitäten des Gehirns Vorteile für die Berufstätigkeit ziehen. Das Gleiche gilt für die unzähligen spezifischeren Fertigkeiten, die man zu Hause erlernt oder verbessert, wie zum Beispiel die Fähigkeit, Probleme kreativ zu lösen, sich in Geduld zu üben und in anderen Menschen die besten Eigenschaften zu erkennen und zu fördern. Lassen Sie es mich folgendermaßen ausdrücken: Alles, was ich (bei der Arbeit) wirklich wissen muss, habe ich (in der Zeit, bis mein Kind) im Kindergarten (war) gelernt.

Ob Sie nun Hauptgeschäftsführerin eines DAX-notierten Unternehmens sind oder in einem Lebensmittelgeschäft an der Kasse sitzen – Erfolg hängt am Arbeitsplatz wie zu Hause in erster Linie von zwei Talenten ab: der logistischen Fähigkeit, mit kleinstmöglichem Blutvergießen und größtmöglicher Produktivität durch den Tag zu kommen, und der emotionalen Intelligenz, mit der Sie aus ihren Kindern, den Mitarbeitern oder Kunden das Beste herausholen. Das ist wichtiger denn je, seit sich die Wirtschaft in Richtung einer, wie Wirtschaftsexperten es nennen, »Ökonomie von Angesicht zu Angesicht«[3] gewandelt hat. Da die Produktion zunehmend in Billiglohnländer verlegt wird, Maschinen die Fließbandarbeiter ersetzen und ein Großteil der Büroarbeit von Computern übernommen wird, entstehen neue Arbeitsplätze vornehmlich in zwei Bereichen: Dienstleistung und Management. Die Bandbreite variiert hier vom Kellnern in einem Lokal über die Altenpflege bis hin zu Anwaltsjobs oder der Selbstständigkeit im eigenen Betrieb.

Während sich Mütter in vielen Branchen allmählich an die Spitze emporarbeiten, vertreten sie immer vernehmbarer die Vorzüge ihrer Erfahrung in beiden Bereichen. Joanne Hayes-White aus San Francisco zum Beispiel, die erste Frau – und Mutter – in den USA, die die Feuerwehr einer Großstadt kommandiert, sieht in der Erziehung ihrer drei Kinder, die alle noch unter zwölf sind, ein Training, das sie am Arbeitsplatz klüger handeln lässt, und den gleichen

Mehrwert will sie auch bei anderen Müttern in ihrer Brigade fest-gestellt haben.[4] »Das Rund-um-die-Uhr-präsent-Sein in diesem Job hat viel Ähnlichkeit mit dem Dasein einer Mutter«, bemerkt Hayes-White. »Man muss lernen, die eigene Arbeit gut zu organisieren, und man muss so flexibel sein, dass man auf der Stelle reagieren kann. Wenn die Glocke schrillt, heißt es, blitzschnell aktionsbereit zu sein, egal, was man gerade tut, und selbst wenn man aus dem Schlaf ge-rissen wird. Das ist im Alltag einer Mutter auch nicht anders.«

Natürlich liegt der Tag, an dem die erzieherische Erfahrung einer Mutter ernsthaft als berufliche Qualifikation anerkannt wird, noch in weiter Ferne. Zwar ist die Lohndifferenz zwischen Frauen und Männern in den vergangenen Jahren kleiner geworden – kinderlose Frauen verdienen in den USA für die gleiche Tätigkeit, für die ein Mann einen Dollar bekommt, rund 90 Cent –, aber *Frauen mit Kin-dern* bekommen am wenigsten von allen: durchschnittlich nur 70 Cent im Vergleich zum männlichen Dollar.[5] Bei allein erziehenden Müttern, afroamerikanischen Müttern oder Müttern mit mehr als einem Kind geht die Schere sogar noch weiter auf.

Der niedrigere Verdienst der Mütter lässt sich nur zum Teil durch messbare Nachteile wie Arbeitsausfall durch Mutterschaftsurlaub und andere kinderbedingte Erfordernisse erklären, sagt die Psycho-login Diane Halpern, die das Berger Institute for Work, Family and Children am Claremont McKenna College leitet. »Wenn eine Frau vier Jahre lang beruflich pausiert, hat sie am Ende ihres Lebens viel weniger verdient, als wenn sie die ganze Zeit über gearbeitet, aber vier Jahre lang keinen Lohn bekommen hätte«, sagt Halpern. »Der Verdienstausfall steht in keinem Verhältnis zur Fehlzeit.«

Wie lässt sich das erklären? Vielleicht durch das immer noch herrschende Vorurteil, Mütter seien nicht so loyal, engagiert oder kompetent wie andere Mitarbeiter. Forscher der Princeton Univer-sity, die kürzlich eine Umfrage über berufstätige Mütter durchführ-ten[6], fanden dafür deutliche Beweise und kamen zu dem Schluss, dass »sich berufstätige Frauen, die ein Kind bekamen, unwissentlich auf einen Tausch einlassen: Bei ihnen wird jetzt Herzenswärme wahrgenommen statt beruflicher Kompetenz. Dieser Tausch kostet sie ungerechterweise ihre berufliche Glaubwürdigkeit und mindert ihre Chancen, angestellt, befördert oder überhaupt beruflich gefördert zu werden.«

Das Vorurteil hält sich hartnäckig, obwohl es bislang keine objektiven Belege dafür gibt, dass berufstätige Mütter weniger produktiv sind als andere Beschäftigte oder häufiger am Arbeitsplatz fehlen, ein Vorwurf, der von kinderlosen Mitarbeitern manchmal ins Feld geführt wird. Männer haben nur selten unter derartigen Vorurteilen zu leiden. Ihnen *hilft* die Vaterschaft beruflich sogar, da sie ihnen den Nimbus der Verlässlichkeit und Stabilität verleiht.[7] Mary Ann Mason, Juraprofessorin und Dekanin an der University of California in Berkeley, ist der Frage nachgegangen, welchen Einfluss die Vater- beziehungsweise Mutterschaft auf die akademische Karriere der betreffenden Person hat. Dabei fand sie heraus, dass in allen Fachbereichen verheiratete Männer mit Kindern erfolgreicher als alle anderen Gruppen darin waren, sich eine günstige berufliche Startposition zu sichern und eine Anstellung zu erlangen. Am wenigsten erfolgreich waren verheiratete Frauen mit Kindern unter sechs Jahren.

Dennoch gibt es auch gute Nachrichten für berufstätige Mütter: Die Gehälter verheirateter Frauen mit Kindern sind in den letzten Jahren überdurchschnittlich gestiegen, und auch ihre Gesamtzahl hat seit 1970 überdurchschnittlich zugenommen (abgesehen von einem kleinen Einbruch im Jahr 2002). Ermutigend ist außerdem, dass emotionale Intelligenz – einst als »Gedöns« abgetan – in der Arbeitswelt inzwischen höher bewertet – und honoriert – zu werden scheint. »Wir haben festgestellt, dass die emotionale Intelligenz eines Mitarbeiters von Arbeitgebern und Kollegen als Beitrag zu einem guten Betriebsklima geschätzt wird und durchaus auch greifbare Auswirkungen – zum Beispiel in Form einer Gehaltserhöhung – zeitigen kann«, erklärt Peter Salovey, Psychologe und Experte für emotionale Intelligenz in Yale.

Salovey und seine Kollegen haben Beweise dafür gesammelt, indem sie kürzlich 44 Analysten und Büroangestellte einer an der Börse hoch dotierten Versicherungsgesellschaft auf ihre emotionale Intelligenz hin untersuchten. Diejenigen Mitarbeiter mit den höchsten Werten zeichneten sich auch dadurch aus, dass sie höhere Leistungsprämien erhielten, eine höhere Stellung in der Firmenhierarchie einnahmen und von ihren Kollegen und Vorgesetzten positiver bewertet wurden als ihre Kollegen.

Andere neuere Studien haben ähnliche Ergebnisse erbracht. Die erfolgreichsten Rekruten der U.S. Air Force zum Beispiel schnitten in einem Test zur emotionalen Intelligenz am besten ab.[8] Seniorpartner in einem multinationalen Beratungsunternehmen, die bei einer Untersuchung zur emotionalen Intelligenz hohe Werte erzielten, erwirtschafteten 1,2 Millionen Dollar mehr Gewinn als die übrigen Partner. In Arbeitsbereichen mittlerer Komplexität – bei Verkäufern und Mechanikern zum Beispiel – stellte man fest, dass diejenigen mit den höchsten Werten um 85 Prozent produktiver waren als Mitarbeiter mit durchschnittlicher emotionaler Intelligenz. In komplexeren Arbeitsbereichen, etwa bei Versicherungsmaklern oder Wirtschaftsprüfern, betrug die Differenz gar 127 Prozent.

Wenn Arbeitgeber den Wert emotionaler Fähigkeiten inzwischen besser würdigen, werden sie vielleicht allmählich auch die alten Vorurteile gegen berufstätige Mütter über Bord werfen. »Die Firmen legen nach und nach ihre Voreingenommenheit Müttern gegenüber ab«, sagt Cary Cherniss, Psychologieprofessorin an der Rutgers University in New Jersey. Sie berät Firmen, die die emotionale Intelligenz ihrer Mitarbeiter erkennen und nutzen möchten. »Sie begreifen allmählich, dass Menschen, die Eltern werden, etwas Wertvolles mitbringen.«

Auch das wachsende Interesse der Medien am beruflichen Nutzen häuslicher Fertigkeiten könnte berufstätigen Müttern zugute kommen. Die Diskussion der vergangenen Jahre hat bewirkt, dass heute die Idee, bei einer Stellenbewerbung die Mutterschaftszeit in den Lebenslauf aufzunehmen, nicht mehr belächelt wird. Die frühere US-Außenministerin Madeleine Albright, die sich mehrere Jahre lang aus dem Berufsleben zurückgezogen hatte, um ihre drei Töchter großzuziehen, eröffnete kürzlich einem Interviewer, dass sie ihre Zeit als Mutter »wahrscheinlich« in ihren Lebenslauf aufnehmen würde, wenn sie heute auf Arbeitssuche wäre.[9] Aber wir wollen den Gedanken noch ein wenig weiterspinnen: Welche Fähigkeiten könnte eine Mutter anführen? Ich würde diese vier vorschlagen: unter Druck mehrere Aufgaben zu koordinieren, Verlässlichkeit, Führungsqualität und Fürsorgebereitschaft.

DRAHTSEILAKT

Man darf durchaus annehmen, dass die meisten Mütter bei der Betreuung ihrer Kinder ganz ähnliche Gehirnstrukturen trainieren wie bei der Arbeit in einem fordernden Beruf. Durch die oft sehr anstrengende Alltagspraxis werden Mütter zu wahren Expertinnen, was das Einhalten von Terminen, die Koordinierung vielfältiger Aufgaben, die Suche nach kreativen Lösungen für scheinbar ausweglose Situationen, den Umgang mit häufigen Unterbrechungen und das gelassene Überstehen von Krisen betrifft.

Wissenschaftliche Untersuchungen belegen in zunehmendem Maße, dass zwischen engagiertem Muttersein und beruflichen Leistungen eine Korrelation besteht. Im Jahr 2003 wurde in einem ausführlichen Bericht des Wellesley College[10] über die Erfahrungen von 60 beruflich besonders erfolgreichen Frauen festgehalten, dass 20 Prozent von ihnen das Muttersein als »Trainingsfeld für Führungseigenschaften« ansahen. Weitere 20 Prozent meinten, ihr eigener Führungsstil oder der anderer, von ihnen bewunderter Personen habe Ähnlichkeiten mit der Mutterrolle.

Von allen übergreifenden Fähigkeiten, die Mütter, beruflich Erfolgreiche und weniger qualifizierte Arbeitskräfte gemein haben, wird im Wellesley-Bericht und in Dutzenden Interviews, die ich für dieses Buch geführt habe, am häufigsten das Zeitmanagement genannt. »Als Mutter ebenso wie als Feuerwehrfrau und als Chefin der Feuerwehr muss man lernen, zu jonglieren und Prioritäten zu setzen«, sagt Hayes-White, die während des telefonischen Interviews gerade unter Sirengeheul von einem Einsatz zum nächsten unterwegs war. »Ich habe tatsächlich eine Menge Gemeinsamkeiten zwischen diesen beiden Tätigkeitsfeldern festgestellt – hauptsächlich, dass stets die Zeit zu knapp ist.«

Ann Moore, Hauptgeschäftsführerin von Time, meinte in einem Radiointerview, das Zeitbewusstsein berufstätiger Mütter mache sie zu besonders guten Arbeitskräften.[11] »Vor allem schätze ich berufstätige Mütter mit Kleinkindern, denn sie verschwenden keine Zeit«, sagt sie. »Von allen Menschen, die zu wenig schlafen und unter Zeitdruck stehen, sind sie die nettesten, und ich habe die Erfahrung gemacht, dass sie äußerst effizient arbeiten … Ich staune immer wieder, wie viel sie schaffen.«

»Ich habe einfach keine *Zeit* für langes Hin und Her und neurotisches Getue«, sagt Elizabeth Traut von der University of California in Berkeley. Traut forscht und lehrt als Biologin und zieht gleichzeitig ihre zwei lebhaften Jungen im Alter zwischen neun und zwölf groß: »Als ich noch studierte, haben wir uns alle ständig Gedanken darüber gemacht, was andere Leute wohl von uns halten und ob wir auch genug lernen und wissen. Heute, als Mutter, weiß ich, dass ich *nie* genug weiß, und dadurch bin ich viel, viel konzentrierter und entschlussfreudiger geworden.«

Zu Trauts Strategien gehört es, Verpflichtungen wie etwa die Lehrveranstaltungen strikt und ausnahmslos auf eine bestimmte Zahl von Wochenstunden zu begrenzen. Sie nimmt sich vor, innerhalb dieses Zeitrahmens ihr Bestes zu geben, und bisher, so erklärt sie, funktioniere das recht gut. Trauts Ehemann Jason, der als Grundschullehrer arbeitet, bestätigt, dass sich seine Frau verändert hat, seitdem sie Mutter ist: Sie lese und »erfasse« wissenschaftliche

Literatur jetzt schneller. »Wenn ich weiß, dass nur begrenzt Zeit zur Verfügung steht, ist das, als ob sämtliche Hintergrundgeräusche ausgeblendet wären«, sagt sie.

»Die Intuition verbessert sich merklich«, meint Kathy Mayer, Ärztin an der Kaiser-Permanente-Klinik in Colorado. »Früher musste ich dem Patienten einen Haufen Fragen stellen, um herauszufinden, was mit ihm los ist. Jetzt erfasse ich alles viel rascher.«

Häufig wird auch das Multitasking – eine Unterkategorie des Zeitmanagements – als wichtiger Beitrag zur Arbeitserleichterung genannt. Patty Ochoa, Einzelhandelsverkäuferin und Mutter von drei Kindern, von denen zwei noch zu Hause wohnen, lässt sich selten aus der Ruhe bringen, wenn sie an der Kasse sitzt – eine Arbeit, bei der sie mehr als hundert Codes im Kopf haben, gleichzeitig Waren einpacken, Telefonanrufe beantworten und Kunden beraten muss. »Von allen Seiten strömt es auf mich ein, aber ich bin daran so gewöhnt, dass ich funktioniere wie ferngesteuert«, sagt sie lachend und fügt hinzu: »und es gibt sicher keine Mutter auf der Welt, die nicht wüsste, wovon ich rede.«

Das trifft auch auf Catherine Gray zu, Vorsitzende einer Umweltschutzorganisation namens The Natural Step. Nachdem sie mehrere Jahre lang ganz in ihrer Arbeit aufgegangen war, brachte sie im Alter von 36 Jahren ihren Sohn David Kai zur Welt. Da The Natural Step noch in der »Startphase« steckte und sie ihr Bestes geben wollte, hatte sie mit dem Kinderkriegen eigentlich noch ein paar Jahre warten wollen. Zu ihrer Überraschung stellte sie jedoch fest, dass das Baby ihre Führungsqualitäten verbesserte. Im Mutterschaftsurlaub lernte sie, während Kais einstündigem Mittagsschlaf das Haus zu putzen und Telefonkonferenzen zu leiten. »Als ich dann wieder an meinen Arbeitsplatz zurückkehrte, hat es mich gar nicht mehr so nervös gemacht, vier oder fünf Bälle gleichzeitig in der Luft zu halten«, sagt Gray. »Hier ist dieser, dort ist jener, jetzt den da bewegen – es läuft alles wie von selbst.«

Das Muttersein wirkt sich nicht nur positiv auf Zeitmanagement und Multitasking aus, es verhilft den Frauen häufig auch zu mehr allgemeiner Kompetenz auf erstaunlich vielen Gebieten. Darüber berichten fast zu jedem Muttertag reihenweise Zeitungsartikel, die sich mit der Frage beschäftigen, was man Müttern bezahlen müsste, wenn die Gesellschaft ihre verschiedenen häuslichen Tätigkeiten als zu entlohnende Arbeit anerkennen würde.

Eine der kühnsten Überlegungen hierzu stammt von Ric Edelman, Vorsitzender der Edelman Financial Services.[12] Seinen Berechnungen nach müsste eine aktive Mutter für ihre Tätigkeit als Kinderbetreuerin, Köchin, Putzfrau, Haustier- und Krankenpflegerin, Finanzverwalterin, Chauffeurin, Hausaufgabenkontrolleurin und noch vieles andere ein Jahresgehalt von 635.000 Dollar bekommen, wollte man sie angemessen honorieren. »Bis ich selbst Mutter wurde, habe ich mir kaum den Kopf darüber zerbrochen, ob Erfahrungen übertragbar sind«, sagt Rayona Sharpnack, die Leiterin des Institute for Women's Leadership in Redwood City, Kalifornien. »Aber wenn man in ein und derselben Woche eine Rede halten, ein Seminar leiten und seiner Tochter das Fahrradfahren beibringen soll, dann ist das wirklich leistungssteigernd.«

VERLÄSSLICHKEIT: ICH MUSS DIESEN JOB EINFACH HABEN!

Fast ein Drittel der 225 Beschäftigten bei der Reneson Hotel Group in Novato, Kalifornien, sind Mütter. Personalchefin Jennifer Wade-Yeo würde am liebsten sogar noch mehr Mütter einstellen, wenn es nicht in den USA gesetzlich verboten wäre, nach dem Familienstand zu fragen. »Mütter sind in jedem Fall verlässlicher, weil sie den Lebensunterhalt für die Familie verdienen müssen«, sagt Wade-Yeo. »Die Kinderlosen können kommen und gehen, wie's ihnen gefällt. Die Frauen mit Kindern hingegen sind auf das Geld angewiesen. Sie müssen dafür sorgen, dass ihr Leben gut organisiert ist.« Manche

Arbeitgeber glauben zwar immer noch, dass das Muttersein einer Frau Energie raubt, die ihr dann bei der Arbeit fehlt, aber in Wirklichkeit trifft oft genau das Gegenteil zu. Viele berufstätige Mütter stürzen sich regelrecht in die Arbeit – aus finanzieller Notwendigkeit, aus Dankbarkeit und manchmal auch nur, um einmal ein paar Stunden lang keine Legosteine vom Teppich aufsammeln zu müssen.

Hayes-White, Kommandantin der Feuerwehr von San Francisco, von deren 1600 uniformierten Einsatzkräften 223 Frauen sind – mehr als in den meisten anderen Städten der USA –, sagt, dass für die rund 70 Feuerwehrfrauen mit Kindern die 24-Stunden-Schicht erheblich schwieriger zu bewältigen sei als für die anderen. Aber auch diese Frauen würden stets eine Lösung finden, zum Beispiel, indem sie mit anderen berufstätigen Müttern den Dienst tauschen. Und ihre allgemein hohe Arbeitsmoral würde es »allemal wettmachen«, wenn sie doch einmal gegen den Dienstplan verstießen.

Lori Willis, die geschiedene Direktionssekretärin aus Massachusetts, erzählt, dass sie Sonntags, wenn ihr Sohn bei ihrem Exmann ist, manchmal ins Büro geht, um überschüssige Energie loszuwerden. »Unter der Woche arbeite ich so viel und so schnell, dass ich an freien Tagen manchmal nichts mit mir anzufangen weiß«, sagt sie. »Mein Gehirn will einfach richtig ausgelastet werden.« Auch andere Mütter bestätigen, dass es ihre Ausdauer stärkt, wenn sie in der Arbeit bis an die Leistungsgrenze gehen. Die Neurowissenschaftlerin Kelly Lambert schrieb, als sie zusammen mit Craig Kinsley ihre bahnbrechende Ratten-Studie durchführte, gleichzeitig an einem Lehrbuch, hielt Vorlesungen, führte den Vorsitz der psychologischen Fakultät und betreute ihre zwei kleinen Töchter. Trotz dieser ungeheuren Arbeitsbelastung, so sagt sie, fühlte sie sich geistig reger, produktiver und brauchte weniger Schlaf als zu irgendeiner anderen Zeit in ihrem Leben.

Besonders für Mütter, die das Glück haben, einen interessanten Beruf auszuüben, kann die Arbeit eine erfrischende Pause von den häuslichen Pflichten bedeuten – ein Kontrastprogramm, das ihre berufliche Leistung unter Umständen noch steigert. Vielleicht ist dies der Grund für das überraschende Ergebnis, zu dem einige aktuelle Untersuchungen gekommen sind. Sie belegen, dass verheiratete Berufstätige – solche mit Kindern eingeschlossen –, die Schichtdienst leisten (also außerhalb der normalen Arbeitszeit von sieben bis 18 Uhr), im Allgemeinen mit ihrem Leben und ihrer Arbeit zufriedener sind als unverheiratete Mitarbeiter[13]. Die Notärztin Sue Sommer, die häufig lange Schichten zu ungewöhnlichen Tageszeiten absolviert, behauptet, bei der Arbeit falle es ihr selbst in den schwierigsten Momenten – »wenn Blut fließt und Patienten direkt vor meiner Nase zusammenbrechen« – leichter, die Nerven zu behalten, als wenn zu Hause ihre beiden sechs und acht Jahre alten Söhne Amok laufen. »Hier herrschen nämlich bestimmte Regeln, und ich als Ärztin habe sozusagen die Fäden in der Hand«, sagt sie. »Wenn ich jemanden bitte, etwas zu tun, dann tut er es auch.«

Jede Frau mit vorpubertärem Nachwuchs träumt wahrscheinlich davon, sich zumindest einigermaßen gegen ihre Kinder durchsetzen zu können. »Es ist ein gutes Gefühl zu wissen, dass du einen Patienten behandelst, und wenn du damit fertig bist, den nächsten, und wenn du mit allen fertig bist und deine Schicht zu Ende ist, hast du für diesen Tag alles erledigt und gehst nach Hause«, sagt Sommer. »Als Mutter hingegen sieht man kaum einmal, wenn überhaupt jemals, ein unmittelbares Ergebnis. Man muss sich ständig an die Hoffnung klammern.«

Arlie Hochschild, Soziologieprofessorin an der University of California in Berkeley, hat dieses Phänomen in ihrem Buch *Keine Zeit: Wenn die Firma zum Zuhause wird und zu Hause nur Arbeit wartet* untersucht.[14] Sie wählte für ihre Untersuchung eine bestimmte Firma und fand heraus, dass viele der dort Beschäftigten mit Kindern das Angebot, zur eigenen Entlastung weniger zu arbeiten oder Gleitzeit zu nehmen, ausschlugen – nicht nur, weil sie auf das volle Gehalt angewiesen waren, sondern auch, weil ihnen die Arbeit eine willkommene Fluchtmöglichkeit vor den offenbar überhand nehmenden Anforderungen zu Hause bot. Hochschild zeichnet ein Besorgnis erregendes Bild von der gegenwärtigen Lage der Eltern in den USA, doch sie zeigt auch, dass Kinder zu haben ungewollt die berufliche Arbeitsmoral steigern kann.

Hauptzweck der Arbeit ist immer noch, Geld zu verdienen, und dies ist auch der wichtigste Grund, aus dem sich viele Frauen beruflich stärker engagieren, sobald sie Kinder haben. Lori Willis sagt, die Geburt ihres Sohnes habe sie veranlasst, sich um eine höher dotierte Stellung zu bemühen – und sie auch zu halten. Andere Mütter absolvieren Zusatzausbildungen, übernehmen Extraschichten und strengen sich beruflich generell mehr an, um den oft erschreckend hohen finanziellen Ansprüchen ihrer Kinder gerecht zu werden.

Und schließlich ist da noch das besondere, persönliche Entscheidungen und den Charakter prägende Verantwortungsgefühl, das berufstätige Mütter (und Väter) im häuslichen Bereich erwerben können und das ihnen oftmals auch am Arbeitsplatz hilft. Valerie Hudson, Professorin für Politikwissenschaft an der Brigham Young University, hat in Ann Crittendens Buch *If You've Raised Kids, You Can Manage Anything* dafür den Begriff der »gewohnheitsmäßigen Integrität« geprägt.[15] Damit ist gemeint, dass man das moralische Gewicht jeder eigenen Handlung eher erwägt, wenn einem bewusst ist, dass man in seinem Kind einen ständig höchst aufmerksamen Zuschauer vor sich hat. »Mütter müssen mit ihrem Leben dem Kind ein Vorbild sein«, sagte Hudson, Mormonin und Mutter von sechs Kindern, im Gespräch mit Crittenden. »Vor ihren Kindern stehen sie voll im Rampenlicht. Manchmal denke ich, ich könnte da und dort fünf gerade sein lassen oder es mir einfacher machen, aber dann rufe ich mir ins Gedächtnis, dass sie alles, was ich tue, ganz genau registrieren, und dass ich immer beispielhaft handeln muss.«

Auf die Frage, welcher Aspekt des Elternseins ihr bei ihrer diploma-
tischen Karriere am meisten zugute gekommen sei, erklärte die ehemalige US-Außenministerin Albright: »Dafür zu sorgen, dass alle
schön zusammen spielen.« Die Mutterschaft hat also den Grundstein
für ihre Befähigung gelegt, einen riesigen bürokratischen Apparat zu
leiten und emotional höchst aufgeladene Verhandlungen über au-
ßenpolitische Konfliktthemen zu führen. Dabei habe sie sich häufig
an »zankende Kinder« erinnert gefühlt, »die den Standpunkt des
anderen einfach nicht begreifen wollen«, berichtete Albright dem
Mothering Magazine. Doch sie habe ja gelernt, wie man Kinder dazu
bringt, das Streiten sein zu lassen und »sich stattdessen vorzustellen,
warum dem anderen ausgerechnet dieses Spielzeug so wichtig ist. Es
geht dabei sehr oft um den Respekt gegenüber dem anderen.«[16]

»Für manche Leute ist das Büro ein Familienersatz, für andere …
eine sinnvolle Ergänzung zur Familie«, so die Beobachtung der Ro-
manautorin Fay Weldon.[17] »Chefs sind wie Eltern, Untergebene wie
Kinder und Kollegen wie Geschwister.« In einem solchen Kontext ist
Geschwisterrivalität ebenso unvermeidlich wie Rebellion gegen
Autorität – und viel Übung im Umgang damit von unschätzbarem
Wert. Die Arbeit eines Managers läuft oft darauf hinaus, emotions-
geladene Konflikte zu lösen, verletzte Gefühle zu beschwichtigen und
Menschen dazu zu inspirieren, ihr Bestes zu geben.

Jane Lubchenco, die in Kapitel 5 vorgestellte Zoologin, die unter
anderem ihre Fakultät an der Oregon State University leitete und der
American Association for the Advancement of Science vorstand –
der weltgrößten wissenschaftlichen Gesellschaft –, sagt, sie habe
durch die Erziehung ihrer beiden Söhne auch die Kunst erlernt, bei
Gefühlsausbrüchen anderer »analytisch« zu bleiben. »Ich konnte
Konflikte unter meinen Kollegen sehr viel besser schlichten und bei
Auseinandersetzungen als Schiedsrichter fungieren, weil ich ihr Verhalten ähnlich deutete wie das meiner Kinder«, sagte sie. »Ich ließ

mich weniger hineinzuziehen, weil ich mir sagen konnte: ›Das ist nichts weiter als der Trotzanfall eines Erwachsenen.‹« Kathy Mayer formulierte es so: »Bevor ich Mutter wurde, zeigte ich vielleicht übertrieben viel Mitgefühl. Wenn ich mir jetzt hingegen anhöre, wie jemand von einem Problem erzählt, denke und sage ich manchmal sogar: ›Du jammerst ja mehr als mein neun Monate altes Baby!‹ So nach dem Motto: Jetzt krieg dich mal wieder ein!«

Zum Aufgabenfeld des Managers gehört auch die Durchsetzung von Disziplin, auch wenn dieses Wort meist nicht verwendet wird. Ebenso wie Mütter müssen Chefs die Kunst beherrschen, Regeln aufzustellen und ihre Befolgung durchzusetzen. Hayes-White berichtet, ihr andauerndes Training zu Hause mit ihren Kindern habe ihr sehr geholfen, den Job als Feuerwehrchefin zu meistern. »Ich lernte, klare Grenzen zu setzen«, sagt sie. »In beiden Bereichen ist es wichtig, dass man betont: Das sind die Regeln, Folgendes wird erwartet, und jenes passiert, wenn du die Regeln verletzt.«

Selbst so einfache, gebräuchliche Mittel aus dem häuslichen Umfeld, wie jemandem eine »Auszeit« zu geben, haben sich laut Lubchenco bei der Arbeit als äußerst nützlich erwiesen. »Natürlich würde ich einen Gleichaltrigen nicht auf sein Zimmer schicken, aber ich habe inzwischen Verständnis dafür, dass jemand manchmal einfach Dampf ablassen muss, indem er weggeht und Gelegenheit hat, sich alles noch einmal zu überlegen, anstatt ein Problem auf Biegen und Brechen sofort zu lösen«, sagt sie. »In einer Auszeit kann sich nicht nur das Kind beruhigen, sondern auch man selbst.« Im Management tätige Mütter kennen noch weitere Taktiken, die hier wie dort wertvoll sind, weil sie die Menschen, mit denen man zu tun hat, für einen einnehmen: zum Beispiel jemanden dabei zu »ertappen«, dass er etwas Richtiges tut, und dann mit Lob und Anerkennung nicht zu sparen.

Die Journalistin Crittenden, die auf diese Parallelen im Verhalten von Eltern und Managern hinwies, erzählt von dem »Aha-Erlebnis«, das sie zu ihrem Buch über Mütter im Management inspirierte.[18]

Kurz nach der Geburt ihres Sohnes im Jahr 1982, so schreibt sie, habe sie »einen Baby-Ratgeber nach dem anderen verschlungen«, und dabei sei ihr »eine unheimliche Ähnlichkeit zwischen den darin angebotenen Ratschlägen und den Empfehlungen aus Managementhandbüchern aufgefallen, die ich als Wirtschaftsjournalistin gelesen hatte«. Es beschlich sie der Verdacht, dass ein Großteil dieser Ratschläge einfach für unterschiedliche Zielgruppen ein wenig anders aufbereitet wurde. Jahre später fand Crittenden diese Ahnung bestätigt, als sie an der Harvard University ein von dem Management-Guru William Ury geleitetes Seminar zum Thema »Umgang mit schwierigen Menschen und Situationen« besuchte. Ury ist Mitautor des Bestsellers *Das Harvard-Konzept: Sachgerecht verhandeln – erfolgreich verhandeln* und Verfasser des Folgebands *Schwierige Verhandlungen: Wie Sie sich mit unangenehmen Kontrahenten vorteilhaft einigen*. Crittenden zufolge zahlten die mehr als 150 Zuhörer, darunter hochrangige Manager großer Firmen und Armeeoffiziere, jeweils an die 2000 Dollar Teilnahmegebühr, während man »diese Managementtipps ... größtenteils auch in einem der Erziehungsratgeber hätte nachlesen können, die man an jeder Ecke als Taschenbuch bekommt«.

Ury berief sich auf »untadelig männliche Quellen wie den legendären chinesischen General Sun Tzu und den preußischen Militärstrategen Carl von Clausewitz«, sagt Crittenden. Doch beim Essen habe er bereitwillig bestätigt, dass vieles von dem, was er lehrt, auf den Psychologen Haim Ginott zurückging, den Autor der 1956 erschienenen Erziehungsbibel *Eltern und Kinder*. Ginott betont, dass es von grundlegender Bedeutung sei, seinem Kind das Gefühl zu vermitteln, man habe ihm zugehört und es verstanden – ein Verhalten, das für Manager ebenso hilfreich ist wie für Eltern. In eine ähnliche Richtung geht die Empfehlung der Managementexperten, man solle seinen Machoinstinkt zügeln und in Verhandlungen nicht immer die Oberhand behalten wollen, sondern eine Lösung suchen, die für alle beteiligten Parteien vorteilhaft sei.

Wie wichtig es ist, Teamgeist und Zugehörigkeitsgefühl zu fördern, wurde erstmals in den zwanziger Jahren von einer Frau betont, die auf diesem Gebiet Pionierarbeit leistete: Mary Parker Follett, Bürgerrechtlerin, Autorin und Managementberaterin.[19] Follett hob in ihren zahlreichen Vorträgen immer wieder den Nutzen des »partizipatorischen Managements« hervor, in dem sich Manager und Arbeitnehmer als Partner sehen, und warb für eine Verhandlungstechnik, die der heute so populären Win-win-Strategie ähnelt. Ihre Ideen stießen zwar in Japan und anderen Ländern auf großes Interesse, wurden in den USA jedoch mehrere Jahrzehnte lang ignoriert.

Seinerzeit steckte die Entwicklung von Managementtheorien noch in der Kinderschuhen, und das vorherrschende Modell der Unternehmensführung war die am Militär orientierte hierarchische Organisation, in der praktisch alle leitenden Posten mit Männern besetzt waren. Heute hingegen ist Follet wieder in Mode. Sir Peter Parker, Leiter der London School of Economics, bezeichnete Follett, die keine eigenen Kinder hatte, als »Mutter« des Managements.

Mehrere Bücher der letzten Jahre beschäftigen sich mit der These, dass *weibliche* Manager dank ihres »weiblicheren«, »partizipatorischen« Stils erfolgreicher sind. Sally Helgesen porträtiert in *Frauen führen anders: Vorteile eines neuen Führungsstils* vier Frauen in Führungspositionen, die das »weibliche« Modell der direkten Kommunikation, der Wertschätzung von Beziehungen und des »integrierenden Netzes« erfolgreich praktiziert haben.[20] In einem weiteren Buch, das den Titel *Der beste Mann für diesen Job ist eine Frau* trägt, werden 14 Frauen in leitenden Positionen vorgestellt, die »ihre spezifisch weiblichen Führungsqualitäten ausschöpfen«. »Es hängt einiges vom Teamgeist ab«, erklärte eine der Managerinnen gegenüber Sumru Ekrut, der Leiterin der Wellesley-Studie über weibliche Führungskräfte. »Und auch in der Familie hängt einiges vom Teamgeist ab. Man muss die Kinder dazu bringen, dass sie zusammenhalten, sich als eine Familie fühlen und sich nicht gegenseitig prügeln und so weiter.«

In der Tat stellen Mütter oft ihre eigenen Bedürfnisse hintan, wenn das dazu beiträgt, dass ihre Familie möglichst gut funktioniert. »Ob man nun ein Telefonat abbricht, weil das Baby zu schreien beginnt, oder bei den Aufgaben der Kinder im Haushalt mal ein Auge zudrückt, damit alle in den Park gehen können – man lernt einfach immer besser zu entscheiden, was in den verschiedenen kritischen Situationen während des Tagesablaufs für alle zusammen das Beste ist«, sagt die berufstätige Mutter Sue Kostal. »Nach einer Weile findet man fast mühelos und wie selbstverständlich Wege, etwas auf möglichst schmerzlose Weise zu erreichen.«

Das Ziel, Teamgeist herzustellen, steht auch hinter einer weiteren grundlegenden Führungsaufgabe: Mitarbeiter anzuleiten. Anderen beizubringen, ihr Bestes zu geben und verantwortliche Entscheidungen zu treffen, liegt vielen Müttern so sehr im Naturell, dass sie es auch mit anderen unbefangen tun. »Allein einer Mutter dabei zuzusehen, wie sie mit ihrem Kind in den Park geht, ist etwas, woraus man viel lernen kann«, sagt Rayona Sharpnack. »Sie sagt dem Kind, es soll an der roten Ampel stehen bleiben und bei Grün erst nach beiden Seiten schauen, bevor es die Straße überquert usw., und wenn sie ins Berufsleben eintritt, ist ihr diese Fähigkeit des Vermittelns und Entwickelns bereits in Fleisch und Blut übergegangen.«

Eine unter weiblichen Führungskräften angeblich weit verbreitete Eigenart – die von ihren Untergebenen offensichtlich sehr geschätzt wird – ist ihre Weigerung, sich aufs Mikromanagement einzulassen, das heißt, alles bis ins kleinste Detail selbst zu regeln. Der Grund hierfür ist meist fehlende Zeit. Doch dieses Defizit erweist sich als Stärke, wenn die Betreffende es versteht zu delegieren. Arbeitsmäßig hoch belastete Mütter in Führungspositionen delegieren vielleicht zunächst aus reiner Notwendigkeit heraus, sehen dann, dass es funktioniert, und tun es beim zweiten oder dritten Mal bereits mit Absicht.

Nachdem Susan Trainer aus Danville, Kalifornien, neben der Betreuung ihrer sechs Kinder sieben Jahre lang als Hauptgeschäftsführerin der von ihr gegründeten Firma Trainer Communications tätig war, merkte sie, dass es sowohl ihrer Familie als auch ihrer Firma gut tun würde, wenn sie kürzer trat.[21] »Die Strategie, die mir dabei geholfen hatte, die Firma aufzubauen, hätte in der Zukunft nicht mehr funktioniert, wenn ich weiter einen so aktiven Führungsstil gepflegt hätte«, erklärte sie dem *Working Mother Magazine*. Trainer begann wichtige Aufgaben an ihre Mitarbeiter zu delegieren, führte nicht mehr jedes Kundengespräch selbst und nahm nicht einmal mehr an allen Besprechungen mit Neukunden teil. »Es musste sein«, sagte sie. »Wir können die Firma noch doppelt so groß machen, aber nicht, indem ich mehr arbeite.«

FÜRSORGLICHKEIT — IM JOB

Zwischen dem Bereich, in dem Maria Calles, Immigrantin aus El Salvador, arbeitet, und dem Tätigkeitsfeld von Susan Trainer scheinen auf den ersten Blick Welten zu liegen. Als Hauspflegerin für ältere Menschen in der Region San Francisco arbeitet Calles in einem Dienstleistungssektor, der ständig wächst, seitdem die Menschen in den Industrieländern länger leben, weniger Kinder haben und häufig auf die Hilfe Fremder angewiesen sind. Zunächst mag es scheinen, als stelle es keine besonderen geistigen Anforderungen, für einen pflegebedürftigen Erwachsenen zu sorgen, doch oft erfordert es eine Menge Köpfchen – Calles kann ein Lied davon singen. Durch die Erziehungsarbeit – ihr Sohn Fernando ist im Teenageralter – ist ihr klar geworden, wie wichtig es ist, die innere Verfassung ihrer Kunden zu erspüren, ihre Grenzen zu respektieren und ihren eigenen natürlichen Impuls zu unterdrücken, »zu viel zu helfen«, wie sie sagt. Gemeinsam durchlebte schwierige Zeiten mit Fernando haben ihr, wie sie sagt, »beigebracht, wann ich einschreiten und wann ich ihn in Ruhe lassen muss. Diese Dinge kann man gut mit Kindern lernen, weil sie einem sehr direkt Grenzen setzen.« Wie immer und überall kann intensives Praktizieren bestimmter Verhaltensweisen die Denkweise und damit auch das künftige Verhalten verändern. Berufstätige Mütter, die sich den größen Teil des Tages um ihre Kinder kümmern, bringen also besondere Fähigkeiten ein, wenn sie Jobs in Bereichen wie Krankenpflege, Physiotherapie und Fitness übernehmen.

Gewiss sind Mitgefühl und andere soziale Fähigkeiten, die für pflegerische Tätigkeiten unerlässlich sind, auch in anderen Arbeitsfeldern von Wert. Obgleich sie nie auf einer Liste der Aktivposten aufscheinen, kann sich die Fürsorglichkeit einer Führungskraft oft indirekt, aber wirkungsvoll auf die Arbeitsmoral und Produktivität auswirken. »Bei einem Künstler, der Schüler ausbildet, einem technischen Leiter oder einem Collegepräsidenten merken wir oft nicht, wie sehr die Fürsorglichkeit in die Arbeit mit hineinspielt, wie inhaltsleer diese Berufe sein können, wenn sie nicht mit der Fürsorge für andere einhergehen«, schreibt Mary Catherine Bateson in *Composing a Life*.[22]

Nachdem meine Schwester Jean ihre psychiatrische Praxis aufgegeben hatte, um einen großen Ärztestab am Colorado Permanente in Denver zu leiten, war sie überrascht, wie viel von ihrer Arbeit darin bestand, als Mentorin zu fungieren, Konflikte zu lösen und ihre Mitarbeiter zu bemuttern. »Damit bin ich täglich mehrere Stunden beschäftigt«, sagt sie. Barry Lester, Kinderpsychologe in Rhode Island, erklärt, dass Erfahrung im Umgang mit Babys – eigenen wie fremden – dabei sehr hilfreich sein kann: »Wenn jemand Kinder hat, so die allgemeine Erfahrung, ist er anderen Menschen gegenüber verständnisvoller und geduldiger. Man ist dann eher fähig, sich zurückzunehmen, hat möglicherweise einen weiteren Horizont und urteilt nicht übereilt.«

Lester hält insbesondere die Fähigkeit, die nonverbalen Signale eines Babys zu interpretieren, für sehr wichtig, wenn es darum geht, tragfähige Beziehungen unter Erwachsenen zu entwickeln. Diesen Zusammenhang haben ihm seine eigenen Rollen als Vater von drei

Kindern und als Klinikchef bewusst gemacht, und er hat ihn auch bei seinen 55 Mitarbeitern beobachtet, ob sie nun selbst Kinder haben oder nicht. »Sie bekommen sehr viel von dem mit, was in anderen vorgeht, weil sie das in ihrer Arbeit mit den Babys ständig praktizieren müssen«, sagt er. »Auch im Umgang miteinander sind sie äußerst sensibel.«

»Manchmal fragen mich Leute, ob ich bevorzugt Mütter einstellen würde«, sagt die Feuerwehrchefin Hayes-White. »Ich entscheide zwar immer aufgrund der Gesamtqualifikation, aber ich halte es sehr wohl für einen zusätzlichen Pluspunkt, wenn jemand diese Erfahrung hat oder gerade macht.« Wenn sie in ihrer Brigade auch Eltern einsetzt, so sei das ein »Dienst an der Gemeinschaft« – nicht nur der Ausgewogenheit wegen, sondern auch, weil ihrer Ansicht nach Eltern von Natur aus besser auf andere eingehen und mit anderen zurechtkommen. »Man verändert sich. Das Leben dreht sich nicht mehr nur um einen selbst. Man muss sich mit mehr Verantwortung arrangieren, und ich glaube, der Horizont erweitert sich.«

Dieser Horizont ist für Feuerwehrleute in verschiedener Hinsicht nützlich, so Hayes-White. »Hier herrscht ein sehr familiäres Arbeitsklima. Wir stehen für einander ein. Wenn man 24-Stunden-Schichten arbeitet, isst man gemeinsam und schläft gemeinsam in einem Schlafsaal. Außerdem geht es in diesem Beruf viel um Fürsorge für andere. Wir leisten medizinische Hilfe, und oft steht man vor emotional sehr belastenden Situationen. Muss man beispielsweise einer Familie eine traurige Nachricht überbringen, so ist die Fähigkeit zum Mitgefühl sehr wichtig.«

Wie Sara Ruddick bereits vor 25 Jahren betonte, kann praktizierte Fürsorglichkeit zu einer ganz anderen Sicht auf die Welt und das eigene berufliche Umfeld führen. Viele berufstätige Mütter empfinden ihre häusliche Erfahrung als Quelle beruflicher Kreativität. Judith Matloff, ehemalige Auslandskorrespondentin von Reuters, die jetzt für die *Columbia Journalism Review* schreibt, sagt, verschiedene Kolleginnen mit Kindern hätten ihr bestätigt, dass sie durch das Mutterdasein bessere Reporterinnen mit einem genaueren Blick für menschliches Leid geworden seien.[23] »Ich habe viele unglaubliche Fotos von Frauen und Kindern im Krieg und in Hungergebieten aufgenommen, die weltweit Aufsehen erregt haben«, erklärt Cynde Strand, leitende Redakteurin bei CNN. »Aber wirklich *gesehen* habe ich diese Bilder erst, als ich selbst ein Kind hatte.«

Auch in prosaischeren Zusammenhängen kann Mütterlichkeit eine tiefe und unmittelbare Beziehung zu anderen bewirken und zum Beispiel die Kundenbindung befördern. So stellen sich Kunden in Mollie Stones Lebensmittelladen in Greenbrae, Kalifornien, zum Beispiel oft an der Kasse von Patty Ochoa an, auch wenn sie an anderen Kassen weniger lang warten müssten. Sie suchen ein mitfühlendes Ohr für ihre Probleme mit den Kindern und wollen das Neueste über Ochoas Teenager hören, sagt sie. »Hier stellen sich besonders viele Mütter an, und mit Kunden, die Kinder haben, führt man ganz bestimmte Gespräche«, sagt Ochoa. »Es entsteht eine besondere Beziehung, die mit Singlefrauen einfach nicht möglich ist.« Diese soziale Verbundenheit kann sogar über gesellschaftliche Schichtgrenzen hinwegreichen. »Sehen wir den Tatsachen ins Gesicht: Die meisten Menschen in leitenden Positionen haben Kinder«, sagt Kathryne Lyons, Immobilienmaklerin in Manhattan. »Nachdem ich auch ein Kind hatte, gab es immer Gesprächsstoff. Einige Kunden schickten mir Blumen, und die meisten fragen nach meiner Tochter, wenn sie mich treffen. So haben wir ein ergiebiges gemeinsames Thema.«

Schon die bloße Erkenntnis, dass andere Leute ein um andere Dimensionen bereichertes Leben führen, kann bei manchen Frauen oder Männern, die sich voll und ganz auf ihre Karriere konzentriert haben, eine Wandlung bewirken. Wenn man in seinem Leben zu wenig andere Möglichkeiten der Selbstverwirklichung hat, klammert man sich womöglich zu sehr an seine Arbeit, macht aus jeder Mücke einen Elefanten und wird von den Kollegen am Ende als Nervensäge empfunden. Bevor ich Mann und Kinder hatte, konnte ich nie so recht verstehen, warum meine Redakteure sich ständig darüber beschwerten, dass ich so ein Theater um meine Artikel machte und sie oft noch lange nach dem vorgesehenen Abgabetermin immer wieder umschrieb. In meiner Selbstgerechtigkeit war ich überzeugt, dass sie mir meinen Perfektionismus übel nahmen, dabei wollten die armen Leute nur nach Hause zu ihren Familien. Heute kann ich es mir zwar nicht verkneifen, immer noch *ein bisschen* Theater zu machen, aber im Vergleich zu früher ist das gar nichts. Ich will nämlich selbst nach Hause zu meiner Familie. Wie viele andere Mütter bin ich immer noch sehr stolz auf meine Arbeit, aber wenn ich nicht auch ein wenig Grips in meine Kinder investieren würde, hätte ich das Gefühl, in einem ganz wesentlichen Punkt versagt zu haben. Wie Rayona Sharpnack mir am Ende eines bis dahin sehr entspannten Interviews sagte: »Wenn Ihre Kinder irgendwann dem System in den Arsch kriechen, will ich kein Wort über Ihr Buch hören!«

11 KLÜGER DENN JE: WARUM DIE MUTTERSCHAFT HEUTE EINE MENGE GRIPS ERFORDERT

Manchmal denke ich, dass nur meine Mutter weiß,
wer ich wirklich bin – der Heimlichtuer, der Sünder,
der verstohlen in seinem Zimmer onaniert …[1]
JAMES ATLAS in: *Mothers and Sons: In their Own Words*

MARIAN SANDMAIER WUSSTE, dass mit ihrer sechzehnjährigen Tochter etwas nicht stimmte, obwohl ihr zwei Ärzte versichert hatten, sie brauche sich keine Sorgen zu machen.[2] Darrah, ihre Tochter, klagte über heftiges Kopfweh und einen seltsamen, »pochenden« Schmerz. In wachsender Sorge tat Sandmaier – freiberufliche Autorin und Redakteurin aus Pennsylvania – das, was Millionen von US-Bürgern tun, wenn ihnen ihr Arzt eine Frage nicht beantworten kann oder will: Sie recherchierte im Internet, um selbst eine Diagnose stellen zu können.

Schon bald hatte Sandmaier herausgefunden, dass ihre Tochter unter einer äußerst selten auftretenden neurologischen Reaktion auf Minozyklin litt, ein Antibiotikum, das sie gegen ihre ständigen Hautprobleme nahm. In ihrem Gehirn sammelte sich Flüssigkeit, was unbehandelt zu chronischem Schmerz und Blindheit führen konnte. Darrahs Kinderarzt hatte nicht einmal danach gefragt, ob sie Medikamente einnahm. Sie setzte das Mittel ab, und Darrah war schon nach wenigen Tagen wieder wohlauf. Über ihre Erfahrungen schrieb Sandmaier einen Artikel, der in mehreren Zeitungen erschien; ein Blatt betitelte ihn mit: »Nehmen Sie zwei Aspirin und sehen Sie im Internet nach«.

Früher erforderte das Muttersein wesentlich mehr körperliche Anstrengung. Heute hingegen ist vor allem der Kopf gefordert – eigenständiges Denken ist gefragt. In unserer heutigen Zeit, in der man zu jedem Problem mehrere Meinungen einholt, in der Ärzte wegen Kunstfehlern verklagt werden und man Experten misstraut, haben frühere Autoritäten wie Mediziner, Lehrer oder Großmütter einiges an Ansehen eingebüßt. Deshalb bleibt den Müttern nichts anderes übrig, als sich auf sich selbst zu verlassen und sich die nötigen Kenntnisse anzueignen oder zu verschaffen – was zugleich ein großer Vorteil und eine beispiellose Bürde ist. Wir müssen einfach klüger sein, und oft *werden* wir dadurch auch klüger.

Im weiteren Sinn hat diese Entwicklung jedoch schon während der gesamten Evolution stattgefunden, da in deren Verlauf das Muttersein geistig immer anspruchsvoller wurde. Bei Säugetieren schwindet das elterliche Interesse an der Brutpflege merklich, sobald der Nachwuchs entwöhnt ist und der neurochemische Einfluss in seiner Wirkung nachlässt; beim Menschen hingegen, dessen Gehirn sich über eine viel längere Zeit hinweg entwickelt, kann über zehn oder gar zwanzig Jahre hinweg eine intensive elterliche Pflegebereitschaft bestehen bleiben – eine lange Zeit, in der eine Mutter all ihre geistigen Kräfte aufbieten muss, um ihr heranwachsendes Kind vor einer oft gefährlichen Welt zu schützen.

Im vorangegangenen Kapitel wurde geschildert, wie ihre neue Intelligenz Müttern dabei hilft, im Wirtschaftsleben zu bestehen. Dieses Kapitel versucht zu zeigen, wie wesentlich diese Intelligenz dabei ist, Kinder sicher durch die Fallstricke unserer Konsumkultur zu leiten. Angesichts der Informationsüberflutung brauchen wir alle heute mehr Grips denn je, doch Mütter, die sowohl für sich selbst wie für ihre Kinder zu sorgen haben, müssen vermutlich noch cleverer sein als alle anderen.

Vier Entwicklungen haben dazu beigetragen, dass innerhalb von nur wenigen Generationen die geistigen Anforderungen an Mütter enorm gestiegen sind. Zum einen die Flut von Theorien und Ratgebern zur Elternschaft, die sich seit einigen Jahren auch auf die Ergebnisse neurowissenschaftlicher Forschung stützen. (Inzwischen vermutet man, dass Mütter selbst für die Hirnentwicklung ihrer Kinder mit verantwortlich sind.) Neue und komplexe medizinische Probleme tauchen auf, wie jenes, vor dem Sandmaier stand. (Das heißt, dass Mütter immer häufiger in die Rolle von Ersatzärzten schlüpfen.) Die Qualität der öffentlichen Schulen sinkt, zugleich wird der Zugang zur Universität immer schwieriger und der Kampf um Arbeitsplätze immer unbarmherziger. (Mehr denn je müssen Mütter die Hausaufgaben ihrer Kleinen überwachen, mit denen oft bereits in der Vorschule begonnen wird, und sich über die Möglichkeiten einer akademischen Ausbildung ihrer Kinder Gedanken machen.) Und schließlich ist da noch die stark zunehmende Konsumhaltung in unserer Gesellschaft, die nicht nur das Wohlbefinden unserer Kinder, sondern auch die Umwelt bedroht, die sie von uns erben. (Mütter müssen also ständig zwischen der sofortigen Befriedigung der kindlichen Bedürfnisse und den langfristigen Folgen des Konsums abwägen.)

Angesichts dieser vielfältigen Verantwortung ist es für Mütter umso wichtiger, sich nicht von Klischees wie dem der »mütterlichen Gehirnerweichung« und falschen Autoritäten beeindrucken zu lassen. »Es wird ständig unterschätzt, wie sehr sich Mütter mit dem kulturellen Umfeld auseinander setzen müssen, wie sehr sie sowohl innerhalb der Kultur leben und sich ihr zugleich widersetzen müssen«, sagt Sara Ruddick. »Das war immer schon viel komplizierter, als man glaubte, und heute ist es vielleicht noch komplizierter.«

»INTENSIVE MUTTERSCHAFT« UND KLUGE BABYS

Ende der neunziger Jahre (das »Jahrzehnt des Gehirns«) hatte sich in der westlichen Kultur die Auffassung breit gemacht, Mütter würden ihren Kindern schaden, wenn sie nicht schon *in utero* ihre geistige Entwicklung stimulierten. Zu den beliebtesten Präsenten für werdende Mütter zählten »Mozart-Videos für Babys«, Babyschühchen mit Glöckchen, die die Körperwahrnehmung fördern sollten, und schwarzweiße Mobiles der Marke »Infant-Stim«, eigens entworfen, um den Blick des Neugeborenen auf sich zu ziehen. Die so genannte »Bewegung Besseres Baby« mit Sitz bei den Institutes for the Achievement of Human Potential (Institut zur Förderung des menschlichen Potenzials) in Philadelphia warb mit ihren Absolventen, wie zum Beispiel einem Vierjährigen, der bereits »zu seinem Vergnügen las, im Haushalt vielfältige Aufgaben erfüllte, auf der Geige das Suzuki-Repertoire beherrschte, an Drei-Meilen-Rennen teilnahm und schon sehr gut schwimmen konnte«.[3] Junge Gehirne, so schien es, besaßen neue und weitgehend unerschlossene Potenziale, und wenn es in den Siebzigern noch hieß: »Halt dich zurück, du Glucke!«, so lautete die Aufforderung an die Mütter jetzt: »Tu mehr ... und immer mehr!«

1997 reichten nervöse Eltern einander das *Time*-Magazine mit einer Titelgeschichte über die neuesten Diskussionen in der Neurowissenschaft weiter.[4] Darin war von den vielen kleinen Fenstern die Rede, die sich im Gehirn eines heranwachsenden Babys öffnen – und schließen –, was hieß, dass es Deadlines und einen optimalen Zeitpunkt gab, wann man das Kleinkind mit Fremdsprachen und Musik vertraut machen sollte. Der Autor warnte:

Da heutzutage Mütter und Väter immer mehr unter Zeitdruck stehen – und viele bereits jetzt ein schlechtes Gewissen haben, weil sie ihren Kindern zu wenig Zeit widmen –, werden diese Forschungsergebnisse vermutlich die Bedenken, dass man Kleinkinder nicht der Obhut anderer überlassen soll, noch verstärken. Denn die Daten unterstreichen, wie wichtig es ist, dass sich die Eltern aktiv mit ihren Kindern beschäftigen, sich Zeit nehmen, mit ihrem Baby zu schmusen und, wenn es größer wird, mit ihm zu reden und ihm anregende Erfahrungen zu vermitteln.

Während die Förderung des Säuglingsgehirns immer mehr die Züge eines sportlichen Wettkampfs annahm, bejubelte das *Wall Street Journal* 2004 in einem Artikel das »Bauch-Gespräch: Die neueste Entdeckung im Elterndasein«.[5] Beschrieben wurde eine Schwangere, die – »in ihrem Feuereifer, ihrem Fötus ein Maximum an Förderung angedeihen zu lassen« – von Experten Auskunft erhalten wollte, wie sie »die Verweildauer ihres Babys im Bauch möglichst lange ausdehnen« könne. Außerdem wurden neue Entwicklungen vorgestellt, zum Beispiel das »BabyPlus Pränatale Erziehungssystem«, ein elektronisches Gerät, das rhythmische Klänge von sich gab und als akustisches Gegenstück zu pränatalen Vitamingaben angepriesen wurde. Andere Eltern versuchten es mit klassischer Musik, die sie via CD dem Ungeborenen vorspielten. Ich habe das selbst auch einmal 1995 mit dem armen Joey versucht, als er noch in meinem Bauch steckte, bis mein Bruder Jim meinte, dass Joeys Bild auf dem Ultraschall aussehe, als würde er schreien: »Stellt endlich diese Sch… *Pathetique* ab!« Vermutlich hatte Jim Recht: Manche Experten warnen inzwischen, dass pränatale Konzerte den Schlaf des Babys stören können.

Doch nach wie vor fühlen sich viele Mütter verpflichtet, mit der Stimulierung so früh wie möglich zu beginnen, angestachelt von immer neuen Berichten über die enorme Bedeutung engagierter Kinderbetreuung. In dem Jahr, in dem *Time* die Titelgeschichte mit dem Babyhirn veröffentlichte, nahm die Aufregung solche Ausmaße an, dass die Soziologin Sharon Hays für den neuen Maßstab den Begriff der »intensiven Mutterschaft« prägte. Hays' Ansicht nach wurden die Erwartungen an die Mutterrolle durch die ungeheure Verbreitung von Ratgebern zur Kindererziehung hochgeschraubt: Rund 90 Prozent der befragten US-amerikanischen Mütter hatten mindestens einen solchen Ratgeber gelesen. Zwar gibt es keine vergleichbaren Daten aus anderen Ländern, doch haben die Reaktionen auf Hays' Buch außerhalb der USA – insbesondere in Deutschland, Großbritannien, Frankreich, Argentinien und Brasilien – sie zu der Überzeugung gebracht, dass es sich dabei um ein nahezu weltweites Phänomen handelt. »Je höher der Kapitalismus entwickelt ist, desto mehr Ratgeber zur Kindererziehung werden geschrieben«, sagt sie. Das liege teilweise daran, dass immer mehr Frauen einen Beruf ergreifen und zunehmend Mobilität verlangt wird, während es keine Großfamilien mehr gibt, die Unterstützung bieten könnten. »In einer solchen Gesellschaft wird die Familie zur letzten Bastion zwischenmenschlicher Nähe, aber weil es nur mehr so wenige Verwandte gibt, die das Kind betreuen könnten, bleibt diese Aufgabe im Wesentlichen den Müttern überlassen«, so Hays. »Und keine weiß mehr, wie sie das alles schaffen soll.«

Die Vorstellung, das Gehirn unserer Kinder ständig stimulieren zu müssen, würde früheren Müttergenerationen absurd erscheinen, meint Hays. Auch in Ländern, in denen die Unterstützung durch die Familie noch üblich ist, hält man eine solche Idee für lächerlich. »Nach einem Interview mit Radio Free Europe erfuhr ich, dass russische Frauen dies alles als völlig überzogen ansehen«, erklärt Hays. »Die Vorstellung, man habe ein exakt vorgegebenes Regelwerk zu befolgen, wenn man eine richtige Mutter sein will, erschien ihnen ganz und gar lachhaft.«

Ende der neunziger Jahre widmeten US-amerikanische Mütter ihren Kindern genauso viel, wenn nicht sogar mehr Zeit als die Mütter rund 30 Jahre zuvor, obwohl nun die meisten zusätzlich noch außer Haus arbeiteten.[6] Für viele bedeutete das eine gewaltige Einbuße an »Freizeit« und Schlaf.[7] Und natürlich verbringt man nicht nur mehr Zeit mit den Kindern, man nutzt sie auch intensiver. »Wenn mich meine Mama auf die Straße schickte, wo ich den ganzen Tag spielte, hieß das für sie, dass sie sich um mich kümmerte«, erinnert sich Hays. »Doch die Mütter von heute glauben ihren Kindern nur dann gerecht zu werden, wenn die Kleinen die ganze Zeit über im Mittelpunkt stehen.« Die Überzeugung, man vernachlässige sein Kind, wenn man sich nicht unaufhörlich mit ihm beschäftigt, es umsorgt und anregt, beeinflusst auch Entscheidungen bezüglich der

Kinderbetreuung, meint Hays. Viele Mütter setzten nicht mehr auf die einfache Lösung, Verwandte auf ihr Kind aufpassen zu lassen – selbst wenn diese zur Verfügung stehen und die Mutter knapp bei Kasse ist –, sondern griffen lieber auf professionelle Kräfte zurück, was nicht nur mehr Geld, sondern auch Intelligenz bei der Auswahl erfordert. Mütter mit den nötigen Mitteln fühlen sich darüber hinaus verpflichtet, ihr Kind in außerschulische Förderprogramme zu geben.

Die Frage, wie Kinder diszipliniert werden sollten, kann eine Mutter von heute ebenfalls geistig mehr strapazieren, als dies früher der Fall war. Während es vor ein oder zwei Generationen als gesellschaftlich durchaus akzeptabel, wenn auch nicht unbedingt als richtig angesehen wurde, dem Kind gelegentlich den Hintern zu versohlen, gilt heute die geistig anspruchsvollere Methode des Verhandelns als kultureller Standard. Dieser Wandel ist nach Meinung von Peter Stearns, Autor von *Anxious Parents: A History of Modern Childrearing in America*, im Zuge einer grundlegend veränderten Art der Wahrnehmung von Kindern eingetreten.[8] Während Kinder einst als robust und widerstandsfähig betrachtet wurden, hält man sie heute für verletzlich und leicht formbar. Durch diesen Wandel der Sichtweise sind die Eltern geradewegs in die Schusslinie geraten zwischen den Ratgeber-Autoren, die für Nachgiebigkeit plädieren, und Sozialkritikern, die über ungezogene Gören klagen.

Wieder einmal bleibt eher an den Müttern als an den Vätern die Aufgabe hängen, dem Kind gut zuzureden, mit ihm zu verhandeln oder es zu bestechen – die drei Methoden, die die Erziehung von heute ausmachen. Denn viele Männer weigern sich, die alte Rolle des »Bösen« in der Familie zu übernehmen, sodass der altbekannte Satz »Warte nur, bis dein Vater nach Hause kommt« zu einer leeren Drohung verblasst. Also ist wieder die Mutter dran, die ohnehin meist mehr Zeit mit ihren Kindern verbringt, Erziehungsbücher studiert, entsprechende Kurse besucht und ausgeklügelte Sternchenlisten mit festgesetzten Belohnungen und Strafen führt. »In den letzten beiden

Jahren habe ich zwei Kindererziehungskurse und etwa fünf Verhaltensschulungen besucht«, sagt Michelle Bullard, Stewardess mit zwei präpubertären Kindern. »Jedes Mal helfen sie mir eine Weile weiter, aber dann muss ich mir wieder was Neues suchen. Als ich Kind war, kümmerte sich kein Mensch darum, was ich dachte. Ich hielt das zwar nicht für gut – als Kinder hatten wir alle insgeheim ein Menge Wut in uns. Aber heute steigen dafür die Therapierechnungen der Mütter.«

WACHSENDE SORGE UM DIE GESUNDHEIT, WENIGER VERLÄSSLICHER MEDIZINISCHER RAT

Meine Eltern, die Kindererziehung auch für ziemlich anstrengend hielten, benutzten keine Sicherheitsgurte, rauchten bei geschlossenen Fenstern und fütterten uns gelegentlich sogar vor dem Fernseher mit Fertiggerichten. Ich hingegen mache mir meinen Kinder zuliebe Sorgen über die zunehmende Ausbreitung von Asthma, Autismus, Allergien und antibiotikaresistenten Krankheitserregern, über Anthrax, gentechnisch veränderte Organismen, BSE, den Klimawandel, Atomkraftwerke und obendrein über Perchlorat, einen giftigen Bestandteil von Raketentreibstoff, der kürzlich in Kuhmilch nachgewiesen wurde.[9]

Während unsere Vorfahrinnen nichts weiter zu tun brauchten, als die Nase in den Wind zu halten oder auf Donnerschläge zu lauschen, lesen wir Zeitungen, überfliegen E-Mails, analysieren das neueste farbkodierte Alarmsystem und netzwerken wie verrückt, um alle Gefahren von unserem Nachwuchs fern zu halten. Andauernd müssen wir Gelassenheit zeigen und die Weisheit aufbringen zu erkennen, was wir ändern können und was nicht.

Meine Wesensart und meine journalistischen Zugriffsmöglichkeiten auf Informationen tragen dazu bei, dass ich mich vor besonders vielen potenziellen Gefahren ängstige. Aber selbst die unerschütterlichsten Mütter, die niemals Zeitung lesen, werden feststellen, dass ihnen nichts anderes übrig bleibt, als sich mit zumindest einigen grundlegenden Gesundheitsrisiken zu beschäftigen.

Zu diesen modernen Gefahren zählt, wie man durch einen zufälligen Blick in einen Schulhof ohne weiteres feststellen kann, die erschreckende Zunahme von Übergewicht im Kindesalter.[10] Weltweit leiden immer mehr Kinder an Übergewicht: Seit den achtziger Jahren hat sich die Zahl von übergewichtigen Kindern in den Vereinigten Staaten verdoppelt, sodass mittlerweile jedes fünfte Kind in den USA mit dem erhöhten Risiko lebt, an Hypertonie, Diabetes und Herzleiden zu erkranken. In den meisten Industrie- und in vielen Schwellenländern bringen auch die Erwachsenen mehr Pfunde auf die Waage, als gesund ist – ein Problem, das die Weltgesundheitsorganisation auf eine Reihe neuerer Phänomene zurückführt, zum Beispiel die Zunahme von Fernsehprogrammen rund um die Uhr, die massive Werbung für dick machende Nahrungsmittel und die Tatsache, dass immer häufiger in Restaurants und Fastfood-Lokalen gegessen wird.[11] Da in der Familie meist die Mütter die Einkäufe erledigen, die Pausenbrote schmieren, Essen kochen, die Kinder beim Sport beaufsichtigen und schon auch mal den Stecker des Fernsehers oder Computers herausziehen, können wir, die Mütter, mit etwas Aufmerksamkeit viel bewirken. Aber auch hierbei müssen wir uns gegen eine Kultur stellen, in der Schulen den Sportunterricht einschränken, dafür aber Cola-Automaten aufstellen, in der Grundschullehrer zur Aufmunterung der Kinder bei Schulaufgaben Süßigkeiten verteilen, die Spielkameraden unserer Kinder von ihren Eltern zur zwei Straßen entfernten Schule mit dem Auto gefahren werden und ihre Geburtstagspartys bei McDonald's feiern.

Eine weitere große Veränderung, die erst seit den letzten Generationen eingetreten ist, ist das Bewusstsein der Gefahren, die von Pestizidrückständen in Nahrungsmitteln ausgehen – was gänzlich ignoriert wurde, bis Rachel Carson 1962 ihr Buch *Der stumme Früh-*

ling veröffentlichte. 40 Jahre später wissen Millionen von verantwortungsbewussten Eltern, dass solche chemischen Substanzen Geburtsschäden, Krebs, Schädigungen des Nervensystems und andere Leiden verursachen können und für Kinder besonders gefährlich sind. Nachdem heute mehr Biolebensmitteln denn je produziert werden, erwartet man von einer »guten Mutter« auch, dass sie über landwirtschaftliche Anbaumethoden Bescheid weiß. Sie sollten nicht nur darauf achten, woher ihre Nahrungsmittel stammen, sondern auch aufmerksam die Etiketten lesen, um Produkte auszusondern, die schädliche Zusatzstoffe enthalten.

Auch können sich Mütter nicht mehr guten Gewissens zurücklehnen und eine Illustrierte durchblättern, wenn sie im Wartezimmer des Kinderarztes sitzen. Zwar ist in den USA umstritten, ob Ärzte in unserem kommerzieller ausgerichteten Gesundheitssystem tatsächlich weniger Zeit für die Patienten aufbringen, aber zweifellos vertraut man ihnen heute im Allgemeinen weniger denn je. Der 2004 aufgedeckte Skandal, dass Mediziner von großen Pharmaunternehmen Geld erhielten, wenn sie deren Präparate verschrieben, war nur einer von vielen Meilensteinen auf dem langen Niedergang des öffentlichen Ansehens der Ärzteschaft.[12] Heute neigen Mütter eher dazu, sich selbst zu informieren, um genauer nachfragen zu können. »Keiner der Ärzte, die ich aufsuchte, war auch nur im Entferntesten so engagiert und motiviert wie ich selbst, was die Gesundheit meines Kindes betraf«, erinnert sich Sandmaier, deren Tochter an gravierenden Nebenwirkungen eines Antibiotikums litt. Sandmaier schrieb später, sie schätze sich glücklich, über die Mittel und Kenntnisse verfügt zu haben, das Internet zu nutzen, während Millionen anderer Eltern diese Möglichkeit nicht zur Verfügung stünde.

Tatsächlich sind jedoch inzwischen Mütter aus allen sozialen Schichten mit dem Internet vertraut, und Schätzungen zufolge informieren sich mehr als 40 Millionen US-Amerikaner im Netz über Gesundheitsfragen.[13] Eine davon ist Anne Branscum, die in der

Nähe von San Francisco als Verkäuferin in einer Apotheke arbeitet. Ihre Kinderärztin tat ihre Sorgen um das Gewicht ihrer Tochter als unbegründet ab. »Sie meinte nur, ich solle einfach nur das Problem im Auge behalten, das sei das Beste, was ich tun könne.« Stattdessen machte sich Branscum im Internet auf die Suche und fand eine Website namens Blubberbusters.com mit Links für Kinder im Alter zwischen neun und zwölf, mit Ratschlägen, wie man weniger isst, Erfolgsgeschichten und Chatrooms zum Austausch mit anderen Übergewichtigen. »Zuerst dachte ich: Na, ob sie davon wohl begeistert sein wird?«, erinnert sich Branscum. »Aber die Website sprach sie an und half ihr sehr.«

Auch bei einem anderen medizinischen Problem suchen heute Mütter scharenweise Rat im Internet – wenn sie nämlich vor der Frage stehen, ob sie der Empfehlung des Arztes oder Lehrers folgen sollen, ihr Kind, das in der Schule deprimiert oder abwesend wirkt, medikamentös behandeln zu lassen. Kindern entsprechende Präparate zu verabreichen, ist zwar eigentlich erst seit rund zehn Jahren üblich, aber inzwischen schon so weit verbreitet – die Produktion des konzentrationssteigernden Mittels Ritalin hat sich zwischen 1990 und 1996 verfünffacht –, dass man als Mutter leicht dem Gefühl erliegt, sein Kind zu vernachlässigen, wenn man ihm ein solches Mittel vorenthält.[14] Ärzte und Lehrer weisen darauf hin, das Selbstwertgefühl eines Kindes könne leiden, wenn es nicht mit seinen Schulkameraden mithalten kann. Gleichzeitig jedoch wurde in einer Vielzahl von Untersuchungen vor den schwer wiegenden Nebenwirkungen von Antidepressiva und Stimulanzien gewarnt, die Kindern verabreicht werden. Letztlich bleibt den Eltern kaum eine andere Wahl, als sich einen Arzt ihres Vertrauens zu suchen, auf ihre Intuition zu vertrauen und sich – hier wie bei allem – möglichst ausreichend zu informieren und couragiert gegen den herrschenden gesellschaftlichen Trend zu stellen.

Kürzlich saß ich mit meiner Freundin Idie Weinsoff, einer künstlerisch begabten Hauptschullehrerin, am Küchentisch und ließ mir von ihr erklären, wie man ein dreidimensionales Modell eines schwarzen Lochs im Weltall basteln könnte. Mein Sohn Joey, der die dritte Klasse besucht, hatte sich diese Aufgabe als Jahresabschlussarbeit ausgesucht; nun saß er mit einem Freund in seinem Zimmer, wo sie fröhlich Pokémon-Karten tauschten. »Was lernen unsere Kinder eigentlich durch solche Kunstprojekte?«, fragte Idie und gab auch gleich selbst die Antwort: »Sie lernen daraus, dass ihre Mütter für sie basteln.«

Im Jahr 2000 gaben laut Stearns, Autor des Buches *Anxious Parents*, fast 60 Prozent der amerikanischen Eltern an, ihren Kindern in »beträchtlichem Maße« bei den Hausaufgaben zu helfen, wobei einige der Befragten erklärten, dass andernfalls die Hausaufgaben nicht gemacht würden.[15] Die schiere Fülle an Hausaufgaben hat manche Städte wie Alexandria in Virginia veranlasst, gesetzliche Höchstgrenzen vorzuschreiben.[16] Viele Eltern von Grundschülern klagen ebenfalls, dass der intellektuelle Anspruch der Hausaufgaben mittlerweile nicht nur ihre Kinder, sondern auch sie selbst überfordert.

Mütter stehen oft vor der Wahl zwischen Regen und Traufe: Sollen sie die Hausaufgaben ihrer Kinder kurzerhand selbst erledigen und somit deren Arbeitsdisziplin zunichte machen oder ihre siebenjährigen Kinder zwingen, Forschungsberichte mit Fußnoten zu verfassen und dadurch ihr Selbstwertgefühl untergraben? Die »Märchen«-Puppen, die ich beim letzten Tag der offenen Tür in der Grundschule meines Sohnes sah, machten mir klar, was die Mütter meiner Generation so alles leisten. Während ich möglicherweise meinen Sohn für sein ganzes Leben gedemütigt habe, weil ich aus einem alten Socken einen Drachen mit Papierflügeln und aufgenähten Knöpfen als Augen gebastelt hatte, beschlich mich der

Verdacht, dass die anderen Mütter die Hilfe professioneller Kunstberater in Anspruch genommen hatten, um raffinierte Modelle aus Pappmaché zu fabrizieren. Oder aber es waren alle solche Genies wie Idie.

Kein geringer Teil der nachschulischen Aufgaben, denen sich die meisten Mütter nach ihrem eigenen harten Arbeitstag stellen müssen, hilft den Kindern, sich auf Prüfungen vorzubereiten, die bereits in den ersten Jahrgangsstufen stattfinden. Die hohen Standards der politisch unter Druck stehenden öffentlichen Schulen erhöhen wiederum den Druck auf die Mütter. Manche machen sich schon entschlossen über die besonderen Hilfsmittel bei potenziellen Behinderungen kundig, zu denen Artikulationsprobleme, Lernschwierigkeiten und – an der Schule meiner Kinder – sogar Störungen der »Raumwahrnehmung« zählen. Im Schulbezirk San Francisco County waren 2004 mehr als 20 Prozent der rund 56.000 eingeschriebenen Kindern berechtigt, aufgrund eines oder mehrerer Symptome aus einer Vielzahl von körperlichen, kognitiven oder emotionalen Behinderungen besondere Hilfsleistungen in Anspruch zu nehmen.[17] Diese umfassten Talentförderung, Sonderklassen, Beschäftigungstherapie, Artikulations- und Sprechförderung sowie Hilfe bei Orientierung und Mobilität. Falls Ihr Kind an einer dieser Behinderungen leidet und sein Lehrer diese nicht schon entdeckt hat, ist es Ihre Aufgabe, sie zu erkennen und für Abhilfe zu sorgen, denn sonst riskieren Sie den Vorwurf, Ihr Kind zu vernachlässigen.

Aber nehmen wir an, Ihr Kind übersteht das Schulsystem und erzielt noch dazu gute Leistungen. Nun besteht Ihre größte geistige Herausforderung darin, ihm bei der Vorbereitung auf das Studium und den Beruf in einer konkurrenzorientierten neuen Weltökonomie zu helfen, in der durch den Stellenabbau paradoxerweise die Arbeitsbelastung von Müttern beträchtlich erhöht wurde. In zunehmendem Maße müssen Eltern ihre ganze Kreativität aufbieten, damit ihre Kinder nicht nur einen guten Notendurchschnitt erzielen, sondern sich bereits im Alter von etwa acht Jahren durch früh-

reife soziale und kreative Interessen außerhalb des Lehrplans aus-
zeichnen. »Die Latte wird immer höher gelegt«, sagt die Software-
Designerin Carole Gifford, die sich Sorgen macht, weil ihr prä-
pubertärer Sohn außer Videospielen immer noch kaum andere
Interessen hat. »Früher war es ziemlich einfach, einen Platz an der
University of California zu bekommen, aber heute musst du dafür
einen wahnsinnig guten Notendurchschnitt und bei den Aufnah-
meprüfungen für die Uni mindestens 1300 Punkte schaffen und
möglichst noch nebenbei eine Kirche in Nicaragua erbaut haben.«

Als stünde nicht schon genug auf dem Spiel, wissen in den Indus-
triestaaten lebende Eltern genau, dass die Konkurrenz um Arbeitsplätze mit fortschreitender Globalisierung immer weiter zunehmen
wird. Meine Mutter erklärte uns Kindern früher, wir müssten unser
Gemüse ganz aufessen, weil hungernde Kinder in China und Indien
diesen Luxus nicht haben. Ich erkläre heute meinen Kindern, sie
müssten sich in der Schule noch mehr anstrengen, weil sonst Kinder
aus China oder Indien, sobald sie erwachsen sind, ihnen den Rang
ablaufen werden.

KAUF, BABY, KAUF!

Die geistig anspruchsvolle Tätigkeit, ein gesundes und gut ausgebil-
detes Kind großzuziehen, wird durch mächtige Unternehmen er-
schwert, die verbissen bemüht sind, sich praktisch unbegrenzten
Zugang zu den sich entwickelnden Gehirnen unserer Kinder zu verschaffen. So haben die Mütter die undankbare Aufgabe – sofern sie
bereit sind, diese zu übernehmen –, Inhalte von Fernsehsendungen
zu analysieren, auf andere Programme zu wechseln und vielleicht
sogar den Apparat auszuschalten und gegenüber Forderungen nach
weiteren kostspieligen Kunststoffspielzeugen und elektronischen
Geräten hart zu bleiben.

Laut Nielsen Media Research verbrachte ein typisches US-amerikanisches Kind im Jahre 2000 im Alter von zwei bis 17 Jahren durchschnittlich knapp 20 Stunden pro Woche vor dem Fernsehapparat – dies im Unterschied zu den durchschnittlich 38,5 Minuten pro Woche, die Eltern für sinnvolle Gespräche mit ihrem Kind aufwenden.[18] Und falls Sie zu der verschwindend kleinen Minderheit gehören, die keinen Fernseher besitzt, werden Sie vermutlich feststellen, dass die Vorschule oder sogar die Grundschule, die Ihr Kind besucht, ihre Werte keineswegs teilt. 1994 wurde in einer Studie festgestellt, dass in 70 Prozent der amerikanischen Kinderkrippen täglich der Fernseher läuft.[19]

Fernsehen kann Ihr Kind vor allem in zweierlei Hinsicht schädigen – abgesehen davon, dass es das Kind davon abhält, sich mit Sinnvollerem zu beschäftigen, wie zum Beispiel Sport oder Lesen. Zum Ersten wird es einer außergewöhnlichen Menge an Gewalt ausgesetzt. 2003 stellte die Kaiser Family Foundation fest, dass rund zwei Drittel aller Fernsehprogramme Gewaltdarstellungen irgendwelcher Art zeigten; durchschnittlich waren es etwa sechs Gewalttaten pro Stunde.[20] Der Hirnforscher Marco Iacoboni von der UCLA gehört zu den Experten, die der Ansicht sind, dass uns solche Statistiken endlich aufrütteln sollten, denn die Erkenntnisse der Hirnforschung (darunter auch die Entdeckung der »Spiegelneuronen«, die ich in Kapitel 8 beschrieben habe) würden starken Anlass zu der Vermutung geben, dass ein Kind, das sich wiederholt Gewaltdarstellungen ansieht, eher dazu neigt, selbst einmal Gewalttaten zu verüben. »Wenn man sich immer und immer wieder Gewalttaten ansieht, macht das deren Nachahmung wahrscheinlicher, weil solche Darstellungen dieselben motorischen Regionen im Gehirn aktivieren wie die tatsächliche Durchführung einer solchen Tat«, erklärt Iacoboni.

Zum Zweiten schädigt das Fernsehen die Kinder auch durch die Werbung, denn diese fördert ein historisch nie dagewesenes Maß an Konsum. Zahlreiche Forschungen kommen zu dem Schluss, dass diese Entwicklung ungesund ist – sowohl für die Werte der Kinder als auch für die Umwelt, die in hohem Maße durch die Ausbeutung der Rohstoffe wie durch den Abfall belastet wird. Im Jahr 2004 stiegen die Ausgaben für speziell auf Kinder zugeschnittene Werbung auf über 15 Milliarden Dollar jährlich, wobei ein Kind im Durchschnitt jährlich mehr als 40.000 Werbespots im Fernsehen sah.[21] Bei einer ebenfalls 2004 durchgeführten Umfrage stellte sich heraus, dass 87 Prozent der US-Amerikaner der Meinung sind, die so genannte Konsumkultur erschwere es, Kindern positive Werte zu vermitteln.[22] Doch in einer unkontrollierten freien Marktwirtschaft (man vergleiche nur einmal die unsrige mit der von Schweden, wo Werbung für eine Zielgruppe unter zwölf Jahren gesetzlich untersagt ist) bleibt es den Eltern überlassen, nicht nur den Fernsehkonsum ihrer Kinder zu begrenzen und den Inhalt der Sendungen vorab zu analysieren, sondern sie auch zu anderen Beschäftigungen anzuregen und dem kindlichen Verlangen nach »immer mehr« Einhalt zu gebieten.

DIE ZEITFRAGE

Da heutzutage die überwiegende Mehrheit der US-amerikanischen Mütter außer Haus berufstätig ist, besteht eine ihrer anspruchsvollsten Aufgaben darin herauszufinden, wann und in welchem Maße ein Kind wirklich die Gesellschaft seiner Mutter braucht und wie sich das arrangieren lässt. Diese Fragen im Hinblick auf die Gegebenheiten der eigenen Familie zu beantworten setzt voraus, über die wirklichen Bedürfnisse von Kindern auf dem neuesten Stand der Forschung zu sein, und zwingt einen – wiederum – oft dazu, sich gegen den Druck des kulturellen Umfelds zu behaupten. Die größte Schwierigkeit dabei ist, dass sich in den letzten Jahren die diesbezüglichen Informationen stark widersprechen. Um einen Button-Spruch zu zitieren: Wenn du nicht verwirrt bist, hast du nicht richtig aufgepasst.

Die Diskussion um die wahren Bedürfnisse von Babys war noch nie ein einfaches Sujet, doch durch die weite Verbreitung der Theorien des britischen Psychoanalytikers John Bowlby seit den sechziger Jahren ist sie zu einer intellektuellen Herausforderung geworden.[23] In seinen drei oft zitierten Büchern und öffentlichen Vorträgen legte er mit Nachdruck dar, dass es bei menschlichen Babys ähnlich wie bei anderen Primaten ein genetisch bedingtes Bedürfnis gebe, sich an eine einzelne Person zu »hängen«, der es vertraut, vorzugsweise an die Mutter. Von der Qualität dieser Verbindung, so Bowlby, hänge es weitgehend ab, wie sich das Kind emotional entwickelt. Bowlbys Theorien wurden etwa zur gleichen Zeit populär, als Millionen amerikanischer Frauen überlegten, ob sie die sich eröffnenden beruflichen Möglichkeiten nutzen sollten. Frauen, die wirklich wählen konnten – das heißt, die zur finanziellen Sicherung ihrer Familie nicht unbedingt arbeiten gehen mussten –, fühlten sich gezwungen, die möglichen fatalen Folgen der Berufstätigkeit für das Wohlergehen ihrer Kinder zu erwägen. Frauen, die aus finanziellen Gründen gar keine Wahl hatten, schlugen sich mit tiefen Schuldgefühlen herum.

Rund 30 Jahre später jedoch konnten Mütter Trost in dem höchst umstrittenen Buch *Ist Erziehung sinnlos?* von Judith Rich Harris finden. Harris, selbst Großmutter und ehemalige Schulbuchautorin, belegte anhand zahlreicher Untersuchungen, dass die elterliche Betreuung langfristig einen weit geringeren Einfluss hat als das angeborene Temperament, der Platz in der Geschwisterfolge und die Altersgenossen. Untersuchungen an eineiigen Zwillingen, die getrennt voneinander aufwuchsen, belegen beispielsweise, dass rund 50 Prozent der Persönlichkeitsmerkmale der Erwachsenen genetisch angeboren sind und das gemeinsame Aufwachsen von Zwillingen in ein und derselben Familie nur geringe Auswirkungen auf ihre Persönlichkeit hat. In Interviews verfocht Harris ihre Thesen noch entschiedener als in ihren Schriften. Viele Eltern trauen sich nicht recht, Kinder zu bekommen, sagte sie einmal, weil sie fälschlicherweise glauben, sich damit eine gewaltige Verpflichtung aufzuladen. »Wenn sie hingegen überzeugt wären, dass es in Ordnung ist, sein Kind von einem Kindermädchen betreuen zu lassen, es in eine Tagesstätte zu geben oder es sogar ins Internat zu stecken, würden sie vielleicht nicht lange zögern.«[24]

Das Magazin *The New Yorker* bezeichnete Harris' Buch als einen »äußerst überzeugenden Angriff auf praktisch alle Lehrmeinungen zur kindlichen Entwicklung«. Doch die Entlastung, die Harris anzubieten hoffte, hielt nicht lange an. Stattdessen gab es zu Anfang des neuen Jahrtausends eine heftige Debatte über die Mindestanforderungen an mütterlicher Zuwendung, die ein Kind benötige, und mehr Wissenschaftler denn je bezogen dazu entschieden Stellung.

Im September 2003 veröffentlichte die Commission on Children at Risk, eine Gruppe hochrangiger Wissenschaftler, Ärzte und Vertreter des YMCA, einen Bericht, der ein Schlaglicht auf die steigende Zahl von emotionalen Problemen und Verhaltensstörungen unter Kindern warf, wozu Depressionen, Selbstmordgedanken, Gewalttätigkeit und Angstgefühle zählen.[25] (In dem Bericht wurde beispielsweise behauptet, 21 Prozent der Kinder im Alter von neun bis 17 Jahren hätten »eine nachweisbare psychische Störung« oder seien drogenabhängig.) Die Gruppe legte dar, dass es ein wissenschaftlich begründetes kindliches Bedürfnis nach festen Beziehungen zu anderen Menschen gebe, das nach Meinung der Autoren weitgehend unbefriedigt bleibe. Zwar legten sie dies nicht explizit den Müttern zur Last, führten jedoch Tierversuche an – darunter solche des am National Institute of Child Health and Human Development tätigen Psychologen Stephen Suomi –, die belegen, dass bei Rhesusaffen intensive mütterliche Betreuung die Gehirnfunktionen der genetisch in hohem Maße zu Angst, Aggression, Depression und Drogenmissbrauch veranlagten Tiere verbessern kann.

In der Sendung »Good Morning, America« wurde dieser Bericht als ein »echter Alarmruf für Amerikas Eltern« bezeichnet. Und das Motherhood Project, gefördert vom konservativen Institute for

American Values, veröffentlichte eine Erklärung, wonach die Forschungsergebnisse der Kommission »die Mütter in der Meinung bestärken sollten, dass sie für die Entwicklung des Kindes ausschlaggebend und nicht durch jemand anderen zu ersetzen sind. Diese Erkenntnisse sollten uns Mut machen, zu erklären, dass die Mutter-Kind-Bindung ein feministisches Thema und eine Frage der Menschenrechte ist.«[26]

Suomi war nicht der Einzige, der überzeugende Belege dafür vorlegte, wie wichtig die mütterliche Zuwendung für den gesamten Verlauf eines Menschenlebens ist. In einer faszinierenden, 1997 veröffentlichten Studie wiesen Wissenschaftler anhand von Versuchen mit Ratten nach, dass Neugeborene, die von ihren Müttern intensiv abgeleckt und gepflegt wurden, als erwachsene Tiere sehr viel widerstandsfähiger und weniger furchtsam waren.

Auch Forschungen an Menschen bestätigten den Zusammenhang zwischen elterlicher Betreuung und Stressresistenz von Kindern. Seit Ende der achtziger Jahre untersucht der Anthropologieprofessor Mark Flinn von der University of Missouri rund 300 Kinder aus dem Karibik-Dorf Bwa Mawego.[27] Es handelt sich bis dato um eine der umfangreichsten Langzeitstudien am Menschen. Flinn nahm von diesen Kindern über 25.000 Speichelproben und untersuchte sie auf das Stresshormon Kortisol, führte aber gleichzeitig weitere Gesundheitstests durch und notierte die täglichen Ereignisse im Leben der Kinder.

Gestützt auf seine Forschungsergebnisse erklärt Flinn, die Qualität des Familienlebens sei eine äußerst wichtige Determinante für die geistige und körperliche Gesundheit der Kinder – und im Widerspruch zu Harris hält er diesen Einfluss für weit größer als den der Altersgenossen. Ein Kind, so Flinn, könne mit Spielkameraden heftig in Streit geraten, ohne dass sich dies sonderlich auf seinen Kortisolspiegel auswirke, doch wenn dasselbe Kind von seinem Vater oder seiner Mutter gerügt werde, schnelle das Stresshormon augenblicklich in die Höhe. »Für ein Kind gibt es nichts Wichtigeres, als herauszufinden, was die ihm Nahestehenden glücklich oder traurig macht«, sagt er. Außerdem stellte Flinn fest, dass Kinder, die bei beiden biologischen Eltern leben, im Schnitt einen niedrigeren Kortisolspiegel aufweisen, mehr wiegen und gleichmäßiger wachsen als diejenigen, die bei Stiefeltern oder nur einem Elternteil leben, der nicht von Verwandten unterstützt wird.

Kaum eine Mutter wird solche Ergebnisse lesen, ohne über ihre eigene Mutterrolle nachzudenken: Lecken wir unseren Nachwuchs genügend ab und pflegen wir ihn denn richtig? Doch den meisten von uns ist auch klar, dass die Welt, in der wir Eltern sind, wesentlich komplexer ist als ein Käfig im Labor oder etwa das Dorf Bwa Mawego – was uns zwingt, zwischen den emotionalen und materiellen Bedürfnissen unserer Kinder und unseren eigenen genau abzuwägen. Ravenna Helson, Soziologin aus Berkeley, die seit den fünfziger Jahren Untersuchungen an Absolventinnen des Mills College durchführt, schreibt, dass über die Hälfte von ihnen unter Depressionen gelitten habe, als ihre Kinder noch klein waren, was Helson darauf zurückführt, dass diese Frauen weder einer Arbeit nachgingen noch Zukunftsvorstellungen für die Zeit nach der Kindererziehung hatten, während ihre kinderlosen Altergenossinnen gerade damit anfingen, nie da gewesene neue Möglichkeiten zu erkunden. Heute, so Helson, sind Frauen in der Konfliktsituation zwischen Job und Kind weniger depressiv, wenn auch vielleicht, wie sie es ausdrückt, »mürrischer«.

Dass Mütter, so sehr sie auch von widersprüchlichen Gefühlen zerrissen sein mögen, bald wieder scharenweise zu Heim und Herd zurückkehren, ihre finanzielle Unabhängigkeit aufgeben und statt »mürrisch« wieder »deprimiert« sein möchten, ist unwahrscheinlich. Stattdessen werden wir uns wohl eher weiter das Gehirn zermartern, wie wir alles unter einen Hut bringen können. Am Muttertag 2004 veröffentlichte die *New York Times* eine Grafik zu den Unterschieden zwischen berufstätigen und nicht berufstätigen Müttern.[28] Danach haben die Berufstätigen – was kaum überrascht –

wesentlich weniger Freizeit, sehen weniger fern, schlafen weniger und fühlen sich »immerzu gehetzt«. Doch auf die Frage nach ihrem persönlichen Wohlergehen gaben 85 Prozent der Berufstätigen und 77 Prozent der Nichtberufstätigen an, sie seien mit ihrem Familienleben »in hohem Maße zufrieden«.

Wenn sich – wie viele Studien vermuten lassen – die Depression einer Mutter auf ihr Kind übertragen kann, darf man vernünftigerweise erwarten, dass zufriedene Mütter einen fröhlichen Nachwuchs haben, insbesondere da wir anscheinend genauso viel Zeit mit unseren Kindern verbringen wie unsere Mütter einst mit uns. Zugleich aber sorgen sich viele Mütter aus gutem Grund, dass unsere berufliche Tätigkeit uns unseren Kindern gerade dann entzieht, wenn sie uns am nötigsten brauchen. Wie ich im folgenden Kapitel darlegen werde, gehört eine Zeiteinteilung, die uns erlaubt, unseren Beruf mit unserem Mutterdasein in Einklang zu bringen, zu den größten Herausforderungen, vor denen wir stehen. Aber erfreulicherweise sind manche kluge Arbeitnehmer und -geber der Lösung dieses Problems schon ein gutes Stück näher gekommen.

IV

UND NUN?

12 DIE MUTTERROLLE NEU GESTALTEN: EIN PAAR IDEEN VON SCHLAUEN KÖPFEN

Das leidenschaftliche Bemühen der Mütter, ihre geliebten Kinder am Leben zu erhalten, ist eine grundlegende Lebenstatsache – so grundlegend, dass wir es als selbstverständlich erachten und meist kein Wort darüber verlieren, wie wenn wir vom Tageslicht sprechen und unausgesprochen die Sonne meinen.[1]

JANNA MALAMUD SMITH

DIE ZOOLOGIN JANE LUBCHENCO z hlt zu den erfolgreichsten Wissenschaftlerinnen unserer Zeit. Und ihre Karriere hat ihrer Rolle als Mutter keinerlei Abbruch getan. Schon frühzeitig gaben Lubchenco und ihr Mann Bruce Menge, ebenfalls Universitätsprofessor, ihre Stellungen in Harvard auf und ergriffen die seltene Gelegenheit beim Schopf, sich an der Oregon State University eine Vollzeitstelle zu teilen. Dieses Arrangement ermöglichte ihnen, sich bei der Betreuung ihrer beiden Söhne abzulösen, und enthob Lubchenco vieler Sorgen, die womöglich die Konzentration und den Einsatz gemindert hätten, die ihr Beruf verlangte.

Harvards Verlust war für die Oregon State University ein Gewinn. Lubchenco brachte ihrem neuen Arbeitgeber jede Menge Ansehen ein. Für ihre Forschungen über Gezeitentümpel an der felsigen Pazifikküste erhielt sie Auszeichnungen und Preise, und viele ihrer Schüler machten selbst im akademischen Bereich Karriere; überdies stand sie als erste Frau der American Association for the Advancement of Science vor. Dabei stillte Lubchenco ihre beiden Kinder mehr als ein Jahr, trainierte später deren Baseball- und Fußballmannschaften und lebte zusammen mit ihrem Mann den Studenten vor, wie man wissenschaftliche Spitzenleistungen erbringt, ohne die eigene Familie zu vernachlässigen und als Frau auf einem karrierefeindlichen »Mutti-Gleis« zu landen. »Der große Vorteil, der mir zuerst überhaupt nicht auffiel, war, wie *glücklich* sie waren«, sagt der ehemalige Fakultätsdekan Frederick Horne, unter dessen fachlicher Aufsicht Lubchenco und ihr Mann sowie mehrere weitere Paare standen, die sich ebenfalls eine Stelle teilten. »Zweifellos hat sie das auch in ihrer Arbeit beflügelt.«

Damit eine Mutter beruflich all ihre Geisteskräfte aufbieten kann, ist ein gewisses Maß an Familienglück von entscheidender Bedeutung. Zu den Mindestvoraussetzungen für ihr Glück gehört für die meisten Frauen zu wissen, dass ihre Kinder gut aufgehoben und einwandfrei betreut sind, dass sie ausreichend Zeit für sie haben, um sich als gute Mutter zu fühlen, und sie sich das alles auch finanziell leisten können. »Da liegt ein ganzer Schatz vor den Arbeitgebern – all diese Mütter, die so viel geben könnten, die so hart und so gut arbeiten würden, wenn sie nur wüssten, dass sich das mit ihren Pflichten den Kindern gegenüber vereinbaren lässt«, erklärt die berufstätige Mutter Catherine Gray, Vorsitzende der Umweltschutzorganisation The Natural Step.

Dieser wünschenswerte Zustand schien allerdings in weite Ferne zu rücken, als in den ersten Jahren des neuen Jahrtausends ein rasanter Abbau von Arbeitsplätzen zu einem Überangebot an qualifizierten Arbeitskräften führte. Fast ein Drittel der US-Unternehmen reduzierten in dieser Zeit ihre familienfreundlichen Angebote, wie zum Beispiel Job-Sharing und Telearbeit, mit denen sie zuvor Arbeitskräfte angelockt hatten. Beschäftigte, die das Glück hatten, ihre Stelle zu behalten, mussten ihr Arbeitspensum erhöhen – einem Bericht zufolge hatten im Jahr 2002 doppelt verdienende Paare mit Kindern unter 18 Jahren durchschnittlich 91 Wochenstunden zu bewältigen, also rund zehn Stunden mehr als 1977.[2] Und das alles trotz der Flut von Berichten über eine gravierende Verschlechterung der geistigen und körperlichen Gesundheit von Kindern. Kritiker machten die berufstätigen Eltern für etwas verantwortlich, was in der gesamten Gesellschaft die Alarmglocken hätte schrillen lassen sollen. »There's trouble in the engine and we're junkyard bound«, klagte die Folksängerin Iris Dement, »if some moms und some dads don't start hanging around.«[3] (»Der Motor stottert und, wir sind reif für den Schrottplatz, wenn sich Mütter und Väter nicht mehr Muße gönnen.«)

Offenbar nahmen sich manche Mütter diese Warnungen zu Herzen oder beschlossen, dass es einfach zu anstrengend sei, an einem Job festzuhalten und gleichzeitig Kinder großzuziehen. Wie bereits in Kapitel 7 erwähnt, zeigten staatliche Erhebungen in den USA im Jahr 2002 erstmals seit 1976 einen Rückgang der Berufstätigkeit von Müttern mit Kleinkindern von 59 auf 55 Prozent.[4] Doch das große Medieninteresse an dieser Entwicklung verstellte den Blick auf umfassendere Trends, die sich wahrscheinlich nicht so bald wieder umkehren werden, und setzte die Unternehmen nachhaltig unter Druck, Beschäftigten mit Kindern mehr entgegenzukommen. 2002 waren beispielsweise 72 Prozent der Mütter mit Kindern über einem Jahr nach wie vor berufstätig. Und im Jahr 2000 waren zum ersten Mal, seit derartige amtliche Erhebungen in den USA durchgeführt werden, Familien mit zwei berufstätigen Elternteilen in der Mehrheit.[5] Hinzu kamen weitere zehn Millionen berufstätige Alleinerziehende beiderlei Geschlechts.

Zur gleichen Zeit absolvierten Millionen zukünftiger berufstätiger Mütter ihr Studium, um einen akademischen Abschluss zu erwerben, der ihnen bei der Suche nach einer guten Stellung nützen sollte. An den meisten juristischen und medizinischen Fakultäten stellten Frauen die Hälfte der Studierenden, und von den Doktoranden in Sozial- und Humanwissenschaften waren mindestens 50 Prozent Frauen – gegenüber rund zehn Prozent in den sechziger Jahren.[6] Bei Studiengängen mit Bachelor- und Masterabschluss hatten sie zahlenmäßig die Männer bereits hinter sich gelassen.

Im harten Wettbewerb um qualifizierte Arbeitskräfte begriffen viele Unternehmensleiter, dass die Beibehaltung und Verbesserung familienfreundlicher Angebote sie von der Masse abheben konnte, insbesondere da Einrichtungen wie das Families and Work Institute und Publikationen wie das *Working Mother Magazine* solche Entwicklungen genau verfolgten. Das *Working Mother Magazine* beispielsweise erstellt seit 1985 eine jährliche Rangliste der 100 mütterfreundlichsten Unternehmen und zeichnet die in dieser Hinsicht innovativsten Firmen mit Preisen aus.[7] Im Jahr 2003 räumte die Herausgeberin der Zeitschrift, Jill Kirschenbaum, zwar ein, dass manche Großunternehmen ihre familienfreundlichen Angebote reduzierten, die auf ihrer Liste genannten fortschrittlichen Firmen solche Angebote dagegen noch ausweiteten. Noch 1999 hatte nur ein Drittel der aufgeführten Unternehmen Kinderbetreuung und flexible Arbeitszeiten angeboten, vier Jahre später jedoch war dies schon bei fast allen der Fall.

Gewinnorientierte Unternehmen tätigen solche Investitionen nicht allein aus Gründen der Imagepflege. Verschiedene seit dem Jahr 2000 veröffentlichte Untersuchungen zeigen, dass familienfreundliche Maßnahmen für ein Unternehmen höchst vorteilhaft sind, da sie die Bindung der Mitarbeiter an das Unternehmen und deren Produktivität steigern und zugleich zum Rückgang von Personalfluktuation und Fehlzeiten beitragen. Solch positive Ergebnisse haben wahrhaft kluge Manager darin bestärkt, Arbeitsplätze lebensnaher zu gestalten. Das Beispiel von Jane Lubchenco an der Oregon State University ist noch eine Ausnahme, die demonstriert, wie durch das Zusammenwirken von Arbeitgeber und Arbeitnehmer die berechtigten Befürchtungen einer Mutter minimiert und zugleich ihre geistigen Kräfte maximiert werden können. Es gibt aber auch noch andere Beispiele für das Bemühen, dieses Mindestmaß an Sicherheit, Flexibilität und Erschwinglichkeit zu gewährleisten.

Im Mozart-Zimmer des Children's Creative Learning Center wiegt Lorraine Felix die dösende, sieben Monate alte Rachel im Arm, während sie geschickt Augenkontakt mit der sechs Monate alten Elsa hält, die neben ihr in einem kleinen Schaukelstuhl hin und her wippt. Sanfte klassische Klaviermusik beruhigt die anderen Kleinkinder, die auf dem fleckenlosen pastellfarbenen Teppich umherkrabbeln. Draußen tollen einige Dutzend Kinder im Vorschulalter auf einem modernen Klettergerüst herum. Ihre Mütter arbeiten ein Stockwerk höher bei Electronic Arts, einem milliardenschweren Hersteller von Videospielen. Sie können, wann immer sie wollen, ihre Tätigkeit unterbrechen, um ihr Kind zu stillen oder mit ihm gemeinsam zu Mittag zu essen.

Noch viel zu selten steht Eltern eine solche firmeneigene Betreuungsstätte zur Verfügung, die ihnen die Sicherheit gibt, notfalls »einfach hinunterlaufen zu können, anstatt sich ins Auto setzen und erst eine Viertelstunde fahren zu müssen«, sagt Carol Miller, Direktorin der Einrichtung in Redwood City im sonnigen Herzen des kalifornischen Silicon Valley. Zudem dürfen sich die Eltern glücklich schätzen, dass die Betreuerinnen ihrer Kinder in aller Regel hoch qualifiziert und gut bezahlt sind. Kurz gesagt, dies ist ein Musterbeispiel für Kinderbetreuung. Und natürlich gibt es dort eine lange Warteliste.

Dass Mütter ihre Arbeitgeber immer noch von ihren besonderen geistigen Fähigkeiten überzeugen müssen, liegt an einer tief verwurzelten Angst. Denn wer sich um das Wohlergehen seines Kindes sorgt, weil dessen Betreuung nicht gerade ideal ist, kann in seiner beruflichen Leistungsfähigkeit tatsächlich erheblich beeinträchtigt sein. Und traurigerweise sind für die meisten berufstätigen Mütter die Möglichkeiten der Kinderbetreuung alles andere als ideal. Electronic Arts, das seinen vor zwei Jahren eingerichteten Kinderhort kostenlos zur Verfügung stellt, nutzt diesen offensiv zur Anwerbung von Mitarbeitern und Mitarbeiterinnen. »Die Personalabteilung klopft in letzter Minute bei mir an und sagt: ›O mein Gott, ich habe da eine Dame, die müssen wir unbedingt einstellen! Zeig ihr doch mal die Kinderkrippe‹«, erzählt Miller, die barfuß vor mir steht und den einjährigen Jonathan im Arm wiegt. Bei Electronic Arts seien zwar 70 Prozent der Belegschaft Männer, die Kinderbetreuung werde jedoch zu 70 Prozent von weiblichen Beschäftigten in Anspruch genommen – ein Zeichen, dass Mütter mehr Wert auf hochwertige Kinderbetreuung legen. »Gelegentlich rufen mich Ehefrauen an, deren Männer bei Electronic Arts arbeiten, und sagen: ›Ich habe gerade erst mitbekommen, dass Sie so etwas zur Verfügung stellen‹«, erzählt Miller.

Die meisten berufstätigen Mütter sorgen sich um die Qualität der Kinderbetreuung, wenngleich natürlich in unterschiedlichem Maße. Als die in Jerusalem stationierte, für den Fernsehsender Fox tätige Reporterin Jennifer Griffin nach einer geeigneten Vorschule für ihre Tochter suchte, musste sie ihre Bedenken hinsichtlich des Verhältnisses von Betreuer- und Kinderzahl und der Erziehungsmethoden zugunsten des Kriteriums zurückstellen, ob die Einrichtung auch ausreichend vor Selbstmordanschlägen geschützt war.[8] Nachdem sie eine Vorschule von ihrer Liste gestrichen hatte, wo vor kurzem der Kopf eines Attentäters auf den Schulhof gerollt war, tat sie sich mit anderen Eltern zusammen, um durchzusetzen, dass am Eingang zum Schulgelände ein Wachmann postiert wurde. Aber auch Frauen mit wesentlich alltäglicheren Berufen sind zu Recht wütend über den allgemeinen Zustand der Kinderbetreuung. In den Vereinigten Staaten verdient eine Betreuerin im Schnitt so viel wie ein Tellerwäscher, die jährliche Fluktuation liegt bei durchschnittlich 30 Prozent, und ein beispielhaftes Zahlenverhältnis zwischen Betreuern und Kindern von eins zu acht wie bei Electronic Arts wird bestenfalls während der Grippesaison erreicht, wenn gerade ein Schneesturm tobt.[9]

Das Problem scheint so groß, dass viele es aufgegeben haben, sich überhaupt noch damit auseinander zu setzen. Da es zu wenige realistische Lösungen gibt, schieben Arbeitgeber wie Mütter das Thema oft einfach beiseite und hoffen, dass sie es schon irgendwie schaffen werden, ihrer Arbeit genauso gut nachzugehen wie ein ungebundener Mann. Doch darunter leidet die Mutter, ihre Familie, und manchmal auch ihre Arbeit. Der Psychiater Paul MacLean hat beobachtet, dass einem Säugetier nichts größere Pein bereitet als die Trennung von seinem Nachwuchs.[10] Mütter wissen das – sie hören es am Weinen ihrer Kinder, wenn sie sich einmal kurz von ihnen entfernen, und spüren es als Kloß im Hals, wenn sie am ersten Kindergartentag die Finger ihrer Kleinen lösen, die sich an ihr Bein klammern. Bei vielen Tierarten zeigen sowohl die Mutter als auch ihr Nachwuchs Trennungsschmerz, der sich an einem erhöhten Spiegel der Stresshormone im Blutkreislauf objektiv nachweisen lässt.

Beim Menschen jedoch lässt sich dieser Schmerz erheblich mindern, wenn die Mutter ihr Kind in guten Händen weiß. »Das beruhigt mich schon sehr«, bestätigt Jane Lubchenco. »Dann habe ich nicht mehr diese bohrenden Sorgen und kann mich wieder besser konzentrieren.« »Ich arbeite viel besser, wenn ich weiß, dass für meine Kinder gut gesorgt ist«, sagt auch Joanne Hayes-White, die Feuerwehrkommandantin von San Francisco. Doch sie erzählt auch, wie sie nach einem fünfmonatigen Mutterschaftsurlaub an ihre Arbeitsstelle zurückkehrte und dort zu einer 24-Stunden-Schicht bleiben musste. »Ich habe wohl ein Dutzend Mal zu Hause angerufen und gefragt, ob mein Sohn mich vermisst und was er gerade tut. Als ich dann endlich wieder daheim war, sah ich ihn an und hatte den Eindruck, als sei er ein ganzes Stück gewachsen!«

Einrichtungen wie die firmeneigene Kinderkrippe von Electronic Arts sind leider immer noch selten, obwohl sie von den Beschäftigten und den Managern gleichermaßen hoch geschätzt werden. »Sie erlaubt es den Mitarbeitern, sich auf ihre Arbeit zu konzentrieren«, bestätigt Curt Wilhelm, Betriebsleiter der Firma. Laut einem Bericht des Child Care Partnership Project, einer vom US-amerikanischen Gesundheitsministerium geförderten Organisation, meinten 49 Prozent der Arbeitgeber, dass firmeneigene Kinderbetreuung die Produktivität der Beschäftigten steigern hilft.[11] Und eine weitere Studie zeigt, dass ein Unternehmen ebenfalls Geld sparen kann, wenn es eine Betreuung für Kinder anbietet, die mit einer Grippe das Bett hüten müssen.[12] Verschiedenen Untersuchungen zufolge kann eine durchschnittliche Firma mit 250 Beschäftigten dadurch Arbeitsausfälle im Gegenwert von bis zu 75.000 Dollar jährlich einsparen.

Ähnliche statistische Erhebungen haben IBM dazu bewogen, beeindruckende familienfreundliche Serviceleistungen anzubieten. Das Großunternehmen der Computerbranche rangiert nun schon seit fast 20 Jahren auf der Liste von *Working Mother* unter den Top Ten und hält den Spitzenplatz, was die Bereitstellung von Kinderbetreuung betrifft.[13] Das Unternehmen bietet nicht nur eine Vielzahl von Ganztagskindergärten in oder bei den Fertigungsbetrieben an, in denen mehr als 2300 Kinder von Beschäftigten betreut werden, sondern fördert auch die Betreuung schulpflichtiger Kinder vor und nach dem Unterricht und in den Ferien.

Fortschrittlich denkende Unternehmen, die das Sicherheitsbedürfnis berufstätiger Eltern berücksichtigen, profitieren mitunter auch von weniger offensichtlichen Vorteilen, wie zum Beispiel einer Stärkung des Selbstbewusstseins ihrer Beschäftigten. So hat die in Berkeley tätige Soziologin Ravenna Helson herausgefunden, dass eine Frau, die sich selbst als fähige Mutter ansieht, auch an die Bewältigung anderer Aufgaben mit mehr Selbstvertrauen herangeht.[14] Außerdem wird eine Mutter, die darauf vertraut, dass ihr Arbeitgeber sie bei der Betreuung ihrer Kinder unterstützt, außerordentlich dankbar sein, und aus dieser Dankbarkeit erwächst oft eine starke Bindung an das Unternehmen. »Ich schätze dieses Engagement meiner Firma sehr«, sagt Emily Kenner, leitende Produktmanagerin bei Electronic Arts, deren kleiner Sohn im Creative Learning Center betreut wurde. Kenner wechselte vor kurzem in eine Niederlassung im Ausland; sie hatte dabei die Wahl zwischen London und Prag. Dass sie sich für Prag entschied, lag allein daran, dass Electronic Arts dort eine Kinderkrippe für Mitarbeiter unterhält.

Sobald man weiß, dass die eigenen Kinder gut versorgt sind, während man arbeitet, wird man als Nächstes wahrscheinlich Wert darauf legen, mit seinen Kindern genügend Zeit zu verbringen und diese auch gut zu nutzen. (Nur selten wird der »sehnliche Wunsch vieler Mütter, mit ihren Kindern zusammen zu sein«, öffentlich diskutiert, behauptet die klinische Psychologin Daphne de Marneffe, Autorin des Buches *Maternal Desire: On Children, Love and the Inner Life.*)[15]

Sind Sie wirklich zur Stelle, wenn Ihre Kinder Sie am dringendsten brauchen? Können Sie dabei sein, wenn Ihr Sohn seine Gedichte vorträgt, schaffen Sie es, Ihre Tochter zum Kinderarzt zu begleiten oder sie auch nur abends ins Bett zu bringen? All diese Aufgaben zeitlich geschickt unter einen Hut zu bringen, verschafft einer Mutter ebenfalls in hohem Maße das Gefühl, ihre elterlichen Aufgaben kompetent zu erfüllen – ob es gelingt, hängt heutzutage völlig von der so genannten flexiblen Arbeitszeit ab. Flexible Arbeitszeit heißt nicht Müßiggang. Sie bedeutet in der Regel nicht, dass man mehr Freizeit hat, sondern erlaubt einem lediglich, das gleiche Arbeitspensum außerhalb der normalen Arbeitszeit zu erledigen. Während heute immer mehr Beschäftigte stöhnen, wie schwierig es ist, Arbeit und Familie miteinander zu vereinbaren, hat eine wachsende Zahl von Untersuchungen gezeigt, dass Chefs gut daran tun, ihren Mitarbeitern, sofern möglich, flexible Arbeitszeiten einzuräumen. Denn das mindert den Stress, sodass die Beschäftigten produktiver arbeiten und sich besser auf die angestrebten Ziele konzentrieren können.

Kluge Chefs wissen, dass flexible Arbeitszeiten für berufstätige Eltern zur Senkung kostspieliger Ausfallzeiten beitragen können, da nur wenige Jobs – zumindest aus mütterlicher Sicht – unflexibler zu handhaben sind als ein krankes Kind. »Familiäre Probleme«, zu denen auch die Krankheit eines Kindes gehört, machen etwa 24 Prozent des nicht vorgesehenen Fehlens am Arbeitsplatz aus, hat CCH, eine führende Personalberatungsfirma, herausgefunden.[16] Berech-

nungen von CCH zufolge erreichten 2002 die jährlichen Durch-
schnittskosten für Fehlzeiten ein Rekordniveau von 789 Dollar pro
Beschäftigtem. Die Kosten entstehen durch Überstunden für die anderen Beschäftigten, Produktionsausfälle und verringerte Arbeitsmoral.

Flexible Arbeitszeiten können die Leistung der Mitarbeiter nachweislich verbessern. Einer Untersuchung zufolge hielten 56 Prozent
der Arbeitgeber den »flexiblen« Teil ihrer Mitarbeiter für produktiver als andere Beschäftigte.[17] Dafür kann es viele Gründe geben. Un-
abgelenkt zu Hause zu arbeiten kann die Konzentration fördern,
sodass die Arbeit schneller erledigt wird. Komprimierte Arbeits-
wochen, wie sie IBM und andere große Firmen anbieten, basieren
auf dem gleichen Grundprinzip.

Trotz der vielen Studien über die Vorteile für Arbeitgeber und Beschäftigte zögern jedoch noch immer viele berufstätige Mütter, um
eine Vorzugsbehandlung zu bitten, weil sie fürchten, stigmatisiert zu
werden. Und diese Angst ist nicht immer unbegründet. Einer von der
New Yorker City University durchgeführten Befragung von 11.815
Managern zufolge sahen diese einen direkten Zusammenhang zwischen erlaubten Fehlzeiten und selteneren Beförderungen sowie
geringeren Gehaltserhöhungen.[18] »Die alten Regeln gelten immer
noch zu oft«, sagte eine Expertin für Arbeit und Familie, die anonym
bleiben wollte, weil sie – wie sie mir gestand – den Frauen, die sie
berät, nicht den Optimismus rauben möchte. Doch sie fügte hinzu:
»Wenn Sie vorankommen möchten, dürfen Sie nicht um flexible
Arbeitszeiten bitten.«

Von wenigen Ausnahmen abgesehen, zahlen Frauen offenbar besonders im akademischen Bereich einen hohen Preis, wenn sie sich
für einen langsameren, gesünderen Karriereweg entscheiden. An der
University of California in Berkeley erwerben zwar gleich viele
Frauen und Männer den Doktortitel, doch wurden in den ersten Jahren des neuen Jahrtausends weniger als 25 Prozent der festen Stellen
an Frauen vergeben.[19] Die Übrigen müssen sich mit einem Platz in

der »zweiten Reihe« begnügen, beispielsweise mit Teilzeitstellen in Forschung und Lehre ohne Arbeitsplatzgarantie. Dieses Verteilungsverhältnis besteht im Übrigen unverändert seit Mitte der neunziger Jahre, wie die Dekanin Mary Ann Mason kürzlich herausfand, die 2004 ein Buch mit dem Arbeitstitel *Mothers in the Fast Track: The Unfinished Revolution* schrieb. »Ich versuche es optimistisch darzustellen, aber es gibt eine Menge entmutigender Daten«, sagt Mason, die befürchtet, dass »die akademische Welt viele der Besten und Brillantesten unserer Doktoranden beiderlei Geschlechts aufgrund familiärer Überlegungen verliert«.

Laut Mason spielen dabei wahrscheinlich weniger die geschlechtsspezifisch ungleich verteilten Arbeitsplätze als vielmehr die häuslichen Belastungen berufstätiger Mütter die Hauptrolle. Eine von der University of California durchgeführte, nahezu einmalige Langzeiterhebung zur Zeitnutzung zeigt, dass an einer Universitätsfakultät tätige Frauen mit Kindern sage und schreibe 94 Stunden pro Woche arbeiteten, wobei 53 Stunden auf die eigentliche berufliche Tätigkeit entfielen, die übrigen auf häusliche Aufgaben.[20] Im Gegensatz dazu arbeiten Männer mit Kindern insgesamt 82 Stunden wöchentlich, davon 56 Stunden in ihrem Beruf. Die Arbeitsbelastung zu Hause gleichmäßiger zu verteilen, ist ein Kampf, den berufstätige Mütter mit ihren Partnern führen müssen, und oft auch gegen ihren eigenen sehnlichen Wunsch, für ihre Kinder immer und allezeit die wichtigste Person zu sein. Wirtschaftsunternehmen und akademische Einrichtungen können einen solchen Wandel nicht erzwingen. Doch auf der Suche nach pfiffigen Managern und neuen Talenten haben manche Firmen und Institutionen versucht, das Zeitproblem durch strukturelle Veränderungen zu entschärfen, die vielleicht verhindern helfen, dass die Mutterrolle der beruflichen Karriere im Wege steht.

In Berkeley beispielsweise erprobte man ein einjähriges »Halt-die-Uhr-an«-Programm für Frauen mit Kleinkindern, die eine Festanstellung anstreben, und einen modifizierten Dienstplan, der es frischgebackenen Eltern ermöglicht, zeitweilig ihre Lehrverpflichtungen zu reduzieren, ohne deshalb Nachteile für die Zukunft befürchten zu müssen.[21] Und die Harvard University, der wohl vor einigen Jahrzehnten ein schwerer Fehler unterlaufen ist, als sie Jane Lubchenco ziehen ließ, bietet inzwischen so viele familienfreundliche Optionen an, dass sie nun von *Working Mother* zu den besten Arbeitgebern gezählt wird.[22] Werdende Mütter, die mindestens ein Jahr in Harvard gearbeitet haben, erhalten heute acht Wochen Mutterschaftsurlaub zu 70 Prozent ihrer regulären Bezüge. Die Universität verfügt auch über sechs eigene Kindertagesstätten. Und die medizinische Fakultät offeriert ein besonders innovatives Programm, das jungen Fakultätsmitgliedern ermöglichen soll, Arbeit und Familie in Einklang zu bringen: 50 Stipendien pro Jahr, die für die jungen Wissenschaftler beiderlei Geschlechts ein echtes Zeitgeschenk sind, »Mini-Sabbatjahre«, die sie nutzen können, um ihre Habilitation zu schreiben, wichtige Forschungen abzuschließen, neue Studienpläne zu entwerfen oder wissenschaftliche Arbeiten zu verfassen.[23] Auch außerhalb der akademischen Welt beschäftigen sich große Firmen intensiv mit der Frage, wie man den weiblichen Beschäftigten flexible Arbeitszeiten einräumen kann, ohne dadurch ihren Aufstieg zu gefährden – manche mit beachtlichem Erfolg. Die Steuerberatungsfirma Deloitte beispielsweise hat seit Anfang der neunziger Jahre die Zahl der Beschäftigten mit flexiblen Arbeitszeiten mehr als verdoppelt und die Zahl der weiblichen Partner und Direktoren fast versechsfacht (von 97 auf 567).[24] Andere Unternehmen wiederum fanden heraus, dass sie ohne finanzielle Einbußen etwas gegen die Frustration ihrer weiblichen *und* männlichen Mitarbeiter tun können, die unter einem übermäßigen Arbeitspensum leiden. Marriott International zum Beispiel, das seit 14 Jahren auf der Liste von *Working Mother* steht, bietet seinen 121.000 Beschäftigten überaus großzügige Möglichkeiten zur Flexibilisierung der Arbeitszeiten und führte im Jahre 2000 in dreien seiner Häuser ein Pilotprojekt durch: die Reduzierung der Wochenarbeitszeit von Managern um fünf Stunden.[25] Es kam dadurch weder zu Ertragseinbußen noch zu einer Verschlechterung des Kundenservice. Hingegen sank der Prozentsatz der Manager, die ihre Arbeit für so anstrengend hielten, dass sie sich nicht um persönliche und familiäre Angelegenheiten kümmern könnten, von 43 auf 15 Prozent.

Marriott hat es sich zum Ziel gesetzt, Frauen beim Aufstieg zu unterstützen, und das scheint zu funktionieren. Bereits 2004 bestand ein Drittel des Managements der Hotelkette aus Frauen – ein außergewöhnlich hoher Prozentsatz, der teilweise dadurch zustande kommt, dass die ans Management ausgezahlten Gratifikationen daran gekoppelt sind, dass mehr Frauen in höhere Positionen aufsteigen. Doch der klügste Weg sowohl für Unternehmen als auch für berufstätige Frauen, die humanere Arbeitsbedingungen anstreben, besteht darin, flexible Strategien zu schaffen und zu fördern, die von männlichen und weiblichen Mitarbeitern gleichermaßen genutzt werden können. Fast die Hälfte der Beschäftigten, die 2003 bei Ernst & Young in Elternschaftsurlaub gingen, waren männlichen Geschlechts.[26]

Zwar sind bereits viele kluge Unternehmen auf dem Weg, ihren Mitarbeitern dabei zu helfen, Arbeit und Familie in Einklang zu bringen, doch berufstätige Mütter müssen auch selbst realistisch einschätzen, was sie an Leistung erbringen können und wollen – und dies dann auch mit Nachdruck vertreten, sagt die Expertin für Frauen in Führungspositionen, Rayona Sharpnack. »Das ist zuweilen schwierig, weil man dazu in unserer Gesellschaft immer noch nicht ermutigt wird«, meint sie. »Aber solange du dich selbst für eine Marionette hältst, ziehen die anderen gern an deinen Strippen.« Sie selbst hielt sich, als ihre Tochter noch klein war und sie in der Entwicklungsabteilung einer Firma in New Jersey arbeitete, an »einem Mantra fest: Ich mache keine Dienstreisen. Ich ziehe um mich herum eine Grenze. Und innerhalb von neun Monaten hatte ich erreicht, dass ich 75 Prozent der Neukunden dieser Firma von meinem Haus aus innerhalb einer halben Stunde erreichen konnte.«

Wenn Unternehmen in puncto Flexibilität nicht flexibel sind, tut eine berufstätige Mutter zuweilen gut daran, sie selbst zu verwirklichen. Jennifer Kilfoil Lee, die einen fünfjährigen Sohn hat, war auf Teilzeitbasis bei Schwab in San Francisco angestellt, als ihre Chefs verlangten, sie solle ihre Arbeitszeit erhöhen. »Ich wusste, wenn ich ablehnte, riskierte ich die Entlassung, aber wenn ich einwilligte, würde es mir nicht gut gehen«, erzählt sie. Also beschloss Lee zu kündigen und ihre Zukunft selbst in die Hand zu nehmen. Sie wurde freiberufliche Wirtschaftsprüferin und erklärt ihren Kunden unumwunden ihre Bedingungen: »Ich bin Mutter, deshalb müssen Sie mir flexible Arbeitszeiten zubilligen, aber ich werde alles erledigen.«

UND EIN WENIG HILFE VON FREUNDEN

Von dem amerikanischen Psychologen und Philosophen William James stammt der berühmte Satz, die wichtigste treibende Kraft der menschlichen Natur sei das Verlangen nach Anerkennung.[27] Mütter sind keine Ausnahme von dieser Regel. Wir sind dann am besten, wenn die Menschen in unserer Umgebung zu würdigen wissen, dass wir schwere Arbeit leisten und diese Arbeit für die Gesellschaft von Wert ist. Doch Müttern mit geringem Einkommen fehlt es oft sowohl an der emotionalen als auch an der finanziellen Unterstützung, die sie benötigen.

In einer Studie wurden mehr als 5000 Mütter aus allen Teilen der USA interviewt, die mit ihren Kindern eine Arztpraxis aufgesucht oder sie in die Notaufnahme gebracht hatten.[28] 35 Prozent der Befragten erwiesen sich als depressiv, und wie sich herausstellte, hatten sie allen Grund, niedergeschlagen zu sein. Vielen von ihnen hatte man die staatlichen Zuschüsse gestrichen, und viele waren der Ansicht, dass sich ihr Kind in schlechter gesundheitlicher Verfassung befand. Der am Arkansas Children's Hospital tätige Forscher Patrick Casey, einer der Koautoren der Studie, empfahl »Politikern, die erwägen, Familien die Sozialhilfe zu entziehen, sich erst einmal die Untersuchungen zu Depressionen bei Müttern anzusehen«.

Ist eine Mutter in finanzieller Not, verheißt das ihrem Kind oft Schlimmes: Empirische Studien haben eine enge Wechselbeziehung zwischen Armut und Kindesmisshandlung festgestellt.[29] Selbst in der Welt der Nagetiere bilden Armut und Mutterschaft eine brisante Mixtur: Die Neurobiologin Kristen Brunson von der University of California in Irvine führte modellhaft die Folgen mangelnder sozioökonomischer Unterstützung von Müttern vor, indem sie Rattenweibchen, als diese ihre Jungen warfen, das Lagerstreu aus dem Käfig entfernte und es durch ein einfaches Papierhandtuch ersetzte.[30] »Das führte zu einem nervösen, aggressiven Verhalten der Mutterratten gegenüber ihrer Brut«, sagt Brunson. »Es setzt die Mütter wirklich unter Stress, wenn man ihnen die Möglichkeit nimmt, ihrem Nachwuchs ein gutes Nest zu bieten.«

Der in Nordkalifornien tätige Psychologe Rick Hanson, Autor des Buches *Mother Nurture*, hat einen medizinischen Begriff für übermäßig gestresste und unterernährte Mütter geprägt, die, wie er sagt, oft unter einem Mangel an wichtigen Nährstoffen wie Mineralien und Aminosäuren leiden.[31] Das von ihm als das »Auszehrungssyndrom bei Müttern« bezeichnete Phänomen ist seiner Meinung nach so weit verbreitet, dass es geradezu nach einer neuen Bewegung für die Unterstützung von Müttern schreit, ähnlich den früheren Bewegungen für Bürgerrechte und Umweltschutz.

Hanson sagt in seinem Buch jedoch auch, dass Mütter, die ausreichend Unterstützung erhalten, zu besonders motivierten und produktiven Mitgliedern der Gesellschaft werden können. Dass Jane Lubchenco viele talentierte Nachwuchswissenschaftlerinnen heranzog, die andernfalls aus Furcht vor Nachteilen für ihr Familienleben womöglich keine akademische Karriere angestrebt hätten, sei großteils ihrer gesicherten familiären Situation zu verdanken, meint Lubchencos ehemaliger Vorgesetzter Horne. Und ergänzt, dass er daraufhin 16 weiteren Fakultätsmitgliedern die Möglichkeit des Job-sharing eröffnet habe und mehrere Mütter unter ihnen inzwischen für ihre Arbeit ausgezeichnet worden seien. »Sie sind vielleicht deshalb bessere Dozentinnen geworden, weil sie so dankbar und glücklich sind, dass man sie anständig behandelt und respektiert und sie sich nicht um ihre Kinder sorgen müssen«, erklärt Horne.

Lubchenco hat einen Preis für ihre Flexibilität gezahlt: Ihre Familie musste mit einem einzigen Vollzeitgehalt auskommen, bis Horne eine Gehaltserhöhung für sie und ihren Mann aushandelte, da jeder von beiden mehr als nur halbtags arbeitete. »Wir haben uns wirklich sehr angestrengt, weil wir wussten, dass wir Pionierarbeit leisten«, sagt Lubchenco. »Manchmal mussten wir unsere Kollegen daran erinnern, dass keiner von uns beiden eine Vollzeitstelle hatte.« Doch Lubchenco und ihr Mann hatten »das große Glück«, diese Chance ergreifen zu können, und so fügt sie hinzu: »Der Grund, weshalb wir beide noch so viel Energie haben, ist vielleicht, dass wir uns beide nicht bei dem Versuch, das absolut Unmögliche zu schaffen, verausgaben mussten.«

Catherine Gray, Vorsitzende von The Natural Step, erhielt eine ähnlich außergewöhnliche Unterstützung von ihren Vorstandskollegen, nachdem sie 2002, als ihr ökologisches Projekt noch in den Kinderschuhen steckte, festgestellt hatte, dass sie schwanger war. »Da dachte ich, o Gott, was wird nun aus meiner Karriere?«, erinnert sie sich. »Also setzte ich mich mit meinen Vorstandskollegen zusammen und sagte: ›So sieht die Lage aus. Ich weiß, ich werde mich nicht mehr so ausschließlich unserer Organisation widmen können, wie ich es die vergangenen fünf Jahre getan habe.‹ Und sie haben ganz unglaublich reagiert.« Die Vorstandsmitglieder tüftelten Wege aus, wie man die Arbeit umstrukturieren konnte, und übertrugen zwei anderen Mitarbeitern mehr Verantwortung für die täglichen Aufgaben. Das erlaubte Gray, sich auf das zu konzentrieren, was sie am besten beherrscht, nämlich Ideen zu entwickeln, Gelder zu sammeln und in der Öffentlichkeit zu werben. »Außerdem konnte die Organisation auf diese Weise zeigen, dass sie es auch ohne mich packt«, sagt sie. »Nun wissen wir, dass es funktioniert. So erwies sich dieser Schritt, von dem ich befürchtet hatte, er würde meine Karriere zerstören, als das Beste, was ich für meine Arbeit hatte tun können. Ich musste mich selbst kneifen und dachte, warum hast du das nicht schon früher gemacht?«

Frauen wie Gray und Lubchenco haben bewiesen, dass unter den richtigen Bedingungen das Elterndasein nicht, wie so oft beschrieben, sämtliche Kräfte aufzehrt, sondern eine starke Energiequelle darstellen kann. Die spezifische Intelligenz der Mütter kann, wie wir gesehen haben, sowohl im Beruf als auch zu Hause von Nutzen sein. Und im nächsten Kapitel werde ich zeigen, dass sie mitunter auch einen gesellschaftlichen Wandel bewirkt.

13 POLITISCHER SCHWUNG: MÜTTER REDEN MIT

*Wir sind gewöhnt, nur die Person »Mutter« zu nennen,
die völlig versunken ist in ihr faszinierendes rosa Baby-
bündel und nur ein vages, theoretisches Interesse für das
Bündel von jemand anderem hat, ganz zu schweigen von
den gemeinsamen Bedürfnissen all dieser Bündel. Diese
Frauen dagegen arbeiteten an der größten aller Aufgaben,
sie schufen ein Volk, und das machten sie gut.*
CHARLOTTE PERKINS GILMAN, Herland[1]

CATHERINE GRAY HIELT EINEN VORTRAG vor einem ganzen Saal
potenzieller Spender für ihre Umweltschutzorganisation The Natural Step, als sie plötzlich ein anderes Register zog. Statt sich über die
jüngsten Erfolge der Gruppe auszulassen, sprach sie jetzt über die
Zukunft. Auf eine riesige Leinwand hinter ihr wurden Porträtfotos
der Kinder von Natural-Step-Mitarbeitern projiziert, zuletzt eine
Aufnahme von Grays eigenem, sieben Monate altem Sohn David
Kai.

»Ich stehe hier heute als Mutter, und momentan treibt mich
ein ganz einfacher Wunsch«, erklärte sie den Unterstützern. »Ich
möchte, dass Kai und all die anderen Kinder, die Sie hier sehen, mich
in 20 Jahren ungläubig anstarren und fragen: ›Mama, habt ihr wirklich *Erdöl* als Treibstoff für eure Autos benutzt und damit die Luft
verpestet? Mama, habt ihr damals wirklich *Plastik*flaschen hergestellt, die die Umwelt verschmutzen, und sie in den Müll geworfen,
wenn sie leer waren? Mama, habt ihr wirklich *Nuklearabfälle* im
Boden vergraben und geglaubt, das sei in Ordnung? Habt ihr denn

damals nicht begriffen, dass wir alle in einem Boot sitzen? Haben tatsächlich die meisten Leute damals an diese Themen keinen Gedanken verschwendet?‹« Auch die letzten Worte ihres Vortrags sprach sie aus der künftigen Perspektive ihres Sohnes. »Mama, danke, dass du für das Richtige gekämpft hast«, sagte sie. »Danke, dass du an mich und all die anderen Kinder gedacht hast. Danke, dass du den Paradigmenwechsel mit eingeleitet und dazu beigetragen hast, dass sich etwas verändert.«

Ich saß an diesem Frühlingsnachmittag 2003 im Publikum, und ich hatte selten etwas so Rührseliges – und gleichzeitig so Ergreifendes – gehört. Am Ende holte Gray ihren Sohn Kai auf die Bühne und erklärte den Spendern: »Und jetzt möchte sich jemand bei Ihnen bedanken.« Später erzählte sie mir, ihre Mitarbeiter hätten sie dazu ermutigt, ihrem Instinkt zu folgen und der Öffentlichkeit Kai ebenso wie ihren eigenen Sinneswandel zu präsentieren. Sie folgte damit einer langen und ehrenwerten Tradition: Mütter, die das Persönliche politisch machen, dehnen ihr Engagement für das Wohlergehen ihrer eigenen Familie auf die Welt als Ganzes aus.

Häufig widerlegen Frauen die alte Klischeevorstellung, sie würden engstirniger und zögen sich ins Privatleben zurück, wenn sie Kinder hätten; viele Mütter erleben sogar einen Energieschub und werden radikaler in ihren Ansichten, insbesondere wenn es um Fragen geht, die das Wohlergehen ihrer Kinder berühren. Wenn sie sich erst einmal einem Thema ihrer Wahl verschrieben haben – ob sie nun für sichere Fahrradwege zur Schule kämpfen, für eine Mukoviszidose-Stiftung sammeln oder für einen Präsidentschaftskandidaten arbeiten –, können sie ihre als Mütter erworbenen Fähigkeiten, wie Wahrnehmungsvermögen, Effizienz, Spannkraft, Motivation und soziale Fähigkeiten, Gewinn bringend einsetzen.

Mit 86 Jahren beschrieb Paul MacLean, der Pionier auf dem Gebiet der Neurowissenschaft, dieses Phänomen in einem bemerkenswerten Essay über Gehirnanatomie.[2] Basierend auf seinem Evolutionsmodell eines »dreieinigen« Säugetiergehirns vertritt MacLean seit langem die Ansicht, dass der Gyrus cinguli, der zum limbischen System des Gehirns gehört und in der Mitte der Großhirnrinde sitzt, für die Entwicklung des ausgeprägten mütterlichen Verhaltens ausschlaggebend sei, das Säugetiere von allen anderen Tieren unterscheidet. In seinem 1998 erschienenen Essay mit dem Titel *Women: A More Balanced Brain?* stellt er die Theorie auf, dass das menschliche mütterliche Verhalten auf den neueren präfrontalen Kortex zurückgreift und damit ermöglicht, »das Interesse am künftigen Wohlergehen der unmittelbaren Familie auf andere Vertreter der Spezies zu übertragen«, »eine psychologische Entwicklung, die darauf hinausläuft, dass sich aus dem Verantwortungsgefühl etwas entwickelt, was wir Gewissen nennen«. Er kommt weiter zu dem Schluss, dass wir aufgrund dieser progressiven Gehirnentwicklung »jetzt erstmals seit den bekannten Anfängen der Biologiegeschichte die Evolution menschlicher Wesen erleben, die sich nicht nur um Leid und Tod ihrer eigenen Kinder sorgen, sondern um Leid und Tod aller Lebewesen«.

Dieser Gedanke bleibt, wie viele andere Theorien MacLeans, kontrovers. Und doch hält die Zeitgeschichte zahlreiche Beispiele von Frauen bereit, die die aus ihrem häuslichen Verantwortungsgefühl entstandenen Energien kanalisiert und in ein umfassenderes Engagement für Sozialreformen investiert haben.

EINIGE TAKTIKEN MILITANTER MÜTTER

Ob sie nun allein handeln oder als Vertreterinnen starker Gruppen wie der »Mütter der Plaza de Mayo« – häufig beziehen sich Mütter dabei auf jenen häuslichen Status, den große Teile der Gesellschaft ihnen zuschreiben. Hillary Clinton zum Beispiel schrieb 2004 als Senatorin in einem Artikel über Gesundheitsfürsorge für das *New York Times Magazine*, sie habe diesen Text am Küchentisch verfasst.[3] Und die Romanautorin Barbara Kingsolver klagte nach der Invasion der USA in Afghanistan: »Ich habe das Gefühl, auf einem Spielplatz zwischen kleinen Jungen zu stehen, die mit Steinen werfen und schreien ›Er hat angefangen!‹ ... Ich warte immer noch darauf, dass die Mutter eines der Knaben auf den Plan tritt und sagt: ›Kinder, so geht das doch nicht!‹«[4]

Oft schon haben Frauen wie Gray bei politischen Demonstrationen als Bekräftigung ihres Engagements ihre Kinder oder Fotos ihrer Kinder in die Höhe gehalten.[5] (US-amerikanische Abstinenzlerinnen – eine der mächtigsten Frauenbewegungen aller Zeiten – veröffentlichten Fotos von Müttern, die von Kindern umringt waren, um das Drama von Familien schwer alkoholkranker Männer zu illustrieren.) Selbst die Suffragetten verwandten Bilder von Kindern, um die Botschaft zu unterstreichen, ihre mütterlichen Pflichten gäben ihnen ein Recht auf politische Mitsprache.[6] Auf einer Postkarte aus dieser Zeit ist ein Zug von Kindern zu sehen, die ein Transparent mit der Aufschrift »Wahlrecht für unsere Mütter« in die Höhe halten.

Die vielleicht wichtigste Wandlung, die sich mit dem Mutterwerden vollzieht, ist, dass die Frau von nun an zur Beschützerin wird und ein neues, feineres Gespür für die Gefahren in der Welt entwickelt. Wie bereits erwähnt, geht diese Rolle mit vermehrtem Mitgefühl einher, mit der Fähigkeit, Gefahren aus der Sicht eines potenziellen Opfers zu sehen. Die Last der Verantwortung, die Mütter tragen, gibt häufig den Ausschlag, wenn Frauen vor der Wahl stehen, in Selbstgefälligkeit zu verharren oder gemeinsam aktiv zu werden.

Die Feministin Jane Addams erkannte dieses Potenzial und rief in einem Essay aus dem Jahre 1915 die Frauen dazu auf, um das Wahlrecht zu kämpfen.[7] Sie argumentierte, um ihren traditionellen Pflichten gerecht zu werden, müssten Frauen »ihr Verantwortungsgefühl auf andere Bereiche übertragen« und diejenigen kontrollieren, die im politischen Leben das Sagen hätten: »Wenn der Abfall nicht richtig entsorgt wird, erlebt eine in einem Mietshaus wohnende Mutter vielleicht, dass ihre Kinder krank werden oder an Krankheiten sterben, vor denen sie allein sie nicht schützen kann, auch wenn sie ihnen grenzenlose Liebe und Zärtlichkeit schenkt«, schrieb Addams und fuhr fort:

> Sie kann nicht einmal unverdorbenes Fleisch und frische Früchte für ihre Familie besorgen, wenn das Fleisch nicht von den Behörden kontrolliert und die verdorbenen Früchte, die in Stadtvierteln mit vielen Mietskasernen häufig zum Verkauf kommen, im Interesse der Gesundheit der Bevölkerung vernichtet werden. Kurz gesagt, wenn frau ihrer traditionellen Aufgabe, sich um den Haushalt zu kümmern und ihre Kinder großzuziehen, weiter nachkommen will, wird sie ein gewisses Verantwortungsgefühl im Hinblick auf politische Angelegenheiten entwickeln müssen, die unmittelbar wenig mit ihrem Haushalt zu tun haben. Individuelle Verantwortung und Hingabe reichen nicht mehr aus.

Diese Haltung führte dazu, dass bereits Jahrzehnte vor Durchsetzung des Frauenwahlrechts Millionen US-amerikanischer Mütter als Mitglieder von Basisgruppen Kampagnen unterstützten, die erste wichtige Sozialreformen einleiteten. Von 1830 bis 1920 organisierten diese Gruppen – darunter der National Congress of Mothers (aus dem später die National Parent Teacher Organization, ein landesweiter Verbund von Eltern und Lehrern entstand) – öffentliche Lesungen, Briefaktionen und Petitionen für so ehrenwerte Anliegen wie Sicherheit von Lebensmitteln und Medikamenten, Witwenpensionen, finanzielle Hilfen für mittellose Mütter (aus denen sich später moderne Sozialprogramme entwickelten), Schulpflicht, Gesetze gegen Kinderarbeit, öffentliche Kindergärten und kostenlose öffentliche Bibliotheken.[8] »Viele empfanden sich selbst als Mütter der Nation, nicht nur als Mütter ihrer Kinder«, erklärt Theda Skocpol, Historikerin in Harvard. »Sie waren überzeugt, das Moralempfinden von Frauen sei intensiver und auch stärker auf die Gemeinschaft ausgerichtet als das der Männer.«[9]

Jene Ära war die Blütezeit politisch denkender Mütter, trotz – oder gerade wegen – des seltsamen kulturellen Widerspruchs, der Mütter auf ein Podest stellte und sie gleichzeitig jeglicher Rechte beraubte, die Männer längst besaßen. (»Eine Frau ist ein Nichts. Eine Ehefrau ist alles«, meinte der *Philadelphia Public Ledger and Daily Transcript* nach der zukunftsweisenden Women's Rights Convention in Seneca Falls im Jahre 1848. »Ein hübsches Mädchen wiegt 10.000 Männern auf, doch eine Mutter ist fast so allmächtig wie Gott.«)[10] Die Abstinenzbewegung Mitte des 19. Jahrhunderts ließ viele Frauen aktiv werden, zum Beispiel auch Susan B. Anthony, die nie Kinder zur Welt brachte, und die weniger bekannte, jedoch enorm einflussreiche Elizabeth Cady Stanton, liebevolle Mutter von sieben Kindern, die sie zärtlich als »arme kleine, unterentwickelte Vandalen« bezeichnete.[11]

Diese beiden Pionierinnen setzten sich später für die Abschaffung der Sklaverei ein und entwickelten Netzwerke, die ihnen in den folgenden Jahrzehnten im Kampf für das Wahlrecht zugute kamen. 1840 reiste die frisch verheiratete Stanton mit ihrem Mann nach London, um am internationalen Sklavenbefreiungskonvent teilzunehmen – um dort festzustellen, dass die British & Foreign Anti-Slavery Society, die den Kongress finanzierte, Frauen keinen Zugang zum Versammlungssaal gewährte.[12] Wenn sie die von Männern gehaltenen Reden verfolgen wollten, mussten sie in einem separaten, durch Seile abgesperrten Raum sitzen. »Ich fand das höchst bemerkenswert«, erinnerte sich Stanton später, »dass Abolitionisten, die sich des Unrechts so bewusst sind, das Sklaven angetan wird, für das Unrecht so blind sein können, das ihren eigenen Müttern, Frauen und Schwestern angetan wird.«

Stanton und Anthony wurden gute Freundinnen, und in den darauf folgenden Jahren kümmerte sich »Tante Susan« oft um die Kinder, während Stanton ihre Erfahrungen als Mutter für politische Zwecke nutzte. An einem Nachmittag gemeinschaftlichen Multitaskings schrieb sie: »Wir haben uns auf dem häuslichen Wachturm abgelöst, Spiele organisiert, Streit geschlichtet, die Schwachen vor den Starken geschützt und dafür gesorgt, dass gleiches Recht für alle gilt – in der Familie wie im Staat.«

DIE POLITISCHEN ANFÄNGE DES MUTTERTAGS

Dass die moderne Goldgrube der Blumen- und Grußkartenindustrie, die wir Muttertag nennen, auf jene Zeit zurückgeht, in der Frauen erstmals Anspruch auf eine politische Stimme erhoben, und dass die Anfänge des Muttertags selbst einen explizit politischen Hintergrund haben, ist relativ unbekannt.[13] Gefeiert werden Mütter bereits seit der Antike. Die Griechen ehrten Rhea, die Mutter der Götter, mit einem Fest, während die Römer der Muttergottheit Cybele huldigten.[14] Die Briten begingen im 17. Jahrhundert zu Ehren der Madonna – und im übertragenen Sinne ihrer eigenen Mutter – am vierten Sonntag der Fastenzeit den Mothering Sunday. Der US-amerikanische Muttertag hingegen war ursprünglich weniger dazu gedacht, Mütter zu ehren, als dazu, sie zusammenzubringen, um gemeinsam für Veränderungen zu arbeiten. Während des amerikanischen Bürgerkriegs organisierte die Lehrerin und Hausfrau Anna Maria Reeves Jarvis aus West Virginia so genannte Mütter-Arbeitstage, um die Hygienebedingungen zu verbessern; in den Jahren nach dem Krieg wurden diese Tage dazu genutzt, Familien zu versöhnen, deren Söhne auf entgegengesetzten Seiten gekämpft hatten. Von 1872 an setzte sich unabhängig davon auch die Frauenrechtlerin Julia Ward Howe, Mutter von sechs Kindern und Verfasserin der »Battle Hymn of the Republic«, für einen nationalen Muttertag ein, den sie dem Frieden zu widmen hoffte. Nach Jarvis' Tod im Jahre 1905 gelobte ihre Tochter, die ebenfalls Anna hieß, die Tradition weiterzuführen, und zog hartnäckig dafür zu Felde, den Feiertag auf die gesamten USA auszuweiten.

1914 gab Präsident Woodrow Wilson nach, erklärte den Muttertag zum nationalen Feiertag und legte als Datum den zweiten Sonntag im Mai fest. Doch der neu eingeführte Feiertag legte die Betonung mehr auf die Rolle der Mutter in der Familie als auf ihr politisches Engagement. Dass Wirtschaftsunternehmen den Feiertag in ihrem Sinne nutzten, brachte Jarvis' Tochter vollends in Rage. Gegen Ende ihres Lebens strengte sie einen Prozess an, um diese Art von Feiern zu unterbinden, und einmal wurde sie sogar festgenommen, weil sie versucht hatte, eine Muttertagsversammlung zu stören, bei der Frauen weiße Nelken verkauften, um Spenden zu sammeln. Sie protestierte, der Feiertag sei eigentlich als »ein Tag der Gefühle, nicht des Profits« gedacht gewesen.

Doch die unzähligen billigen Blumensträuße und sonstigen hohlen Achtungsbezeigungen, die Mütter jedes Frühjahr erdulden, haben sie von politischem Engagement keineswegs abgehalten, wo es ihnen sinnvoll erschien. Immer wieder haben sie dabei die gesellschaftlichen Klischees für ihre eigenen Ziele genutzt. So wurde im Kampf gegen den Krieg wiederholt das Symbol der friedfertigen Mutter eingesetzt. Während des Vietnamkriegs etwa bildeten Frauen in Südkalifornien den Zusammenschluss Another Mother for Peace, der landesweit rasch an Bedeutung gewann. »Wir beriefen uns darauf, dass man als Mutter diese wunderbaren Menschen in die Welt setzt und deshalb überzeugt ist, dass man ihnen auch ermöglichen muss, in einer guten Welt zu leben«, erklärte Greta Katz, eines der Gründungsmitglieder, im Jahre 2003, als die über Siebzigjährige mit ihren Mitstreiterinnen die Gruppe erneut aktivierte – diesmal gegen den Krieg der USA im Irak.

Wie im Falle der argentinischen *madres* organisieren sich Mütter oft erst dann, wenn sie einen persönlichen Verlust haben hinnehmen müssen. Es ist, als seien die für die Versorgung des Kindes mobilisierten neuen geistigen Fähigkeiten und Kräfte so stark, dass sie in andere Kanäle fließen müssen, sobald das Kind nicht mehr da ist oder in Gefahr schwebt. So gründeten Candace Lightner, deren dreizehnjährige Tochter durch einen wegen Alkohol am Steuer bereits vorbestraften Fahrer zu Tode kam, und Cindi Lamb, deren fünf Monate alte Tochter nach einem ähnlichen Unfall behindert blieb, im Jahr 1979 MADD (Mothers Against Drunk Driving, Mütter gegen Alkohol am Steuer), eine Organisation, die sich bald auf die gesamten Vereinigten Staaten und später auch auf Kanada, Australien, Schweden und Japan ausweitete.[15] Die Sorge um die Gesundheitsprobleme ihrer kleinen Kinder brachte Lois Gibbs dazu, eine Nachbarschaftsorganisation zu gründen, nachdem sie erfahren hatte, dass ihre Häuser auf 21.000 Tonnen vergrabener Chemieabfälle errichtet waren.[16] Gibbs wurde später als Mutter der Superfund Legislation – der von ihr inspirierten Bundesgesetze – bekannt, in denen die Entsorgung hochtoxischer Mülldeponien geregelt wurde.

Lightner, Lamb und Gibbs haben erst infolge persönlicher schmerzhafter Erfahrungen »ihr Verantwortungsgefühl auf andere Bereiche übertragen«, wie Jane Addams es ausgedrückt hätte; andere Mütter schlossen sich aus schierer Angst um die Welt, in der sie ihre Kinder großzogen, zusammen. Dies ist beispielsweise bei Mothers Acting Up der Fall, einer im Mai 2002 in Boulder, Colorado, gegründeten Gruppe, die ihre Mitglieder darin bestärkt, sich zu Themen wie der globalen Klimaerwärmung, genmanipulierter Lebensmittel und Bildungsetats an ihre gewählten Abgeordneten zu wenden.[17] Ähnlich wie Addams erklärte die Initiatorin C. C. Pelmas, Mutter von zwei Söhnen, sie habe es als absurd empfunden, sich über gesunde Ernährung und eine gefahrlose Umgebung für ihre Kinder Gedanken zu machen, »während größere Hoffnungen und Ziele (ein gesunder Planet, eine freudvollere Welt, in der alle Kinder gut versorgt sind) in mir schlummern, aber keine Stimme und keinen Ausdruck finden. Auch ohne mit jeder einzelnen Mutter zu sprechen, weiß ich, dass diese Wünsche universell sind.«[18]

Das bestätigt Sara Ruddicks Meinung, das »mütterliche Denken« sei eine Weltanschauung für sich, die ihre Werte aus der täglich geleisteten Fürsorge und »schützenden Liebe« ableite. In der Praxis kann dies zum Beispiel bedeuten, Gandhis Prinzipien der Gewaltlosigkeit, der Versöhnungsbereitschaft und der Auflehnung gegen Unrecht zu folgen. In einem wenige Tage nach der Tragödie vom 11. September 2001 verfassten Essay bekräftigte Ruddick ihre Hoffnung, dass »Menschen, die die Versorgung von Kindern zum festen Bestandteil ihres Arbeitslebens machen, mit ihrem Denken und Handeln dazu beitragen, eine Kultur des Friedens zu schaffen und zu erhalten«.[19] Allerdings räumte Ruddick in einem Interview im Jahre 2004 traurig ein, es gebe bislang wenig Beweise dafür, dass das Elterndasein als solches Mütter und Väter zu friedliebenderen Zeitgenossen mache.

Gelegentlich scheint es sogar, als sei das Gegenteil der Fall, etwa wenn wir an die kriegerischen Mütter im antiken Stadtstaat Sparta denken.[20] »Komm mit deinem Schild zurück oder auf ihm« – so verabschiedeten sie ihre in den Krieg ziehenden Söhne, denn der schwere, sperrige Schild war das Erste, was beim Rückzug fortgeworfen wurde – er konnte aber auch als Bahre dienen. Auch in gewalttätigen rechtsgerichteten Bewegungen – von der deutschen Nazischaft bis zum Ku-Klux-Klan und den Skinheads – sind Mütter aktiv gewesen.[21] Die Historikerin Claudia Koonz, Autorin von *Mütter im Vaterland. Frauen im Dritten Reich,* sieht eine mögliche Ursache für dieses Phänomen in der historischen Unterordnung der Frauen den Männern gegenüber, in der Gebundenheit an traditionelle Rollen und der Sehnsucht nach einer starken Gemeinschaft – Gefühlen, die in Zeiten wirtschaftlicher Krisen und von Existenzängsten oft an Bedeutung gewinnen. Um es mit Virginia Woolf zu sagen: »Jene, die wirtschaftlich abhängig sind, haben gute Gründe, Angst zu haben.«[22]

Auch während der Kampagne zu den US-Wahlen 2004 wurde eingehend über den Einfluss so genannter Security Moms spekuliert, die nach Meinung von Experten in der neuen Ära der Terrorismusängste einen starken Führer suchten. Einem Meinungsforschungsinstitut zufolge stimmte eine Mehrheit von Frauen (51 Prozent) für

John Kerry,[23] den Herausforderer von der Demokratischen Partei, eine noch größere Mehrheit verheirateter Mütter (56 Prozent) jedoch für den Amtsinhaber George W. Bush. Bushs Stratege Karl Rove hielt einen Sinneswandel bei Frauen mit Kindern unter 18 für einen der wichtigsten Faktoren beim historischen Triumph der Republikanischen Partei in den Wahlen im Jahr 2002 (bei denen Bush als erster Republikaner seit einem Jahrhundert erlebte, dass seine Partei bei der zweiten Kandidatur des Amtsinhabers sogar noch Sitze hinzugewann).[24] »Seit dem 11. September«, sagte Debby Creighton, eine vierunddreißigjährige zweifache Mutter aus Kalifornien, die zweimal Bill Clinton gewählt hatte, ehe sie sich 2002 für Bush entschied, »ist mir an einem Präsidenten vor allem wichtig, dass er Stärke ausstrahlt.«[25]

Obgleich Frauen in den USA zumindest seit den achtziger Jahren im Allgemeinen die Demokraten bevorzugt haben, gelten verheiratete Mütter von jeher als konservativ.[26] »Was sie umtreibt, sind ihre Kinder«, erklärt die Meinungsforscherin Ethel Klein, die in jenen Jahren zielgruppenorientierte Studien über Mütter organisierte. Dass diese Vermutung zutrifft, zeigte sich auch, als 2004 Wähler befragt wurden, ob sie befürchteten, ein Mitglied ihrer Familie könnte einem Terroranschlag zum Opfer fallen.[27] Nur 17 Prozent der Männer, aber 43 Prozent der Frauen *und 53 Prozent der Mütter mit Kindern unter 18* beantworteten die Frage mit Ja.[28]

Mag sein, dass der evolutionsgestützte Wunsch, den Nachwuchs zu schützen und zu behüten, zuweilen über intellektuelle Analysen siegt. Andererseits gibt es in der Geschichte unzählige Beispiele von Müttern, die selbstständig gedacht und mutig gegen den Status quo gekämpft haben. Eine der kühnsten von ihnen, einst als »die gefährlichste Frau Amerikas« bejubelt, war die weißhaarige, in Spitzenblusen gekleidete Unruhestifterin der Arbeiterbewegung des 19. Jahrhunderts, die sich »Mother Jones« nannte.

WIE MUTTER JONES EINE NEUE FAMILIE FAND

Als die 1837 im irischen Cork geborene Mary Jones ihren Mann und ihre vier Kinder durch eine Gelbfieberepidemie verlor, war sie 30 Jahre alt, lebte in Memphis und kümmerte sich rund um die Uhr um ihre Familie. Ihr jüngster Sohn war noch nicht einmal ein Jahr alt gewesen, als er starb. Sie wusch die Leichen für die Beerdigung und trauerte, allein. Niemand kam ihr zu Hilfe, wie sie später schrieb, weil alle anderen Familien in der Nachbarschaft ebenso schwere Schicksalsschläge erlitten hatten.

Buchstäblich über Nacht verwandelte sich Jones von einer überarbeiteten Frau, die ständig für andere da war, in einen Menschen, der nur für sich selbst zu sorgen hatte, sich allerdings auch erst einen neuen Lebensinhalt schaffen musste. Irgendwann zog sie nach Chicago und begann als Schneiderin für »Aristokraten« zu arbeiten, die am Lake Shore Drive in Luxusvillen wohnten. Der Gegensatz zwischen diesen »Lords und Baronen« und den »vor Kälte zitternden Wracks, die arbeitslos und hungrig am Ufer des zugefrorenen Sees entlangschlichen«, traf sie tief. Solche Szenen brachten sie dazu, wenige Jahre später bei den Knights of Labor aktiv zu werden, einer Arbeiterbewegung, die in den achtziger Jahren des 19. Jahrhunderts an Bedeutung gewann. Von hier aus war es nur noch ein kleiner Schritt zu ihrer Lebensaufgabe, die sie berühmt machen sollte.

Schon bald erregten Mary Jones' flammende Reden bei den Demonstrationen und Streiks in Kohlebergwerken, Stahl- und Textilfabriken, Brauereien und bei der Eisenbahn Aufsehen. Ihre Strategie beim Kampf für die unterdrückten Arbeiter bestand unter anderem darin, ihre Person zur »Mutter Jones« zu überhöhen. Sie machte sich älter, trug altmodische schwarze Kleider und spielte häufig auf ihren nahen Tod an. Ihr Biograf Elliot Gorn schreibt: »Um 1900 hatte sie ihren Namen Mary ganz abgelegt und unterschrieb alle Briefe nur noch mit ›Mutter‹.« Mit der Zeit wurde sie von Arbeitern, Gewerkschaftlern und sogar vom Präsidenten der Vereinigten Staaten so genannt, und all diese Menschen waren für sie »ihre Jungs«. Gorn berichtet, dass die Mutter-Jones-Persona Mary Jones persönlich ebenso dienlich war wie ihrer Sache:

> Es verschaffte ihr Freiheit zu einer Zeit, in der von amerikanischen Frauen meist noch erwartet wurde, dass sie ein zurückgezogenes, häusliches Leben führten. Ironischerweise konnte Mary Jones dadurch, dass sie sich zur symbolischen Mutter der Unterdrückten machte, hingehen, wo sie wollte, und alles kommentieren, was sie bewegte. Sie setzte sich über gesellschaftliche Konventionen hinweg und sprengte deren Grenzen, indem sie in genau die Rolle schlüpfte, die die meisten Frauen behinderte … Sie hatte kein Familienleben und lebte voll und ganz im öffentlichen Raum, oder genauer gesagt, sie weitete den Familienkreis auf die große Familie der Arbeiterschaft aus.[29]

VERÄNDERT DIE ARBEITSBEDINGUNGEN – UND IHR VERÄNDERT DIE WELT

Die steigende Zahl von Müttern in allen Berufssparten – eine Entwicklung, die um die Wende zum 21. Jahrhundert einen historischen Höchststand erreicht hat – kann nicht über die wachsende Unzufriedenheit hinwegtäuschen. Zwar haben einige Frauen der Oberschicht dem Konkurrenzkampf in den Firmen den Rücken gekehrt, um sich in Elternbeiräten oder Fußballteams einzubringen, doch Mütter, die sich diesen Rückzug nicht leisten können, stellen enttäuscht fest, dass sie anscheinend nur die Wahl haben, ihre Babys bereits mit sechs Wochen in Kinderkrippen abzuschieben und die »Familienzeit« in der Schlange vor der Supermarktkasse zu verbringen. Der steigende Druck auf Eltern und Kinder lässt beide erschöpft zurück und rückt das Ideal einer geistigen Bereicherung in weite Ferne. Zu Recht sind viele Eltern wütend auf eine Kultur, die zwar ständig neue Theorien darüber verkündet, dass Kinder starke Bindungen (an Mütter, Väter oder schwer zu findende loyale Betreuungspersonen) brauchen, aber nicht einmal das Minimum an Unterstützung bietet, um die Grundlagen dafür zu schaffen.

Was also ist zu tun?

Anstöße werden vielleicht von den verschiedenen Fraktionen einer neuen Reformbewegung kommen, die sich in den ersten Jahren des neuen Jahrtausends gebildet hat und für eine größere Anerkennung und Unterstützung der Basisarbeit der Kinderbetreuung eintritt. Derzeit geht die Bewegung zwei verschiedene Wege. Eine Fraktion scheint vom »maternalistischen« Geist der Frauenreformen des 19. Jahrhunderts geleitet, der sich vornehmlich auf das Wohlergehen der Kinder konzentriert. Die andere Gruppe kämpft dafür, dass die Mütter selbst es besser haben, und gibt sich dabei nicht mit der rein symbolischen Anerkennung des Wertes ihrer Arbeit zufrieden, sondern fordert auch direkte finanzielle Unterstützung.

Die Speerspitze der ersten Gruppe bildet in den USA das 2001 ins Leben gerufene Motherhood Project, das von der in Panama geborenen Enola Aird geleitet wird.[30] Sie hat in Yale ein Jurastudium absolviert und greift gern auf eigene Erfahrung zurück, wenn sie sich für ein »ausgewogeneres« Leben stark macht. Aird ist eine typische »Aussteigerin«. In den ersten sieben Jahren nach der Geburt ihrer Tochter widmete sie sich ihrer Anwaltskarriere und verdiente viel Geld. Doch eines Tages holten ihre Schuldgefühle sie ein – ihre Tochter war krank, und sie hatte sie trotzdem mit einer Babysitterin zurückgelassen. Aird kündigte mit dem Argument, sie sei »vollkommen erschöpft und ausgebrannt«.

Die frei gewordenen Stunden füllte Aird sehr bald, indem sie sich in die Arbeit für lokale, später regionale und schließlich nationale Familien- und Gesundheitsorganisationen stürzte, darunter der Children's Defense Fund in Washington, D.C. In der Zwischenzeit bekam sie ein zweites Baby und kümmerte sich um ihre betagten Eltern und ihre Tante. Als ich sagte, dass ich ein Buch darüber schrieb, inwiefern Mutter sein uns klüger werden lässt, lautete ihre Antwort zunächst: »Sie scherzen, nicht wahr?« Gleich darauf erklärte sie jedoch, das Muttersein und die mütterlichen Pflichten hätten sie von Grund auf verändert und sie vom Nachdenken über ihre eigenen beiden Kinder zum Nachdenken über unsere Kultur gebracht. »Das Leben als Mutter bewirkt alles Mögliche im Kopf und in der Seele, und es verändert das Selbstgefühl. Allerdings weiß ich nicht, ob diese Veränderungen in einer Kultur, in der man keine Unterstützung erfährt, genauso aussehen wie in einer Kultur, die Unterstützung bietet«, sagt Aird.

Die zweite Mütterfraktion konzentriert sich darauf, unabhängig von den Kindern Mütter finanziell und sozial zu unterstützen. Joanne Brundage, Gründerin der US-amerikanischen Gruppe Mothers & More, erklärt, das mangelnde Bewusstsein für diese Notwendigkeit habe sich bei der Organisierung als Hindernis erwiesen. »Wenn eine Frau Mutter wird, erwacht zwar die Löwin in ihr, aber bis vor kurzem haben sich Mütter nie um ihrer selbst willen organisiert«, erklärte sie mir. »Trotzdem, wir bleiben hart. Uns als Organisation gibt es in erster Linie, damit auch die nicht mütterlichen Teile einer Frau während ihres Mutterdaseins nicht verkümmern.«

Brundage war 35 Jahre alt und arbeitete als Briefträgerin, als sie sich 1987 nach der Geburt ihres zweiten Kindes entschloss, zu Hause zu bleiben.[31] »Auf die damit verbundenen finanziellen Einbußen waren wir gefasst gewesen, aber mich brachte vor allem der Verlust meiner beruflichen Identität aus dem Gleichgewicht«, sagt sie. »Ich unterschrieb die Kündigung, setzte mein drei Monate altes Kind in den Kinderwagen und lief zwei Stunden lang schluchzend durch die Gegend.« Daraufhin gab sie in der Lokalzeitung eine Anzeige auf. Nachdem sich etliche Mütter mit ähnlichen Problemen gemeldet hatten, rief sie eine Gruppe ins Leben, die sich ursprünglich F.E.M.A.L.E. nannte – Formerly Employed Mothers At Loose Ends (Ehemals berufstätige Frauen in der Krise). Die über 7000 Mitglieder in 180 Ortsgruppen leisten Basisarbeit, von so einfachen Dingen wie »Nachbarschaftshilfe, wenn eine andere ein Kind bekommt« bis hin zu Lobbyarbeit, um bessere Leistungen für Betreuungspersonen zu erstreiten.

Brundage sagt, sie erachte es nach wie vor als höchst notwendig, unter den Mitgliedern ihrer eigenen Organisation »Bewusstsein zu schaffen«, da viele von ihnen immer noch nicht fähig seien, aufzustehen und mehr Gerechtigkeit zu verlangen. Darum unterstützt sie auch eine schlagkräftigere Organisation namens Mothers Ought to Have Equal Rights (Mütter müssen gleiche Rechte haben), die an Ann Crittendens 2002 erschienenes wichtiges Buch *The Price of Motherhood* anknüpft.[32] In ihm prangert die Autorin arbeitsrechtliche Bestimmungen, Heiratsgesetze, Regierungsverordnungen und kulturelle Konventionen an, die ihrer Meinung nach dafür sorgen, dass das Muttersein der am wenigsten geschätzte Beruf der Welt ist. Die Barrieren, die für Frauen »ohne Anhang« zum Großteil gefallen sind, solange sie sich im Job wie Männer verhalten können – also Überstunden leisten und problemlos geschäftlich verreisen –, tauchen in dem Moment wieder auf, in dem diese Frauen beschließen, eine Familie zu gründen. Die Auswirkungen sind oft ein Leben lang spürbar. Mütter beziehen niedrigere Renten als Männer oder kinderlose Frauen, und amerikanische Frauen über 65 sind mehr als doppelt so häufig arm wie Männer gleichen Alters.

Um dem zu begegnen, hat die von Crittenden und der feministischen Autorin Naomi Wolf (*Der Mythos Schönheit* und *Misconceptions*) gegründete Organisation Mothers Ought to Have Equal Rights eine »Economic Empowerment Agenda« entworfen, die zum Ziel hat, in den USA ähnliche Sozialleistungen für Betreuungspersonen einzuführen, wie sie in Großbritannien, Kanada, Frankreich, Belgien, Holland und Skandinavien bereits existieren. Auf dem langen Wunschzettel stehen ein bezahlter Elternurlaub für beide Elternteile, Steuervergünstigungen für Menschen, die sich um ein abhängiges Familienmitglied kümmern, Sozialversicherungsleistungen für Personen, die unentgeltlich Familienangehörige betreuen, ein angemessener Lohn und bessere Ausbildung für bezahlte Betreuer, garantierte Gleitzeit für Eltern von Kleinkindern und die Einbeziehung unbezahlter Hausarbeit in das nationale Bruttosozialprodukt.

Eine Veränderung des Status quo würde Frauen die Freiheit geben, ihre Intelligenz und ihr Engagement stärker außerhalb des Hauses einzusetzen – zum Wohle ihrer Kinder und anderer Menschen. Dazu wären allerdings tief greifende Veränderungen in der häuslichen Arbeitsteilung ebenso vonnöten wie Veränderungen an den meisten Arbeitsplätzen, denn noch schätzt man hier die Mitarbeiter »ohne Anhang« am meisten. Vor beinahe einem Jahrhundert entwarf Charlotte Perkins Gilman die fiktive Vision einer Gesellschaft, die in der Lage wäre, diese Probleme zu lösen.[33] »Herland« spielte in einem tropischen Land, das durch ein Erdbeben abgeschottet worden war, nachdem die meisten Männer im Kampf das Leben gelassen hatten. In dem 2000 Jahre vom Rest der Welt isolierten Land hatten die Frauen die Macht übernommen und es mit der Zeit sogar irgendwie geschafft, ohne männliches Zutun Kinder – alles Mädchen – zu bekommen.

Von Natur aus eher auf die Schaffung von Qualität als Quantität aus, hatte dieses Land intelligenter Mütter seine Bevölkerung sorgsam geplant, um Ressourcen zu maximieren, der Armut vorzubeugen und Bildung und Zufriedenheit zu fördern. Gilman erzählt die Geschichte aus dem Blickwinkel dreier männlicher Forscher, die auf dieses Land stoßen und dort erst gefangen genommen werden, um dann aber als Gäste akzeptiert zu werden. Als die Frauen jedoch vom Zustand der Welt außerhalb ihres Landes erfahren, bestehen sie darauf, dass die Männer abreisen, ohne irgendjemandem von ihrer Entdeckung zu erzählen.

Gilmans Buch ist vielen Männern gegenüber natürlich ungerecht, und Frauen werden so positiv gezeichnet, dass es fast schon dümmlich wirkt. Und doch macht die Geschichte eine überzeugende Wahrheit klar, wie hoffentlich auch das vorliegende Buch: dass schon die einfachste Ethik des Mutterseins – die Fürsorge für andere – ein Mittel ist, Menschen klüger zu machen. Um es mit Paul MacLean zu sagen: »Warum sonst sind wir hier, wenn nicht, um einander zu helfen?«

14 MACHEN SIE DAS BESTE AUS IHREM MOMMY BRAIN: ZEHN TIPPS

Viele Frauen sind Mutter, ohne das Potenzial dieses Lebensabschnitts für eine persönliche Weiterentwicklung zu würdigen – »fast so, als würden sie mit einem verborgenen Schatz im Kofferraum ihres Autos durch die Gegend fahren«, meint die Neurowissenschaftlerin Kelly Lambert. Wenn Sie dieses Buch lesen, haben Sie bereits den ersten Schritt getan, um diesen Schatz zu heben, denn immerhin wissen Sie jetzt, dass es ihn gibt. Wer sich der Veränderungen durch die Mutterschaft bewusst ist, kann die eigenen Erlebnisse sensibler beurteilen und sich vielleicht auch genauer überlegen, wie er darauf reagiert. Psychologen nennen dies »Metakognition«, das Nachdenken über das eigene Denken. In den vorangehenden Kapiteln habe ich Wissenschaftler zitiert, die ausgeführt haben, wie Frauen sich dank dieses neuen Bewusstseins geistig weiterentwickeln können. Hier nun einige konkrete Vorschläge, die für Mütter hilfreich sein können.

»Ergeben« Sie sich nicht der Mutterrolle – bekennen Sie sich dazu

Erinnern wir uns an den australischen Neurowissenschaftler Allan Snyder, der junge Mütter mit Albert Einstein verglich, weil sich ein Großteil ihres Denkens auf Dinge von höchster Bedeutung richtet. Das Gehirn einer Mutter – wie in gewisser Hinsicht das eines Babys – ist eine äußerst aufmerksame Lernmaschine, ausgerichtet auf das Lebenswichtige und im Begriff, all die Fähigkeiten zu trainieren, die in den kommenden Jahren von Nutzen sein werden.

Sicher werden Sie sich mit dem größten Teil ihrer Energie dem Kind widmen, aber vielleicht können Sie auch Ihr eigenes Potenzial besser nutzen, sofern Kraft und Zeit dafür reichen. »Womöglich ist dies ein günstiger Augenblick, Ihrem Gehirn ganz neue Erfahrungen zuzumuten«, sagt Kelly Lambert. An ihren Laborratten, denen nach dem Werfen neue Gehirnzellen wuchsen, hatte sie gesehen, wie flexibel das Gehirn einer Mutter reagieren kann. Daher beschloss sie, im Mutterschaftsurlaub dieses »Fenster zur Plastizität« zu nutzen. »Nachdem ich zu viele Jahre mit den Scheuklappen einer Wissenschaftlerin herumgelaufen war, befürchtete ich, in den für das Künstlerische zuständigen Hirnregionen könnte sich reichlich Staub angesammelt haben«, sagt sie. Also holte sie, wenn ihr Baby schlief, ihre Farben heraus. »Ich hatte tatsächlich den Eindruck, als würde ich mehr zustande bringen als bei meinen früheren Versuchen. In diesem Jahr bekamen alle meine Freunde und Verwandten selbst gemalte Weihnachtsgeschenke.«

Auch wenn Sie nicht dem Irrglauben anhängen, das Gehirn einer Mutter sei in irgendeiner Weise unzulänglich, könnte es sein, dass sich tief in Ihrem Innern ein Vorurteil hält, das Sie scheitern lässt. »So etwas erlebe ich oft bei Senioren«, erklärt die Neuropsychologin Julie Suhr von der Ohio University. »Wie sie selbst sagen, glauben sie nicht an das Klischee, dass Ältere geistig nicht mehr so fit sind, aber dann zeigen die Tests, dass sie es doch tun. Wir verinnerlichen kulturelle Erwartungen, und dann verselbstständigen sie sich und werden Teil unserer Identität.« Suhr gibt jungen Müttern den gleichen Rat wie älteren Erwachsenen. »Machen Sie sich immer wieder klar, dass es diese Klischeevorstellung gibt. Halten Sie sich vor Augen, dass jeder einmal vergesslich und zerstreut sein kann, anstatt solche Vorkommnisse zu einem ständigen oder jedenfalls längerfristigen Problem zu stilisieren. Und verlagern Sie es dann nach außen: Was gibt es *in Ihrem Umfeld*, was Ihnen unter Umständen hinderlich sein könnte?«

Setzen Sie neue Prioritäten

Einer der »unvergleichlichen neurologischen Vorzüge« des Mommy Brain besteht nach Aussage des Spezialisten für Plastizität des Gehirns, Michael Merzenich, in der »deutlichen Stärkung der Aufmerksamkeit«. Diese Aufmerksamkeit gilt zunächst einmal allein dem Baby, und an ihm wird sie auch trainiert. Aber nichts spricht dagegen, die neue Konzentrationsfähigkeit auch bei der Arbeit außer Haus einzusetzen, meint Merzenich. Wahrscheinlich kostet es Sie aber dort anfangs mehr Anstrengung, bei der Sache zu bleiben. Zunächst einmal sollten Sie dafür sorgen, dass Ihr Baby gut und sicher versorgt ist, während Sie arbeiten. Wenn Sie es sich leisten können, sollten Sie nach einer Möglichkeit suchen, die berufliche Belastung – besonders in den ersten drei Lebensjahren des Kindes – zu verringern. Denn so können Sie sich besser auf ihre Rolle als Mutter konzentrieren und haben ein ruhigeres Gewissen.

Die beste Ausgangsbasis, um die Herausforderungen der kommenden Jahre zu meistern, ist ein guter Start mit Ihrem Baby – und das heißt viel Liebe und Aufmerksamkeit. Die Verhaltensforscherin Alison Fleming hat beobachtet, dass Frauen, die mit ihren Kindern schon sehr früh eine positive Interaktion hatten, tendenziell über eine deutlich bessere Selbstachtung verfügen.[1] Aber es gibt auch Hoffnung für die Frauen, die in den ersten Wochen nicht die besten Erfahrungen machen konnten. Die Psychologin Ravenna Helson von der University of California in Berkeley hat herausgefunden, dass Mütter, die sich in Fragen der Kinderbetreuung beraten ließen, nicht nur die Beziehung zu ihren Kindern verbessern konnten, sondern sich auch ihrer Rolle eher gewachsen fühlten.

Sie können bei der Arbeit auch auf praktische Tricks zurückgreifen, um Ihre Konzentrationsfähigkeit zu verbessern. In ihrem Buch *Zwanghaft zerstreut: ADD – die Unfähigkeit, aufmerksam zu sein*, geben die Psychiater Edward Hallowell und John Ratey Tipps, die sowohl Erwachsenen mit Aufmerksamkeitsstörungen als auch gestressten berufstätigen Müttern helfen können.[2] So empfehlen sie beispielsweise, größere Aufgaben in kleinere Einheiten aufzuteilen, um sich nicht überfordert zu fühlen, und sich für die Erledigung klare Termine zu setzen. Außerdem raten sie zur Anwendung der Regel »Tu es gleich«, wenn es um Schriftliches geht: Muss auf eine Rechnung, ein Memo oder einen Brief reagiert werden, tun Sie es gleich, anstatt den Stapel mit den noch zu erledigenden Aufgaben auf eine deprimierende Höhe anwachsen zu lassen. (Wenn ich das nicht schaffe, mache ich mir manchmal eine Notiz in den Kalender, es zu einem späteren Zeitpunkt zu erledigen, und habe dann so lange Ruhe.)

Schlaf gibt Kraft – unterschätzen Sie das nicht

Wenn es etwas gibt, was dem geistigen Leistungsvermögen einer Mutter schadet, dann ist das erwiesenermaßen der Schlafmangel – und der ist in den ersten Wochen und Monaten mit einem Neugeborenen leider praktisch nicht zu vermeiden. Zu diesem Thema wurde schon unendlich viel geschrieben, mein Lieblingsratschlag lautet jedoch: Teilen Sie sich diese Belastung mit Ihrem Partner. Durch das Schlafproblem wird Ihre Beziehung in den ersten Wochen mit Ihrem Kind oft auf eine harte Probe gestellt. Wenn Sie gleich zu Beginn eine Regelung finden, ist das ein gutes Omen für die nächsten 18 Jahre. Welchen stärkeren Beweis der gegenseitigen Zuneigung könnte es geben, als den Schlafmangel gerecht zu verteilen – und überdies wird damit die Bindung beider Eltern an das Baby gestärkt.

Um dies zu erreichen, legen Sie gleich zu Beginn klare Regeln fest und halten Sie sich daran. Der Schlafexperte James Maas von der Cornell University rät Eltern, sich alle drei Nächte abzuwechseln, damit sich beide Partner in den anstrengenden ersten Wochen mit dem Säugling wieder erholen können. Das erscheint weitaus vernünftiger als die bekannte Empfehlung, Papi wechselt die Windeln und reicht das Baby dann an Mami weiter, denn auf diese Weise reiben Sie sich letztlich beide auf. Stillende Mütter können auch mal ein Fläschchen vorbereiten. (Unser Kinderarzt in Brasilien hatte dazu einen guten Tipp: Mischen Sie einen Löffel Reisflocken unter die Milch. Dann sind die Babys besser gesättigt, und mit etwas Glück schlafen sie länger).

Wenn Ihr Kind alt genug ist, um mit ihm zu sprechen, können Sie vielleicht eine meiner liebsten Familienregeln einführen, die ich der Schriftstellerin Barbara Ehrenreich verdanke. Sie lautet: »Wecke nie einen schlafenden Erwachsenen!«[3] Machen Sie Ihrem Kind klar, dass Sie beide davon profitieren, wenn Sie genügend Schlaf bekommen. Und sabotieren Sie Ihren Schlaf nicht mit anderen Dingen, warnt Maas. Besonders beim ersten Kind rät er Eltern, so weit wie möglich einen regelmäßigen Schlafrhythmus einzuhalten, nach 15 Uhr kein Koffein mehr zu sich zu nehmen und in den letzten drei Stunden vor dem Schlafengehen keinen Alkohol mehr zu trinken.

Finden Sie zu einer positiven Neueinschätzung

Wenn Sie aus diesem Buch nur eines mitnehmen, dann empfehle ich das folgende Mantra: »Daraus kann ich nur lernen.« Stellen Sie sich vor, dass Ihr Gehirn nicht gestresst, sondern stimuliert wird. Wenn sich Ihr Fünfjähriger in der Videothek schreiend auf den Boden wirft, weil Sie ihm »Halloween 7« verweigern, zehren Sie Ihre geistige Kraft nicht damit auf, dass Sie sich weit, weit fort wünschen. Sehen Sie die Situation einfach als Herausforderung und sich selbst nicht als Opfer, sondern als Nutznießerin. Wie spontan können Sie reagieren? Anstatt ihm genervt zuzuflüstern, dass er seinen Game Boy niemals wiedersehen wird, versuchen Sie lieber, seine Gedanken zu lesen. Was will Ihr Kind wirklich? Ihnen zeigen, wer das Sagen hat, natürlich, weil es weiß, dass Sie in Eile und Ihnen die abfälligen Blicke der anderen Kunden peinlich sind. Verblüffen Sie ihn, indem

Sie sich neben ihn auf den Boden setzen, den nächsten in der Schlange vor der Kasse vorlassen und Ihrem Kind ruhig erklären, dass Sie abwarten werden, bis es sich von seinem Wutanfall erholt hat. In einer solchen Situation kann Metakognition nicht nur Ihren Stress verringern, sondern Sie können die erlernten Techniken auch im Umgang mit Erwachsenen anwenden, die schließlich auch gelegentlich Theater machen.

Nutzen Sie Oxytozin

Schon vor der Geburt des Kindes können Mütter auch die neuen Erkenntnisse über das Hormons Oxytozin berücksichtigen. Oxytozin beeinflusst, wie die schwedische Neuroendokrinologin Kerstin Uvnäs-Moberg in Kapitel 6 schilderte, Gedächtnisleistung und Lernen, darüber hinaus unterstützt es die Bindung zwischen Mutter und Kind sowie andere soziale Kontakte. Die Ausschüttung dieses Hormons wird bei einer natürlichen Geburt – im Unterschied zum Kaiserschnitt – sowie durch das Stillen drastisch gesteigert, aber auch durch Massage und Hautkontakt. Allerdings sollte man das natürliche Oxytozin nicht mit Pitozin verwechseln – einem synthetischen Oxytozin, das in Krankenhäusern oft zur Geburtseinleitung eingesetzt wird. Da die Forschung mittlerweile über die Wirkungsweise des Oxytozin auf das Gehirn von Mutter und Kind besser Bescheid weiß, äußern einige Wissenschaftler die Sorge, das synthetische Hormon könnte unerwünschte Nebenwirkungen haben, obwohl die Medizin versichert, dass Oxytozin die Blut-Hirn-Schranke nicht überwindet. »Es ist dennoch möglich, dass es das System auf unerwünschte Weise beeinflusst«, sagt die Psychologin Diane Witt, Forschungsleiterin für Verhaltensneurobiologie der National Science Foundation. »Unter Umständen wird das Gehirn des Kindes in einer kritischen Zeit negativ beeinflusst, und das könnte Lernstörungen zur Folge haben.«

Gehen Sie unter Menschen

Auch überzeugte Eigenbrötlerinnen finden nach der Geburt eines Kindes oft Zugang zu Menschen und bauen neue soziale Kontakte auf. Denn wer den ganzen Tag mit dem Baby zu Hause sitzt, fühlt sich nicht selten isoliert. Eine regelrechte postnatale Depression, unter der eine von zehn Müttern leidet, oder auch der weniger dramatische Babyblues, verstärken sich durch Einsamkeit. Wer regelmäßig mit fürsorglichen Menschen zusammenkommt, tut sich dagegen viel leichter.

Den handfesten Beweis für die Bedeutung sozialer Unterstützung liefert eine kontrollierte Studie über 25 Jahre, an der mehrere 100 Mütter aus einkommensschwachen Familien in diversen Städten der USA teilnahmen. Durchgeführt wurde sie von dem Professor für Kinderheilkunde David Olds von der University of Colorado.[4] Eine nach dem Zufallsprinzip ausgewählte Gruppe von Müttern wurde während der Schwangerschaft und in den ersten sechs Wochen nach der Geburt einmal wöchentlich von einer Krankenschwester besucht. Diese Besuche setzten sich bis zum zweiten Lebensjahr des Kindes fort, jedoch mit abnehmender Häufigkeit. Bei den neunzigminütigen Treffen galt die Aufmerksamkeit der Schwestern ganz gezielt eher den Frauen als dem Baby. Sie erkundigten sich nach der Verfassung der Mutter, nach der Unterstützung durch Familie und Freunde und überlegten gemeinsam mit ihr, wie sie ihre sozialen Beziehungen verbessern könnte. Wie sich in der nachfolgenden Erhebung herausstellte, hatten diese Besuche beeindruckend positive Auswirkungen auf das Leben der Kinder, die insgesamt seltener Opfer von Vernachlässigung und Kindesmisshandlung wurden. Außerdem kam es in der nächsten Generation weniger häufig zu Schwangerschaften bei Minderjährigen, und sie waren seltener von Sozialhilfe abhängig.

Die moderne Sichtweise, dass Mütter allein für das Kind verantwortlich sind, ist relativ neu und steht in krassem Gegensatz zu dem in unseren Genen verankerten Bedürfnis nach einem sozialen Netz.

Nach Ansicht der Anthropologin Sarah Hrdy deutet vieles darauf hin, dass Menschen von jeher gemeinsam für die Nachkommen sorgten.[5] In noch lebendigen traditionellen Kulturen wie Efe- und Aka-Pygmäen in Zentralafrika kann ein Kind bis zu einem Dutzend unterschiedliche Betreuer haben, »Ersatzmütter«, die etwa 40 Prozent der Zeit mit den Kleinkindern verbringen.

Bleiben Sie in Bewegung

Sportliche Betätigung erscheint uns oft als Luxus. Dabei trägt sie viel dazu bei, für ein besseres Lebensgefühl und Denkvermögen zu sorgen. Gewöhnlich wirkt sich dies auch zum Nutzen all derer aus, die von Ihnen abhängig sind. Sie verbessert die Sauerstoffzufuhr des Gehirns, und Harvardprofessor John Ratey hat festgestellt, dass sie auch die Anzahl und Dichte der Blutgefäße im motorischen Kortex und im Kleinhirn steigert. Sport führt zu einer verstärkten Ausschüttung der drei Neurotransmitter, die für Stimmung, Wahrnehmung und Verhalten zuständig sind, so Ratey,[6] und in vielen Studien hat sich gezeigt, dass anstrengende körperliche Betätigung vor Depressionen schützt. Jüngste Erkenntnisse deuten auch darauf hin, dass das Erlernen komplexer Bewegungsabläufe wie Tanzschritte oder Yogaübungen die Gedächtnisleistung und das Lernvermögen steigern können. Wenn Sie keinen Partner oder Babysitter haben, die ihnen Freizeit für den Sport ermöglichen, weichen Sie auf Sportclubs aus, die Mutter-und-Kind-Turnen anbieten, oder schließen sie sich einer Müttergruppe an, die sich zum Joggen mit dem Buggy trifft.

Bemuttern Sie sich selbst

Laura Lopez, Mutter von drei Kindern und in ihrem Job als Leiterin einer Publikationsstelle der Vereinten Nationen Vielfliegerin, gab mir einmal einen guten Rat. Flugbegleiterinnen betonen bei ihren Not-fallunterweisungen immer, die Erwachsenen sollten erst sich die Sauerstoffmaske aufsetzen und dann den Kindern dabei helfen. Wenn man selbst nach Luft schnappt, wird man anderen wohl kaum beistehen können.

In der Praxis kann das bedeuten, sich – und seien es auch kurze – Pausen von den Verpflichtungen durch Beruf und Kinder zu gönnen und so ein wenig Erholung zu finden. Dies kann ein ungestörtes Ge-spräch mit einer Freundin sein – auch wenn damit ein hoher Orga-nisationsaufwand verbunden ist – oder früher von der Arbeit heim-zugehen, um sich einen Film anzusehen. Eine meiner Freundinnen, die oft beruflich unterwegs ist, hat mir gestanden, dass sie hin und wieder ein oder zwei Stunden aufschlägt, wenn ihr Mann sie nach dem Zeitpunkt ihrer Rückkehr fragt. Dann gönnt sie sich eine Mas-sage oder geht einen Kaffee trinken. Andererseits sollten Sie jedoch auch darauf achten, Zeit mit Ihrem Partner in ungestörter Zweisam-keit zu verbringen, um sich darauf zu besinnen, warum Sie über-haupt ein Kind miteinander haben. Kelly Lambert betont, wir soll-ten nicht vergessen, dass wir trotz des Daseins als Mutter auch immer noch Ehefrau, Tochter, Freundin und berufliche Fachfrau sind. »Sie haben an das Fundament des Gehirns lediglich einen wichtigen neuen Flügel angebaut und nicht das ganze Gebäude ab-gerissen«, sagt sie. »Wenn wir unsere Mutterrolle ablegen – und sei es auch nur vorübergehend, um die Aufmerksamkeit auf andere Aspekte unseres Lebens zu richten –, sind wir anschließend in der Lage, unser Verhältnis zu den Kindern neu zu überdenken, und kön-nen dadurch schädliche Verhaltensmuster besser erkennen und sie ändern.«

Frauen, die sich selbst etwas Gutes tun wollen, sollten auch den häufigsten Rat ihrer eigenen Mütter beherzigen und auf Ihre Ernäh-rung achten. Eine ausgewogene Ernährung ist erwiesenermaßen gut für das Gehirn.[7] Studien haben gezeigt, dass die Antioxidantien in Obst und Gemüse einem altersbedingten Rückgang der Gehirnleistung entgegenwirken können. Neueren Ergebnissen zufolge tragen insbesondere Blattgemüse und zu den Kreuzblütlern gehörende Sorten (darunter Broccoli, Blumenkohl, Romanasalat und Spinat) zur Verbesserung des Gedächtnisses bei älteren Frauen bei. Und Fisch scheint wirklich *die* »Nahrung fürs Gehirn« zu sein, denn wenn man, wie es die Forschung empfiehlt, mindestens einmal in der Woche Fisch isst, verringert sich das Risiko, an Alzheimer zu erkranken.[8]

Multitasking – aber in Grenzen

Wer sich darauf versteht, vieles auf einmal zu erledigen, könnte in Versuchung geraten, dies zur Gewohnheit werden zu lassen und sich zusätzliche Pflichten aufzuladen, wie ein Zirkusclown, der auf dem Drahtseil jongliert. Dass Mütter so gekonnt mit ihren Aufgaben jonglieren, hat einen guten Grund: Der Kognitionsforscher David Meyer von der University of Michigan hat gezeigt, dass ein Mensch seine Fähigkeit, mehrere Dinge zugleich zu erledigen, durch Training steigern kann.[9] Meyer warnt jedoch davor, dieses Talent zu überschätzen, denn auch den Begabtesten sind auf diesem Gebiet Grenzen gesetzt.

Wie Meyer und seine Kollegen festgestellt haben, verlangsamt sich das Arbeitstempo bei durchschnittlichen Erwachsenen, die zwischen komplexen Aufgaben hin- und herspringen, um bis zu 50 Prozent. Außerdem kann intensives Multitasking auf die Dauer Stress verursachen, der das Kurzzeitgedächtnis schwächt. Wenn man sich dem heutigen Leistungsdruck widersetzt, der die Bewältigung verschiedener Aufgaben gleichzeitig fordert, kann dies natürlich als offene Rebellion erscheinen. Doch ehe Sie nach einem Burn-out das Handtuch werfen müssen, sollten Sie an Kathy Mayer denken. Während die Zwillinge der Ärztin noch nicht entwöhnt waren, hatte sie den ganzen Tag über Multitasking zu bewältigen: Sie pumpte

Milch ab, während sie am Steuer saß und gleichzeitig übers Telefon die Arbeit der Ärzte in ganz Denver koordinierte. Wenn sie aber abends nach Hause kam, gönnte sie sich den Luxus, nur noch eins zu tun – mit ihren Kindern Spaß zu haben.

Verändern Sie die Welt – fangen Sie bei sich selbst an

Die Psychologin Ravenna Helson aus Berkeley hat aus ihren Untersuchungen an Absolventinnen des Mills College abgeleitet, dass die emotionale und mentale Entwicklung einer Mutter zu einem Großteil von dem Umfeld abhängt, in dem sie tätig ist. Oft kann eine Mutter dieses Umfeld selbst gestalten. Frauen, die sich für Kinder entscheiden, sollten sich ihren Chef ebenso sorgfältig aussuchen wie ihren Partner. Wenn die Kinder dann da sind, sorgen Sie dafür, dass sie ihrem Dad im Haushalt helfen. So haben Sie weniger Arbeit und Stress und erziehen zugleich die zukünftige Generation zu mehr Rücksicht. Sollten die Kinder protestieren, berichten Sie von einer Untersuchung, nach der Kinder, die ihrem Vater helfen, mehr Freunde haben.[10] Protestiert Ihr Mann, zitieren Sie eine Untersuchung, nach der Mütter ihren Gatten unheimlich attraktiv finden, wenn er ihnen im Haushalt hilft.[11] Halten Sie sich politisch auf dem Laufenden, besonders wenn es um Regierungsmaßnahmen zu Mutter- und Vaterschaftsurlaub und Kinderbetreuung geht, und wenn Ihnen nicht gefällt, was sich da tut, halten Sie sich an den Spruch des an der San Francisco Bay legendären Nachrichtenmoderators Scoop Nitzger, der sagte: Gehen Sie raus und kümmern Sie sich selbst darum.

ANMERKUNGEN

Kapitel 1

1. *Duden*, Band 10, Bedeutungswörterbuch (2002), Stichwort »klug«.
2. Cuddy und Fiske, unveröffentlichtes Manuskript (2004).
3. U. S. Census Bureau, »Fertility of American Women: June 2002«, Oktober 2003.
4. Friedan (2002), S. 200.
5. Kaufman (2000).
6. Waldman (2002), S. 11.
7. Quindlen, »Flown Away, Left Behind«, msnbc.msn.com/id/3868018.
8. Stearns (2003), S. 1.
9. Michelle Pridmore-Brown: »Breed Old, Die Late and Leave a Beautiful Brain«, Salon.com, 26. März 1999, www.salon.com/mwt/feature/1999/03/cov-_31featurea.html. Siehe auch Kinsley, *Nature* (1999).
10. Maggie Fox, »Motherhood Makes Women Smarter, Study Suggests«, Reuters (8. November 1999).
11. Ellison (2003), S. 46.
12. »Study Confirms It: Women Outjuggle Men«, *New York Times* (15. September 2004).

Kapitel 2

1. Nietzsche (1889), S. 943.
2. Peri und Moses (1999), S. 12.
3. Brett und Baxendale (2001), S. 339–362.
4. Aus John Donnes »The First Anniversary. An Anatomy of the World«. Zitiert nach: darkwing.uoregon.edu/%7Erbear/donne1.
5. Brett und Baxendale (2001), S. 339–362.
6. Buckwalter et al. (1999), S. 69–84; Keenan et al. (1998), S. 731–737.
7. Christensen et al. (1999); Crawley et al. (2003); Casey et al. (2004).
8. Gespräche mit Roz Crawley, Helen Christensen und Pamela Keenan.
9. Leckman: »Early Parental Preoccupation« (1999) S. 1–26.
10. Oatridge et al. (2002), S. 19–26.
11. Brett und Baxendale (2001), S. 339–362.
12. Siehe z. B. Ratey (2001), S. 27 f.
13. Sherwin (2002), S. 527–534, und Janowsky (in Literaturliste Janovsky) (2002), S. 467–473.

14. Woolley und McEwen (1992), S. 5792–5801.
15. Tanapat et al. (1999), S. 5792–5801.
16. Brett und Baxendale (2001), S. 69–84.
17. Brett und Baxendale (2001) S. 339–362; Buckwalter (1999), S. 69–84.
18. Vanston und Watson, unveröffentlichtes Manuskript (2004).
19. Eidelman et al. (1993), S. 764–767.
20. Barrett (1997).
21. Hrdy (2001), S. 207–210.
22. Reynolds (1997), S. 831–835.
23. »The Real Victims of Sleep Deprivation«, *BBC News Online Magazine* (8. Januar 2004); news.bbc.co.uk/1/hi/magazine/3376951.stm.
24. Harrison und Horne (2000), S. 236–149.
25. Keenan et al. (1998), S. 731–737; Buckwalter et al. (1999), S. 69–84.
26. Christensen et al. (1999), S. 7–25; Crawley et al. (2003), S. 69–84; Casey et al. (2004), S. 65–76.
27. Zit. bei Cutting (2000), S. 1.
28. Casey et al. (2004), S. 298–304.
29. Crawley et al. (2003), S. 7–25.
30. Ruddick (1993), S. 81f.
31. Z.B. in Sharon Begley: »Parts of The Brain That Get Most Use Literally Expand And Rewire On Demand«, *Wall Street Journal* (11. Oktober 2002), webprints.djreprints. com/606120211414.html.
32. Maguire et al. (2000), S. 4398–4403.
33. Gespräche mit Fred Gage und Marian Diamond.
34. Butler, in Bartlett (1968), S. 755b.

Kapitel 3

1. Zitiert nach Ehrenreich und English (1978), S. 65.
2. Diese Beschreibung bezieht sich auf meinen Besuch in Yale im September 2003, bei dem ich James Leckman, James Swain und Tara Magnuson interviewte.
3. Vgl. Sandra Blakeslee: »How Does the Brain Work?«, *New York Times* (11. November 2003) S. F4.
4. Perry und Matthews (zu finden auf der Website www.fmrib.ox.ac.uk/fmri_intro/ fmri_intro.htm.
5. Numan (2003), S. VIII.
6. Z.B. Emily Eakin: »I Feel, Therefore I Am«, *New York Times* (19. April 2003) S. D7.
7. Die Websites des Institutes: www.unlimitedloveinstitute.org.
8. Bell (1968), S. 81–95.
9. Collis und Schaffer (1975), S. 315–320.
10. Dillon (2002), S. 267–275.
11. Gespräch mit Marian Diamond.
12. Taylor (2000), S. 18.
13. Diamond: »*Brain Plasticity Induced by Environment and Pregnancy*«, S. 171–178.
14. Faludi (1995), S. 437.

15. MacLean: »*Women: A More Balanced Brain?*«, S. 422.
16. Z. B. in Sagan (1980), S. 57–59.
17. Numan (2003), S. 155–176.
18. E-Mail-Kontakt mit Lorberbaum (14. November 2004) sowie Lorberbaum (2002), S. 431–445.
19. Die Analogie von Nuss und Kürbis habe ich Diamonds »*Male and Female Brains*« entliehen; siehe unter www.newhorizons.org/neuro/diamond_male_female.htm.
20. Dillon (2002), S. 267–275.
21. J. P. Lorberbaum et al., Postersession.
22. Vgl. Johnson (2004), S. 115 f.
23. Bartels und Zeki (2004), S. 1155–1166.
24. E-Mail- und Telefonkontakt mit Joan Morrell im Februar 2004.
25. »Women Pregnant with Boys Eat More«, *Associated Press* (November 2003).
26. Pressemitteilung der Society for Neuroscience (November 2003).
27. Seifritz (2003), S. 1367–1375.
28. Hrdy, *Mutter Natur* (2000), S. 43.

Kapitel 4

1. Marcel Proust (1994), S. 70.
2. Die Schilderung basiert auf meinem Besuch in Craig Kinsleys Labor im Oktober 2003.
3. Dieser Abschnitt basiert auf Shingo et al. (2003), S. 117–120, und Telefongesprächen mit Samuel Weiss und Robert Bridges (2004).
4. Hrdy (2000), S. 194.
5. Furlow (1996), S. 38–45.
6. Ebda.
7. Motluk (2001), S. 36–40.
8. Gespräch mit Charles Wysocki vom Monell Chemical Senses Center, Philadelphia. Siehe auch Dalton et al. (2002), 199 f.
9. Siehe z. B. M. Nesse und George C. Williams, »Evolution and the Origins of Disease«, www.direct-ms.org/articles/Evolution-OriginsOfDisease.pdf.
10. Die Darstellung des sensibilisierten Geruchssinns von Frauen beruht auf: »New Mothers Protected From Stress, Have Heightened Reward, Smell«, Pressemitteilung der Society for Neuroscience (Nov. 2003) sowie Telefon- und E-Mail-Interviews mit Daniel Broman von der Umea-Universität, Schweden.
11. Hrdy (2000), S. 193 f.
12. Porter et al. (1983), S. 151–154.
13. Gespräch mit Alison Fleming (2004).
14. Fisher (1999), S. 86.
15. Fleming, »Plasticity of Innate Behavior« (2003).
16. Ebda.
17. Gespräch mit Alison Fleming.
18. Siehe z. B. Dillon (2002).
19. Fleming, »Plasticity of Innate Behavior« (2003).
20. Siehe z. B. Sagan (1977), S. 36 f.

21. Xerri et al. (1994), S. 1710–1721.
22. Eliot, George, *Adam Bede* (Stuttgart 1987), S. 424.
23. Diamond, M.C., *Enriching Heredity* (1988), S. 2.
24. Holloway (2003), S. 79–85.
25. Sharon Begley, »Survival of the Busiest: Parts of the Brain That Get Most Use Literally Expand and Rewire On Demand«, *Wall Street Journal* (11. Okt. 2002, B1).
26. Draganski et al. (2004), S. 311 f.
27. Holloway (2003), S. 79–85.
28. Siehe z. B. die Website von Jeffrey Schwartz: www.ocdcentre.com/pages/schwartz/art-neuro.htm.

Kapitel 5

1. Pat Schroeder, womenshistory.about.com/cs/quotes/a/pat_schroeder.htm.
2. Die Darstellung beruht auf Telefongesprächen mit Kathy Mayer.
3. Siehe z. B. www.webster-dictionary.Organisation/definition/Yerkes-Dodson%20law.
4. Ratey (2001), S. 139. Die weiteren Zitate stammen aus E-Mail- und Telefonkontakten (2004).
5. Cusk (2001), S. 157.
6. Margaret Weir, »Of Magic and Single Motherhood«, *Salon.com* (31. März 1999).
7. Pearson (2003), S. 108.
8. Diamond, »Male and Female Brains« (2003).
9. Hardin, »News Flash: Men Do Hear – But Differently Than Women, Brain Images Show«, Presseerklärung der Indiana University School of Medicine (28. Nov. 2000).
10. Siehe z. B. Blum (1997), S. 47 f.; Gespräche der Autorin mit Jeffrey Lorberbaum und Mark George.
11. Fisher (2000), S. 23 f.
12. Kinsley et al., »Motherhood Improves Learning and Memory«, S. 137 f.
13. Garrett et al., Postersession (2002).
14. Das NBC-Pressebüro hat die Mitschrift der *Tonight Show* bestätigt.
15. Lambert, Postersession in San Diego (2004); Gespräch der Autorin mit Kelly Lambert.
16. Woolley (1992), S. 2549–2594.
17. Tang (2004), S. 215–223.
18. John Morrisons Interview mit Norman Swan im »Health Report« der Australian Broadcasting Corporation (8. Juli 2002).
19. Lamott, *Operating Instructions* (1994), S. 80.
20. Kinsley et al., »Motherhood Improves Learning and Memory«, S. 137 f.; Gespräche der Autorin mit Craig Kinsley und Kelly Lambert.
21. Dillon (2002), S. 275–277.
22. Stern und Bruschweiler-Stern (2000), S. 17.
23. Park, www.time.com/time/archive/preview/0,10987,997673,00.html.
24. Kinsley et al., Postersession; Gespräche der Autorin mit Craig Kinsley und Kelly Lambert.

25. Fisher (2000), S. 237 f.
26. Ruddick, »What Do Grandmothers Know and Want?«

Kapitel 6

1. Hrdy, *Mutter Natur* (2000), S. 608.
2. Erica Jong bestätigte mir das Zitat in einer E-Mail.
3. Achat et al. (1998), S. 735–750.
4. Siehe z. B. BBC News, »Chatting ›Good for the Brain‹«, (23. Okt. 2001).
5. Uvnäs-Moberg, *The Oxytocin Factor* (2003), S. 3.
6. Numan (2003), S. 194–209.
7. Egan, www.whsc.emory.edu/pubs/em/1998summer/vole.html.
8. Ferguson (2000), S. 284–288.
9. Uvnäs-Moberg, *The Oxytocin Factor* (2003), S. 66.
10. Ebda, S. 118.
11. Hrdy (2000), S. 189.
12. Ebda, S. 173.
13. Uvnäs-Moberg, *The Oxytocin Factor* (2003), S.93–103; dies., »Oxytocin May Still Mediate the Benefits« (1998), S. 819–835.
14. Altemus (1995), S. 2954–2959.
15. Theodosis (2001), S. 9–58.
16. Holst (2002), S. 85–90.
17. Tomizawa et al. (2003), S. 384–390.
18. Daniel DeNoon (2003).
19. »Positive Benefits of Pregnancy and Motherhood: Heightened Sensitivity to Smell and Reward; and Improved Wound Healing and Protection Against Stress«, Pressemitteilung der Society for Neuroscience (11. November 2003).
20. Sapolsky (1994), S. 240–247.
21. Ein deutsches Wissenschaftlerteam hat bei Versuchen Oxytozin durch ein Nasenspray ins Gehirn eingebracht: Heinrichs et al. (2003), S. 1389 f.
22. Sapolsky (1994), S. 1–19.
23. Uvnäs-Moberg, *The Oxytocin Factor* (2003), S. x.
24. Taylor et al., »Behavioral Responses to Stress in Females« (2000), S. 411–429.
25. Unveröffentlichter Vortrag auf der alle zwei Jahre stattfindenden Konferenz der Society for Research in Child Development (April 1997) und Gespräch der Autorin mit Repetti.
26. Stern (2000), S. 9.
27. Ebda., S. 144.
28. Weldon (1980), S. 34.
29. Silk et al. (2003), S. 1231–1234.
30. Taylor, *The Tending Instinct* (2002), S. 24.
31. Unveröffentlichtes Manuskript und E-Mail-Korrespondenz mit Larry Jamner.
32. Telefoninterview im Oktober 2004; siehe auch Kevernes Website: www.zoo.cam.ac.uk/zoostaff/keverne.htm.
33. Pilcher, www.nature.com/news/2003/031110/full/031110-7.html.
34. Siehe auch Paul Zaks Website: fac.cgu.edu/-zakp/pubs.htm.
35. Siehe z. B. S. Cohen (1997), S. 1940–1944.

Kapitel 7

1. Bartlett (1968), S. 75a.
2. Olivia Morales ist das Pseudonym einer Frau, mit der ich mehrmals gesprochen habe. Alle weiteren Einzelheiten sind authentisch.
3. Gespräch mit Pierette Hondagneu-Sotelo, 2003.
4. Goleman (1996), S. 48.
5. Ebda., S. 106–108.
6. Nissen (1930), S. 377–393.
7. E-Mail-Kontakt mit Tanja MacKenzie, 2004.
8. Die Informationen zu Polizen der Autoversicherungen wurden mir von einem Anwalt des Califonia Department of Insurance (Kalifornische Versicherungs-kammer) bestätigt.
9. Stern (2000), S. 20 f.
10. Joe Garofoli: »Anti-war Alameda Woman's Trip to See Son Serving in Iraq Has Surprises for Both«, *San Francisco Chronicle* (3. April 2004).
11. Wartella et al. (2003), S. 373–381.
12. Hrdy, *Mutter Natur* (2000), S. 167.
13. Torner et al. (2001), S. 3207–3214.
14. Gespräch mit Alison Fleming
15. Z. B. Hrdy, S. 117 f.
16. Ruddick (1993), S. 191 ff.
17. Mastrogiacomo (1982), S. 1982 f.
18. Asociacion Madres de Plaza del Mayo unter: madres.org.
19. Hrdy (2000), S. 142.
20. U. S. Census Bureau of Household and Family Statistics (2000).
21. Faludi (1995), S. 133.
22. Ebda., S. 136 f.
23. Belkin (2003).
24. Die Titelzeile auf dem Cover lautete: »The Case for Staying Home«.
25. Rosenwein (2001).
26. Singer (1996), S. 65.
27. Telefoninterview mit Rhonda Staudt im Frühjahr 2004, nachdem ich Pete Sen-ges Bericht über ihre Begegnung gelesen hatte. Siehe Senge (2001), S. 29.
28. Zitiert nach Thoreau (2002), S. 338.

Kapitel 8

1. Brown (1993), S. 15.
2. Hall (2003), S. 46.
3. Goleman (1977), S. 58–61.
4. Ebda., S. 61.
5. Zitiert nach einer Mitschrift des Interviews durch das Canadian TV Network (CBC) aus dem Jahr 2003.
6. Scheffler und Lounsbury (1971), S. 44.
7. »New Mothers Protected from Stress, Have Heightened Reward, Smell«, Pressemitteilung der Society for Neuroscience (November 2003) sowie Ge-spräch mit Craig Ferris im Dezember 2003.

8. Leckman et al. (1999), S. 1–26.
9. Masataka (1998), S. 241–246.
10. Bettes (1988), S. 1089–1096.
11. Anne Lamott: »Mother Rage: Theory and Practice«, *Salon.com* (29. Oktober 1998).
12. Preston (2002), S. 1–20.
13. Ebda.
14. Z. B. Goleman (1997), S. 137.
15. »UCLA Imaging Study Reveals How Active Empathy Charges Emotions: Physical Mimicry of Others Jump-Starts Key Brain Activity«, Pressemitteilung der University of California (8. April 2003).
16. Daniel Kane in Science; www.msnbc.msn.com/id/4313263/.
17. Lewis und Rosenblum (1974), S. 67.
18. Rosenthal (1979), S. 308–312.
19. Wallis (Mai 2004).
20. Ambert (2001), S. 69.
21. Z. B. Ratey (2001), S. 277.
22. Gespräch mit Paul Ekman.
23. Tronick (2003).
24. Didion (1997), S. 11.
25. Goleman (1997), S. 116.
26. MacLean (1990), S. 421–439.
27. Hrdy, *Mutter Natur* (2000), S. 174.
28. Ebda., S. 177.

Kapitel 9

1. Churchwell (2000), S. 285.
2. Kerstin Uvnäs-Moberg beschrieb diese unveröffentlichte Studie in einem Telefoninterview Anfang 2004.
3. *Duden*, Band 5, Fremdwörterbuch (2005), Stichwort »Altruismus«.
4. In: Aging Well: Stephen G. Post, »Studies on Love and Kindness Get Better with Age«, *Science & Technology News*, Februar 2004. www.stnews.org/archives/2004_february/ altr_studies_0204.html.
5. Carey Goldberg, »For Good Health, It Is Better to Give, Science Suggests«, *Boston Globe*, 28. Nov. 2003.
6. Vgl. z. B. McAdams und Ed de St. Aubin (1992), S. 62 und 103–115.
7. Numan und Insel (2003), S. 1.
8. Coltrane (1996), S. 119.
9. Abrams (2002); siehe auch cms.psychologytoday.com/articles/pto-20020301-000025. html.
10. Ebda.
11. Fleming (2002), S. 399–413.
12. Interview der Autorin mit Professor Robert Bridges von der Tufts University (2004).
13. Wang, Liu, Young und Insel (2000), S. 111–120. Alan Zarembo, »Swingers May Be Slaves to Genes«, *Los Angeles Times*, 17. Juni 2004.

14. Abrams (2002).
15. Siehe z. B. die Website des gemeinnützigen, wissenschaftlich ausgerichteten Evan B. Donaldson Adoption Institute, www.adoptionsinstitute.org/FactOverview/domestic.html.
16. Roberts et al. (2001), S. 713–720.
17. Numan und Insel (2003), S. 318.
18. Ebda., S. 319.
19. www.adoptionsinstitute.org/FactOverview/domestic.html.
20. »The Things They Wrote«, *New York Times*, 11. Nov. 2003, S. 23A.
21. José Antonio Vargas, »New Life Began at Age 44«, *San Francisco Chronicle*, 27. Nov. 2003, 1A.
22. Diese Szene schilderte mir Elizabeth Share nach einem Besuch des Obdachlosenzentrums Shanti-Project in San Francisco. Die Details ließ ich mir anschließend von Shanti-Mitarbeitern bestätigen und interviewte auch Alyssa Nickell telefonisch.
23. Siehe z. B. »A Tribute to W. D. Hamilton«, *Times* (London), 9. März 2000, sowie David Jay Browns Interview mit Robert Trivers auf www.mavericksofthe-mind.com/ tri-int.htm.
24. Rilling et al. (2002), S. 395–405.
25. Siehe z. B. Sapolsky, *Why Zebras Don't Get Ulcers*, S. 291.
26. Jennifer Byrne, »Guatemala, Out of the Dump«, Fernsehsendung des Kanals ABC,
15. Juni 2003.

Kapitel 10

1. Ekrut (2001), S. 79.
2. Pressemitteilung des U.S.Bureau of Labor Statistics, »Employment Status of the Population by Sex, Marital Status and Age of Own Children Under 18«, stats.bls.gov/ news. release/famee.t05.htm.
3. Sendung mit Jim Lehrer, 16. August 2004.
4. Ryan Kim, »Newsom Names Female Fire Chief: Historic Choice for Big-City-Department«, *San Francisco Chronicle*, 11. Jan. 2004.
5. Caryl Rivers and Rosalind Chait Barnett, »Wage Gap for Working Mothers May Cost Billions«, *Women's E-News*, 3. Juli 2000.
6. Cuddy und Fiske (2004).
7. Mason und Goulden (2002).
8. Cary Cherniss, »The Business Case for Emotional Intelligence«, Consortium for Research on Emotional Intelligence in Organizations, www.eiconsortium.org/ research/business_case_for_ei.htm.
9. Rowe-Finkbeiner; www.findarticles.com/p/articles/mi_m0838/is_2003_March-April/ ai_100807068/pg_2.
10. Ekrut (2001).
11. Interview zitiert in Crittenden (2004), S. 26.
12. Annelena Lobb, »Does Mom Need a Raise?« *CNNMoney*, 8. Mai 2002.
13. »Married Workers Fare Better at Shift Work than Singles«, Presseerklärung der Society for Industrial and Organizational Psychology, 30. März 2004.

14. Hochschild (2002).
15. Crittenden (2004), S. 151.
16. Rowe-Finkbeiner (2003).
17. Weldon (1984), S. 187.
18. Crittenden (2004), S. 7f.
19. Vgl. Ekrut (2001), S. 1.
20. Helgeson (1991).
21. Dahle (2003), S. 60.
22. Bateson (1976), S. 141.
23. Matloff (2004).

Kapitel 11

1. Cook (1996), S. 98.
2. Marian Sandmaier, »Listening to Zebras«, *Washington Post*, 3. Juni 2003.
3. Siehe die Schilderungen von Michelle Gauger auf der Website der Institutes for the Achievement of Human Potential, www.iahp.org/well/children/gaugers.html.
4. Nash (1997).
5. Jeffrey Zaslow, »Is Belly Talk Helpful or Just Plain Crazy?«, *Wall Street Journal*, 29. April 2004.
6. Interview mit Sharon Hays. Siehe auch Kathleen Gerson, »Work Without Worry«, *New York Times*, 11. Mai 2003.
7. Andrew J. Cherlin und Prem Krishnamurthy, »What Works for Mom«, *New York Times*, 9. Mai 2004.
8. Stearns (2003), S. 14–24.
9. Glen Martin, »Rocket Fuel Found In Milk In California: Not Clear If Amount Imperils Children«, *San Francisco Chronicle*, 22. Juni 2004.
10. Siehe z. B. die Ausführungen des Marineadmiralarztes Richard H. Carmona auf der Konferenz zur Dickleibigkeit bei Kindern, abgehalten am 6. Januar 2003 in Kalifornien, www.surgeongeneral.gov/news/speeches/califobesity.htm.
11. International Obesity Task Force; www.iotf.org.
12. Siehe z. B. Gardiner Harris, »Pfizer to Pay $430 Million Over Promoting Drug to Doctors«, *New York Times*, 14. Mai 2004.
13. Marian Sandmaier, »Listening to Zebras«, *Washington Post*, 3. Juni 2003.
14. Marilyn Gardner, »Be All That You Can Be – or More: The Drug Industry has Something Just For You«, *Christian Science Monitor*, 17. April 2003.
15. Stearns (2003), S. 91.
16. Ebda., S. 93.
17. Diese statistischen Angaben wurden freundlicherweise von der Pressestelle des San Francisco Unified School District zur Verfügung gestellt.
18. Nielsen Media Research, statistische Angaben für das Jahr 2000, zitiert auf der Website des National Center for Children Exposed to Violence, www.nccev.org/violence/ statistics/statistics-media.html.
19. Billy Tashman, »Sorry Ernie, TV Isn't Teaching«, *New York Times*, 12. November 1994.

20. Siehe »Key Facts: TV Violence«, Kaiser Family Foundation (Frühjahr 2003), www.kff. org/entmedia/3335-index.cfm.
21. Jolayne Houltz, »Companies Sell Details on Millions of Children«, *Seattle Times*, 6. Juli 2004.
22. Siehe Website des Center for a New American Dream, www.newdream.org/kids/ borntobuy.php.
23. Vgl. Hrdy (2000), S. 13.
24. Gladwell (1998).
25. Der Bericht ist zu finden unter www.americanvalues.org/html/hardwired.html.
26. Siehe www.watchoutforchildren.org/html/about_us.html.
27. Small (2000).
28. Cherlin und Krishnamurthy, »What Works for Mom«.

Kapitel 12

1. Smith (2003), S. 7.
2. The Families and Work Institute, 2003.
3. Iris DeMent, »Quality Time«, aus dem Album *That's the Way I Should*, Warner Brothers, 1996.
4. Statistisches Bundesamt der USA, »Fertility of American Women: June 2002«, Oktober 2003.
5. Tamar Lewin, »Now a Majority: Families with 2 Parents Who Work«, *New York Times*, 24. Oktober 2000.
6. Mason und Goulden; www.grad.berkeley.edu/deans/mason/index.html.
7. Eine interaktive Liste der Top-100-Unternehmen für berufstätige Mütter ist zu finden unter www.workingwoman.com/bestlist.html.
8. Matloff (2004).
9. Dieser Vergleich beruht auf Schätzungen des U.S. Department of Labor Bureau of Labor Statistics für 2001, www.bls.gov.
10. Lambert, »The Life and Career of Paul Maclean« (2003).
11. The Child Care Partnership Project Employer Toolkit, U.S. Department of Health and Human Services, nccic.org/ccpartnerships.
12. G. W. Johnson, »Sick Child Care: An Idea Whose Time Has Come«, Präsentation auf der Emergency Child Care Conference, Indianapolis 1997.
13. www.workingwoman.com/bestlist.html.
14. Paris und Helson (2002), S. 172–185, und Interview mit Helson.
15. De Marneffe wurde in *Publisher's Weekly* in der Rezension von *Maternal Desire* zitiert, www.amazon.com/exec/obidos/ASIN7031605995/bridgebooks/103 4940296-1704660.
16. CCH Incorporated Unscheduled Absence Survey 2004; siehe www.cch.com/default. asp.
17. Flexible Resources, Client Profile: *Organizations Employing Professionals in Flexible Work Arrangements*, 1999.
18. Rivers und Barnett, »Wage Gap for Working Mothers May Cost Billions«.
19. Interview mit Mary Ann Mason.
20. Mason und Goulden (2002).

21. Interview mit Mary Ann Mason.
22. www.workingwoman.com/bestlist/html.
23. Das Programm nennt sich »50th Anniversary Program for Scholars in Medicine« und wurde 1995 zum 50. Jahrestag der Zulassung von Frauen zur Medical School eingeführt. Weitere Informationen darüber findet man unter www.news.harvard.edu/
gazette/2002/10.03/20-medscholars.html.
24. Belkin (2003).
25. www.workingwoman.com/bestlist/html.
26. Belkin (2003).
27. Siehe z. B. www.emory.edu/EDUCATION/mfp/said.html.
28. Casey et al. (2004), S. 298–304.
29. Siehe z. B. Drake und Pandey (1996), S. 1003–1018.
30. Brunson, »Life-Long Progressive Impairment«, Poster.
31. Hanson et al. (2002), S. 17 f.

Kapitel 13

1. Gilman (1994), S. 96.
2. MacLean (1996), S. 421–439.
3. Hillary Rodham Clinton, »Now Can We Talk About Health Care?«, *New York Times*, 18. April 2004.
4. Barbara Kingsolver, »No Glory in Unjust War on the Weak«, 14. Oktober 2001, www.zmag.org/kingsolver.htm.
5. Bilder finden sich in einer Online-Ausstellung des National Women's History Museum, www.nmwh.org/exhibits/gallery_12html.
6. Ebda.
7. Siehe Halsall, »The Internet Modern History Sourcebook«, www.fordham.edu/halsall/mod/modsbook.html#Sources%20of%20Material%20Here.
8. Interview mit Theda Skocpol, 8. Oktober 2003.
9. Ebda.
10. Ward und Burns (1999), S. 42.
11. Ebda., S. 51.
12. Ebda., S. 30.
13. Ruth Rosen, »Mothers Doing What?«, *San Francisco Chronicle*, 8. Mai 2003.
14. Diese und viele der folgenden Ausführungen über die Ursprünge des Muttertags stammen aus Cathryn Meurer, »Momorabilia: Mother's Day History from Rea to the Soccer Mom«, *CNN Interactive*, 3. Mai 1999.
15. Lord (2000).
16. Lois Gibbs erhielt 1990 den jährlich verliehenen Goldman Environmental Prize. Diese Details stammen aus dem Porträt, das die Goldman Foundation über sie verfasste, zu finden unter www.goldmanprize.org/recipients/recipient-Profile.cfm?recipientID=15.
17. www.mothersactingup.org.
18. Aus einer E-Mail von C.C.Pelmas an die Autorin vom 12. Sept. 2003.
19. Ruddick (2001).
20. Elshtain (1987), xiii.

21. Jetter (1997), S. 230.
22. Woolf (2001), S. 269.
23. E-Mail von Alysia Snell, Teilhaberin des Meinungsforschungsinstituts Lake, Snell, Perry & Associates, Inc., an die Autorin.
24. Tumulty und Novak (2003).
25. Ebda.
26. Memo von Celinda Lake von Lake, Snell, Perry & Associates, Inc., vom 8. Juli 2003.
27. Ellen Goodman, »The Myth of ›Security Moms‹«, *Boston Globe*, 7. Oktober 2004.
28. Gorn (2001), S. 7.
29. Ebda., S. 5.
30. William Rasberry, »Mother Load«, *Washington Post*, 18. Nov. 2002.
31. Interview mit Joanne Brundage; Details auf der Website von Mothers and More, mothersandmore.org/AboutUs/history.shtml.
32. Siehe www.mothersoughttohaveequalrights.org/.
33. Gilman (1994).

Kapitel 14

1. Fleming, »*Plasticity of Innate Behavior*« (2003).
2. Hallowell und Ratey (1994), S. 249.
3. Ehrenreich (1991), S. 148.
4. Website der Organisation: www.nccfc.org/faq.cfm.
5. Hrdy: »*Mothers and Others*«; www.naturalhistorymag.com/0501/0501 feature.html.
6. Ratey (2001), S. 439 ff.
7. Ebda., S. 448; sowie »From Green and Leafy to a Sharper Brain«, *New York Times*, 20. Juli 2004.
8. Z. B. Gorman: www.time.com/time/archive/preview/0.10987.998346.00.html.
9. Martin (2003).
10. »When Dads Clean House, It Pays Off Big Time«, Pressemitteilung der University of California in Riverside (9. Juni 2003) auf: www.newsroom.ucr.edu/cgi-bin/display. cgi?id=611.
11. Ebda.

LITERATURVERZEICHNIS

ABRAMS, DOUGLAS, CARLTON, »Father Nature: The Making of a Modern Dad; It Takes a Lot more Than Testosterone to Make a Father Out of a Man«, *Psychology Today* (März–April 2002)

ACHAT, H. ET AL., »Social Networks, Stress and Health-Related Quality of Life«, *Quality of Life Research* 7, Nr. 8 (Dez. 1998)

ALLPORT, SUSAN, *A Natural History of Parenting: A Naturalist Looks at Parenting in the Animal World and Ours* (London 1998)

ALTEMUS, M., »Suppression of Hypothalamic-Pituitary-Adrenal Axis Responses to Stress in Lactating Women«, *Journal of Clinical Endocrinology & Metabolism* 80, Nr. 10 (Okt. 1995)

AMBERT, ANNE-MARIE, *The Effect of Children on Parents* (New York 2001)

»American Academy of Pediatrics: Breastfeeding and the Use of Human Milk«, *Pediatrics* 100, Nr. 6 (Dez. 1997)

BARRETT, NINA, *I Wish Someone Had Told Me: A Realistic Guide to Early Motherhood* (Chicago 1997)

BARTELS, A., und S. ZEKI, »The Neural Correlates of Maternal und Romantic Love«, *Neuroimage* (2004)

BARTLETT, JOHN, *Familiar Quotations* (Boston 1968)

BATESON, MARY CATHERINE, *Composing a Life: Life As a Work in Progress – The Improvisations of Five Extraordinary Women* (New York 1976)

BELKIN, LISA, »The Opt-Out Revolution«, *New York Times Magazine* (26. Okt. 2003)

BELL, R. Q., »A Reinterpretation of the Direction of Effects in Studies of Socialization«, *Psychological Review* 75, Nr. 2 (1968)

BETTES, B. A., »Maternal Depression and Motherese: Temporal and Intonational Features«, *Child Development* 59, Nr. 4 (August 1988)

BJ RKMAN, Frances M. und Annie G. Porritt (Hg.), »*The Blue Book«: Woman Suffrage, History, Arguments and Results* (New York 1917)

BLUM, DEBORAH, *Love at Goon Park: Harry Harlow and the science of affection* (Chichester 2002)

BLUM, DEBORAH, *Sex on the Brain: The Biological Differences between Men and Women* (New York 1997)

BORN, J., ET AL., »Timing the End of Nocturnal Sleep«, *Nature* 397 (1999)

BRETT, M., und S. BAXENDALE, »Motherhood and Memory: A Review«, *Psychoendocrinology* 26, Nr. 4 (26. Mai 2001)

BROWN, KURT (Hg.), *The True Subject: Writers on Life and Craft* (Saint Paul, Minn. 1993)

BRUNSON, KRISTEN L., ET AL., »Life-Long Progressive Impairment in Memory and Hippocampal Synaptic Physiology After Early-Life Stress«, Postersession auf der Konferenz der Society for Neuroscience (San Diego 2004)

BUCKWALTER, J. GALEN, ET AL., »Pregnancy, the Postpartum, and Steroid Hormones: Effects on Cognition and Mood«, *Psychoneuroendocrinology* 24 (1999)

CARSON, RACHEL, *Silent Spring* (Boston 1962) [*Der stumme Frühling* (München 1963)]

CARTER, C.S., »Neuroendocrine Perspectives on Social Attachment and Love«, *Psychoneuroendocrinology* 8 (Nov. 1998)

CASEY, PATRICK, ET AL., »Maternal Depression, Changing Public Assistance, Food Security, and Child Health Status«, *Pediatrics* 113 (Februar 2004)

CASEY, PAUL, »A Longitudinal Study of Cognitive Performance During Pregnancy and New Motherhood«, *Archives of Women's Mental Health* 3 (2000)

CHAPKO, TERRY, und JOHN ENGLISH, »Paid Family Leave – It Could Happen to You: California Is the First – But Perhaps not the Only – State to Require Paid Family Leave«, *HR Magazine* (Dez. 2002)

CHRISTENSEN, H., ET AL., »Pregnancy May Confer a Selective Cognitive Advantage«, *Journal of Reproductive and Infant Psychology* 17, Nr. 1 (1999)

CHURCHWELL, GORDON, *Expecting: One Man's Uncensored Memoir of Pregnancy* (New York 2000)

COHEN, S., ET AL., »Social Ties and Susceptibility to the Common Cold«, *Journal of the American Medical Association* 277, Nr. 24 (1997)

COLLIS, G.M., und H.R. SCHAFFER, »Synchronization of Visual Attention in Mother-Infant Pairs«, *Journal of Child Psychology and Psychiatry* 16 (1975)

COLTRANE, SCOTT, *Family Man: Fatherhood, Housework, and Gender Equity* (New York 1996)

Ders., »Fathering Paradoxes, Contradictions, and Dilemmas«, in *Handbook of Contemporary Families: Considering the Past, Contemplating the Future,* hg. v. Marilyn Coleman und Lawrence Ganong (London 2004)

Ders., »Research on Household Labor: Modelling and Measuring the Social Embeddedness of Routine Family Work«, *Journal of Marriage and the Family* 62 (2000)

CONNIFF, RICHARD, »Reading Faces«, *Smithsonian* (Jan. 2004)

COOK, MARIANA, *Mothers and Sons: In Their Own Words* (San Francisco 1996)

CRAWLEY, R.A., ET AL., »Cognition in Pregnancy and the First Year Post-Partum«, *Journal of Psychology and Psychotherapy* 76 (März 2003)

CRITTENDEN, ANN, *If You've Raised Kids, You Can Manage Anything: Leadership Begins at Home* (New York 2004)

CUDDY, AMY, J.C., und SUSAN T. FISKE, »When Professionals Become Mothers, Warmth Doesn't Cut the Ice« (unveröffentlichtes Manuskript, Princeton 2004)

CUSK, RACHEL, *A Life's Work. On Becoming a Mother* (London 2001)

CUTTING, TANIA, »Memory Loss During Pregnancy«, *Australia National University Reporter* 31, Nr. 6 (19. Mai 2000)

DAHLE, CHERYL, »You, Only Better«, *Working Mother* (Aug. 2003)

DALTON, P., ET AL., »Gender-Specific Induction of Enhanced Sensitivity to Odors«, *Nature Neuroscience* 5, Nr. 3 (März 2002)

DAMASIO, H., ET AL., »The Return of Phineas Gage: Clues About the Brain from the Skull of a Famous Patient«, *Science* 264, Nr. 5162 (1994)

DAMP, DENNIS, »Health Care Job Explosion: High Growth Health Care Careers and Job Locator«, Brookhaven Press 2001

DeNOON, DANIEL, »Superwomans's Secret Identity: Mom«, *WebMD Medical News* (14. Nov. 2003)

DESS, NANCY K., »The Nature of Monkeys and Mothering«, *Psychology Today* (Mai–Juni 2001)

DeVRIES, A. C., ET AL., »Social Modulation of Stress Responses«, *Physiology & Behavior* 79, Nr. 3 (Aug. 2003)

DIAMOND, M. C., *Enriching Heredity: The Impact of the Environment on the Anatomy of the Brain* (New York 1988)

Ders., »Male and Female Brains«, Summary of annual lecture for Women's Forum West (San Francisco 2003)

Ders., »Brain Plasticity Induced by Environment and Pregnancy«, *International Journal of Neuroscience* 2, Nr. 4 (Nov. 1971)

DIDION, JOAN, *The White Album* (London 1979) [*Das weiße Album. Eine kalifornische Geisterbeschwörung* (Reinbek bei Hamburg 1997)]

DILLON, JAMES J., »The Role of the Child in Adult Development«, *Journal of Adult Development* 9, Nr. 4 (Okt. 2002)

DOUGLAS, SUSAN, und MEREDITH MICHAELS, *The Mommy Myth: the idealization of motherhood and how it has undermined women* (New York 2004)

DRAGANSKI, B., ET AL., »Changes in Gray Matter Induced by Training«, *Nature* 427 (22. Jan. 2004)

DRAKE, B., und S. PANDEY, »Understanding the Relationship Between Neighborhood Overty and Specific Types of Child Maltreatment«, *Child Abuse and Neglect* 11 (20. Nov. 1996)

EGAN, KATE, »Love & Sex: The Vole Story«, *Emory Medicine* (Sommer 1998)

EHRENREICH, BARBARA, *The Worst Years of Our Lives: Irreverent Notes from a Decade of Greed* (New York 1991)

EHRENREICH, BARBARA, und DEIRDRE ENGLISH, *For Her Own Good: 150 years of the experts' advice to women* (Garden City, N. Y. 1978)

EIDELMAN, A. I., ET AL., »Cognitive Deficits in Women After Childbirth«, *Journal of Obstetrics and Gynecology* 81, Nr. 5 (Mai 1993)

EISENBERGER, NAOMI und MATTHEW LEIBERMAN, »Why Rejection Hurts: A Common Neural Alarm System for Physical and Social Pain«, *Trends in Cognitive Sciences* 8, Nr. 7 (Juli 2004)

EKRUT, SUMRU, *Inside Women's Power: Learning from Leaders* (Wellesley Centers for Women, Wellesley College 2001)

ELSHTAIN, JEAN, *Women and War* (New York 1987)

ELIOT, GEORGE, *Adam Bede*, London 1980 [*Adam Bede* (Stuttgart 1987)]

ELLISON, KATHERINE, »Rats, Marmosets and You«, *Working Mother* (Feb. 2003)

FALUDI, SUSAN, *Backlash: The Undeclared War Against American Women* (New York 1991) [*Backlash* (Reinbek bei Hamburg 1995)]

FERGUSON, J. N., ET AL., »Social Amnesia in Mice Lacking the Oxytocin Gene«, *Nature Genetics* 25, Nr. 3 (Juli 2000)

FISHER, HELEN, *The First Sex: The Natural Talents of Women and How They Are Changing the World* (New York 1999) [*Das starke Geschlecht. Wie das weibliche Denken die Zukunft verändern wird* (München 2000)]

FLEMING, A. S., »Plasticity of Innate Behavior: Experiences Throughout Life Affect Maternal Behavior and it Neurobiology«, unveröffentlichtes Manuskript für den Dahlem Workshop on Attachment and Bonding: A New Synthesis (Berlin 2003)

FLEMING, A. S., ET AL., »Testosterone and Prolactin Are Associated with Emotional Responses to Infant Cries in New Fathers«, *Hormonal Behavior* 42, Nr. 4 (Dez. 2002)

FRIEDAN, BETTY, *The Feminine Mystique* (New York 2001) [Der Weiblichkeitswahn oder die Selbstbefreiung der Frau (Reinbek bei Hamburg 2002]

FURLOW, F. B., »The Smell of Love«, *Psychology Today* (März–April 1996)

GARRETT, A., ET AL., »Parenting Experience Enhances Spatial Learning in Common Marmosets (Callithrix jacchus)«, Postersession auf der Mother and Infant Conference in Montreal (Kanada, April 2002)

GILMAN, CHARLOTTE PERKINS, *Herland* (New York 1979) [*Herland* (Reinbek bei Hamburg 1994)]

GLADWELL, MALCOLM, »Do Parents Matter?«, *New Yorker* (17. Aug. 1998)

GLASPER, E., ET AL., »Retrospective Experience Alters Anxiety and Learning Ability in *Peromyscus Californicus* Males and Females«, Postersession auf der Jahresversammlung der internationalen Behavioral Neuroscience Society, (Cancun, Mexiko, 2001)

GOLEMAN, DANIEL, *Emotional Intelligence: Why It Can Matter More Than IQ* (London 1995) [*Emotionale Intelligenz* (München 1996)]

GORN, ELLIOTT J., *Mother Jones: The Most Dangerous Woman in America* (New York 2001)

GORMAN, CHRISTINE, »How to Eat Smarter«, *Time* (20. Okt. 2003)

HALL, STEPHEN S., »Is Buddhism Good for Your Health?«, *New York Times Magazine* (4. Sep. 2003)

HALLOWELL, EDWARD, und JOHN RATEY, *Driven to Distraction: Recognizing and Coping with Attention Deficit Disorder from Childhood through Adulthood* (New York 1994) [*Zwanghaft zerstreut. ADD – die Unfähigkeit, aufmerksam zu sein* (Reinbek bei Hamburg 1998)]

HANSON, Rick, ET AL., *Mother Nurture: A Mother's Guide to Health in Body, Mind and Intimate Relationships* (New York 2002)

HARRIS, JAMES C., »Social Neuroscience, Empathy, Brain Integration and Neurodevelopmental Disorders«, *Physiology & Behavior* 79 (2003)

HARRISON, Y., und J. A. HORNE, »The Impact of Sleep Loss on Decision Making: A Review«, *Journal of Experimental Psychology Applied* 6 (2000)

HAYS, SHARON, *The Cultural Contradictions of Motherhood* (Yale University Press 1998) [*Die Identität der Mütter. Zwischen Selbstlosigkeit und Eigennutz* (Stuttgart 1998)]

HEINRICHS, MARKUS, ET AL., »Social Support and Oxytozin Interact to Suppress Cortisol and Subjective Responses to Psychosocial Stress«, *Society of Biological Psychiatry* (2003)

HELGESON, SALLY, *The Female Advantage* (New York 1995) [*Frauen führen anders. Vorteile eines neuen Führungsstils* (Frankfurt a. M. 1991)]

HOCHSCHILD, ARLIE, *The Time Bind: When Work Becomes Home and Home Becomes Work* (New York 1997) [*Keine Zeit. Wenn die Firma zum Zuhause wird und zu Hause nur Arbeit wartet* (Opladen 2002)]

HOLLOWAY, MARGUERITE, »The Mutable Brain«, *Scientific American* (Sept. 2003)

HOLST, S., ET AL., »Postnatal Oxytocin Treatment and Postnatal Stroking of Rats Reduce Blood Pressure in Adulthood«, *Autonomic Neuroscience* 99, Nr. 2 (Aug. 2002)

HONDAGNEU-SOLETO, PIERETTE, »Transnational Motherhood«, Essay, veröffentlicht von Network News, einem landesweiten Netzwerk für Immigranten- und Flüchtlingsrechte, Archiv 1997.

HRDY, SARAH BLAFFER, *Mother Nature: a History of Mothers, Infants, and Natural Selection* (New York 1999) [*Mutter Natur. Die weibliche Seite der Evolution* (Berlin, 2000)]

Dies., »Mothers and Others«, *Natural History Magazine* (Mai 2001)

HRDY, SARAH BLAFFER, und SUE C. CARTER, »Mothering and Oxytozin, or Hormonal Cocktails for Two«, *Natural History* (Dez. 1995)

JAMNER, LARRY, ET AL., Vortrag, gehalten auf der Jahresversammlung der Society for Behavioral Medicine (1999)

JANOVSKY, J. S., »The Role Of Ovarian Hormones In Preserving Cognition In Aging«, *Current Psychiatric Reports* 4, Nr. 6 (Dez. 2002)

JETTER, ALEXIS, ANNELISE ORLECK und DIANA TAYLOR (Hg.), *The Politics of Motherhood: Activist Voices from Left to Right* (Hanover 1997)

JEZOVA, D., ET AL., »Neuroendocrine Response During Stress with Relation to Gender Differences«, *Acta Neurobiol. Exp.* 56, Nr. 3 (1996)

JOHNSON, STEVEN, *Mind Wide Open: Your Brain and the Neuroscience of Everyday Life* (New York 2004)

KANE, DANIEL, »How Your Brain Handles Love and Pain: Scanners Reveal Mechanisms Behind Empathy and Placebo Effect«, *Science* (19. Febr. 2004)

KAUFMAN, SUE, *Diary of a Mad Housewife* (New York 2000)

KEENAN, P. A., ET AL., »Explicit Memory in Pregnant Women«, *American Journal of Obstetrics and Gynecology* 179 (1998)

KINSLEY, C. H., J. GATEWOOD, M. MORGAN, L. FLORES, A. HOFFMAN, M. EATEN. J. DALLAM und I. MCNAMARA, »Maternal Experience and/or Pregnancy Preserve Cognitive Performance in Aged (24-Month-Old) Female Rats«, Postersession auf der Jahresversammlung der Society for Neuroscience, Orlando, Florida (Nov. 2002)

KINSLEY, C. H., L. MADONIA, G. W. GIFFORD, K. TURESKI, G. R. GRIFFIN, C. LOWRY, J. WILLIAMS, J. COLLINS und H. MCLEARIE, »Motherhood Improves Learning and Memory«, *Nature* 6758 (11. Nov. 1999)

KOONZ, CLAUDIA, *Mütter im Vaterland. Frauen im Dritten Reich* (Reinbek b. Hamburg 1994)

LAMBERT, K. G., »The Life and Career of Paul Maclean: A Journey Toward Neurobiological and Social Harmony«, *Physiology & Behavior* 79, Nr. 3 (Aug. 2003)

LAMOTT, ANNE, *Operating Instructions: A Journal of My Son's First Year* (New York 1994)

LECKMAN, J. F., ET AL., »Early Parental Preoccupations and Behaviors and Their Possible Relationship to the Symptoms of Obsessive-Compulsive Disorder«, *Acta Psychiatrica Scandinavia* 100, Nr. 396 (1999)

LECKMAN, JAMES, and AMY HERMAN, »Maternal Behavior and Developmental Psychopathology«, *Society of Biological Psychiatry* 51, Nr. 1 (2002)

LEWIS, MICHAEL, und LEONARD ROSENBLUM, *The Effect of the Infant on Its Caregiver* (New York 1974)

LOPES, PAULO, ET AL., »Emotional Intelligence in the Workplace: Evidence That Emotional Intelligence Is Related to Job Performance, Interpersonal Facilitation, Affect and Attitudes At Work, and Leadership Potential«, unveröffentlichtes Manuskript, Yale University (2004)

Lorberbaum, J. P., J. D. Newman, A. R. Horwitz, J. R. Dubno, R. B. Lydiard, M. B. Hamner, D. E. Bohning und M. S. George, »A Potential Role for Thalamo-cingulate Circuitry in Human Maternal Behavior«, *Biological Psychiatry* 6, Nr. 51.

Lorberbaum, J. P., S. Kose, J. R. Dubno, A. R. Horwitz, J. D. Newman, L. Sullivan, M. B. Hamner, D. E. Bohning, G. W. Arana und M. S. George, »Regional Brain Activity in Parents Listening to Infant Cries«, Postersession auf der Jahres-versammlung der Society for Neuroscience, San Diego (23.–27. Okt. 2004)

Lord, Janice, »Really MADD: Looking Back at 20 Years«, *Driven Magazine* (Frühjahr 2000)

Maas, James B., »Power Sleep: The Revolutionary Programm That Prepares Your Mind for Peak Performance«, *HarperPerennial* (1998)

MacLean, P. D., *The Triune Brain in Evolution: Role in Paleocerebral Functions* (New York 1990)

Ders., »Women: A More Balanced Brain«, *Zygon* 31, Nr. 3 (1996)

Maguire, E. A., et al., »Navigation-Related Structural Change in the Hippocampi of Taxi Drivers«, *Proceedings of the National Academy of Sciences* 97, Nr. 8 (11. April 2000)

Martin, Nina, »Multitasking Makes You Sick«, *Organic Style* (Nov./Dez. 2003)

Masataka, N., »Perception of Motherese in Japanese Sign Language by 6-Month-Old Hearing Infants«, *Developmental Psychology* 34, Nr. 2 (März 1998)

Mason, G., »Why Do Humans and Apes Cradle Babies on Their Left Side?«, *New Scientist* 127, Nr. 1726 (21. Juli 1990)

Mason, Mary Ann, und Marc Goulden, »Do Babies Matter?« The Effect of Family Formation on the Lifelong Careers of Academic Men and Women«, *Academe* (Nov./Dez. 2002)

Mastrogiacomo, Ismaele, et al., »Postpartum Hostility and Prolactin«, *International Journal of Psychiatry in Medicine* 12, Nr. 4 (1982)

Matloff, Judith, »Mothers At War: Babies or Battle Zones? More Journalists These Days Are Choosing Both, and Facing the Consequences«, *Columbia Journalism Review* (Juli 2004)

McAdams, Dan, und Ed de St. Aubin, »A Theory of Generativity and its Assessment through Self-report, Behavioral Acts, and Narrative Themes in Autobiography«, *Journal of Personality and Social Psychology* 62 (1992)

McKeering, Helen, »Gender and Generativity Issues in Parenting: Do Fathers Bene-fit More than Mothers From Involvement in Child Care Activities?«, *Sex Roles: A Journal of Research* (Oct. 2000)

Monks, D., et al., »Got Milk? Oxytocin Triggers Hippocampal Plasticity«, *Nature Neuroscience* (April 2003)

Motluk, A., »Scent of a Man«, *New Scientist* (10. Feb. 2001)

Nash, J. Madeleine, »Fertile Minds: From Birth, a Baby's Cells Proliferate Wildly, Making Connections That May Shape a Lifetime of Experience. The First Three Years Are Critical«, *Time* (3. Febr. 1997)

Nietzsche, Friedrich Wilhelm, *Götzen-Dämmerung: oder Wie man mit dem Hammer philosophirt* (Leipzig 1889)

Nissen, H. W., »A Study of Maternal Behavior in the White Rat By Means of the Obstruction Method«, *Journal of Genetic Psychology* 37 (1930)

Numan, Michael, und Thomas Insel, *The Neurobiology of Parental Behavior* (New York 2003)

OATRIDGE, ANGELA, ET AL., »Change in Brain Size During and After Pregnancy: Study in Healthy Women and Women with Preeclampsia«, *American Journal of Neuroradiology* 23 (Jan. 2002)

OCHSNER, KEVIN N., und JAMES J. GROSS, »Thinking Makes It So: A Social Cognitive Neuroscience Approach to Emotion Regulation«, in *The Handbook of Self-Regulation: Research, Theory, and Applications,* hg. von Roy F. Baumeister und Kathleen D. Vohs (New York 2004)

PARIS, RUTH, und RAVENNA HELSON, »Early Mothering Experience and Personality Change«, *Journal of Family Psychology* 16, Nr. 2 (2002)

PARK, ALICE, »Old Brains, New Tricks«, *Time* 156, Nr. 6 (7. Aug. 2000)

PEARSON, ALISON, *I Don't Know How She Does It: The Life of Kate Reddy, Working Mother* (New York 2002) [*Working Mum* (Reinbek bei Hamburg 2003)]

PERI, CAMILLE, und KATE MOSES (Hg.), *Mothers Who Think: Tales of Real-Life Parenthood* (New York 1999)

PILCHER, HELEN, »Trust Begets Hormone: Oxytocin May Help Humans Bond«, *Nature Science Update* (11. Nov. 2003)

PORTER, R. H., ET AL, »Maternal Recognition of Neonates Through Olfactory Cues«, *Physiology & Behavior* 1, Nr. 1 (Jan. 1983)

PRESTON, STEPHANIE D., und FRANS B. M. DE WAAL, »Empathy: Its Ultimate and Proximate Bases«, *Behavioral and Brain Sciences* 25 (2002)

MARCEL PROUST, *Auf der Suche nach der verlorenen Zeit 1. Unterwegs zu Swann.* Frankfurter Ausgabe, hg. von Luzius Keller. Werke II/1 (Frankfurt a. M. 1994)

QUINDLEN, ANNA, »Flown Away, Left Behind«, *Newsweek* (12. Jan. 2004)

RATEY, JOHN, *A User's Guide to the Brain: Perception, Attention, and the Four Theaters of the Brain* (New York 2001) [*Das menschliche Gehirn: Eine Gebrauchsanweisung* (Düsseldorf 2001)]

REYNOLDS, J. L., »Post-Traumatic Stress Disorder After Childbirth: The Phenomenon of Traumatic Birth«, *Canadian Medical Association Journal* 156 (1997)

RILLING, J., ET AL., »A Neural Basis for Social Cooperation«, *Neuron* 35, Nr. 2 (Juli 2002)

ROBERTS, R. L., ET AL., »Prolactin Levels Are Elevated After Infant Carrying In Parentally Inexperienced Common Marmosets«, *Physiology & Behavior* 72, Nr. 5 (April 2001)

ROSENTHAL, ROBERT, ET AL., *Sensitivity in Nonverbal Communications: The PONS Test* (Baltimore 1979)

ROSENWEIN, RIFKA, »More Moms Stay Home«, *Forecast* (19. Nov. 2001)

ROWE-FINKBEINER, KRISTIN, »Juggling Career and Home: Albright, O'Connor, and You«, *Mothering Magazine* 117 (März/April 2003)

RUDDICK, SARA, *Maternal Thinking: Toward a Politics of Peace* (Boston 1990) [*Mütterliches Denken. Für eine Politik der Gewaltlosigkeit* (Frankfurt a. M. 1993)]

Dies., »What Do Grandmothers Know and Want?«, in *What do Mothers Want? Contemporary Perspectives in Psychoanalysis and Related Disciplines,* hg. von Sheila Feig Brown (Hillsdale, N. J. 2005)

Dies., »Making Connections Between Parenting and Peace«, *Journal of the Association for Research on Mothering* 3, Nr. 2 (Herbst/Winter 2001)

SAGAN, CARL, *The Dragons of Eden: Speculations on the Evolution of Human Intelligence* (New York 1977) [*Und ihr werdet sein wie Götter. Das Wunder der menschlichen Intelligenz* (Stuttgart 1980)]

SAPOLSKY, ROBERT, *Why Zebras Don't Get Ulcers: A Guide to Stress, Stress-Related Diseases, and Coping* (New York 1994) [*Warum Zebras keine Migräne kriegen. Wie Stress den Menschen krank macht* (München 1996)]

Ders., »Stress and Cognition«, in *The Cognitive Neurosciences,* hg. von Michael S. Gazzaniga (London 2004)

SCHEFFLER, H. W., und F. G. LOUNSBURY, *A Study in Structural Semantics: The Siriono Kinship System* (Englewood Cliffs, N.J. 1971)

SCHROEDER, PAT, *24 Years of Housework ... and the Place Is Still a Mess* (New York 1998)

SEIFRITZ, E., ET AL., »Differential Sex-Independent Amygdala Response to Infant Crying and Laughing in Parents Versus Nonparents«, *Biological Psychiatry* 54, Nr. 12 (15. Dez. 2003)

SENGE, PETER M., und GORAN CARSTEDT, »Innovating Our Way to the Next Industrial Revolution«, *MIT Sloan Management Review* (Winter 2001)

SHERWIN, B. B., »Estrogen and Cognitive Aging in Women«, *Trends in Pharmacological Science* 23, Nr. 11 (Nov. 2002)

SHINGO, T., ET AL., »Pregnancy-Stimulated Neurogenesis in the Adult Female Forebrain-Mediated by Prolactin«, *Science* 299, Nr. 5603 (3. Jan. 2003)

SILK, J. B., ET AL., »Social Bonds of Female Baboons Enhance Infant Survival«, *Science* 302 (14. Nov. 2003)

SINGER, MARK, »Mom Overboard! What Do Power Women Who Decide to Quit the Fast Lane Do with Themselves All Day?«, *New Yorker* (26. Feb. 1996)

SINHA, GUNJA, »You Dirty Vole«, *Popular Science* (Nov. 2003)

SKOCPOL, THEDA, *Protecting Soldiers and Mothers: The Political Origins of Social Policy in the United States* (Cambridge, Mass., 1995)

SMALL, MEREDITH, »Family Matters: Nature and Nurture in Dominica«, *Discover* (Aug. 2000)

SMITH, JANNA MALAMUD, *A Potent Spell: Mother Love and the Power of Fear«* (Boston 2003)

STADTMAN TUCKER, JUDITH, »An Interview with Enola Aird«, *Mothers Movement Online* (Juni 2003)

Dies., »The Least Worst Choice: Why Mothers 'Opt' Out of the Workforce«, *Mothers Movement Online* (Dez. 2003)

STANTON, ELIZABETH CADY, *Elizabeth Cady Stanton As Revealed in Her Letters, Diary, and Reminiscences,* Bd. 1 (New York 1922)

STEARNS, PETER N., *Anxious Parents: A History of Modern Childrearing in America* (New York 2003)

STERN, DANIEL N., und NADIA BRUSCHWEILER-STERN, *Birth of a Mother: How the Motherhood Experience Changes You Forever* (London 1998) [*Geburt einer Mutter. Die Erfahrung, die das Leben einer Frau für immer verändert* (München 200)]

TANAPAT, PATIMA, ET AL., »Estrogen Stimulates a Transient Increase in the Number of New Neurons in the Dentate Gyrus of the Adult Female Rat«, *Journal of Neuroscience* 19, Nr. 14 (15. Juli 1999)

TANG, Y., ET AL., »Estrogen Replacement Increases Spinophilin-Immunoreactive Spine Number in the Prefrontal Cortex of Female Rhesus Monkeys«, *Cerebral Cortex* 14, Nr. 2 (Feb. 2004)

TAYLOR, SHELLEY E., ET AL., »Behavioral Responses to Stress in Females: Tend-and-Befriend, Not Fight-or-Flight«, *Psychological Review* 107, Nr. 3 (2000)

TAYLOR, SHELLEY E., *The Tending Instinct: How Nurturing Is Essential for Who We Are and How We Live* (New York 2002)

THEODOSIS, D. T., und D. A. POULAIN, »Maternity Leads to Morphological Synaptic Plasticity in the Oxytocin System«, *Progress in Brain Research* 133 (2001)

THOREAU, HENRY, *The Essays of Henry D. Thoreau,* hg. von Lewis Hyde (New York 2002)

TOMIZAWA, KAZUHITO, ET AL., »Oxytocin Improves Long-Lasting Spatial Memory During Motherhood Through MAP Kinase Cascade«, *Nature Neuroscience* 6, Nr. 4 (April 2003)

TORNER, L., ET AL., »Anxiolytic and Anti-Stress Effects of Brain Prolactin: Improved Efficacy of Antisense Targeting of the Prolactin Receptor by Molecular Modeling«, *Journal of Neuroscience* 21, Nr. 9 (1. Mai 2001)

TRONICK, E. Z., »Infant Moods and the Chronicity of Depressive Symptoms: The Co-Creation of Unique Ways of Being together for Good or Ill«, *Zeitschrift für Psychosomatische Medizin und Psychotherapie* 50, Nr. 2 (2003)

TUMULTY, KAREN, und VIVECA NOVAK, »Goodbye, Soccer Mom, Hello, Security Mom«, *Time* (27. Mai 2003)

UVN S-MOBERG, KERSTIN, *The Oxytocin Factor: Tapping the Hormone of Calm, Love and Healing* (Oxford 2003)

Dies., »Oxytocin May Still Mediate the Benefits of Positive Social Interaction and Emotions«, *Psychoneuroendocrinology* 23 (1998)

VAILLANT, GEORGE E., *Aging Well: Surprising Guideposts to a Happier Life from the Landmark Harvard Study of Adult Development* (Boston 2002)

VANSTON, CLAIRE, und NEIL WATSON, »Persistent Effect of Fetal Sex on Maternal Cognitive Function: A Longitudinal Study in Pregnant Women«, unveröffentlichtes Manuskript, Simon Fraser University (2004)

WALDMAN, AYELET, *Nursery Crimes* (New York 2000) [*Unter guten Freunden. Ein Fall für Juliet Applebaum* (München 2002)]

WALLIS, CLAUDIA, »The Case for Staying Home«, *Time* (22. März 2004)

Dies., »What Makes Teens Tick«, *Time* (10. Mai 2004)

WANG, Z. X., Y. LIU, L. J. YOUNG und T. R. INSEL, »Hypothalamic Vasopressin Gene Expression Increases in Both Males and Females Postpartum in a Biparental Rodent«, *Journal of Neuroendocrinology* 12, Nr. 2 (Feb. 2000)

WARD, GEOFFREY, und KEN BURNS, *Not for Ourselves Alone* (New York 1999)

WARTELLA, J., ET AL., »Single or Multiple Reproductive Experiences Attenuate Neurobehavioral Stress and Fear Responses in the Female Rat«, *Physiology & Behavior* 79 (2003)

WELDON, FAY, *Puffball* (London 1980) [*Das Haus auf dem Lande* (München 1984)]

WOOLF, VIRGINIA, *A Room of One's Own: Three Guineas* (London 1996) [*Ein eigenes Zimmer. Drei Guineen. Zwei Essays* (Frankfurt a. M. 2001)

WOOLLEY, C. S., und B. McEWEN, »Estradiol Mediates Fluctuation in Hippocampal Synapse Density During the Estrous Cycle in the Adult Rat«, *Journal of Neuroscience* 12, Nr. 10 (Okt. 1992)

XERRI, C., ET AL., »Alterations of the Cortical Representation of the Rat Ventrum Induced by Nursing Behavior«, *Journal of Neuroscience* 14, Nr. 3, 2 (März 1994)

DANK

Kinder aufzuziehen macht bescheiden, aber auch wer ein Buch schreibt, legt seine Überheblichkeit bald ab. Mein Dank gilt zahllosen Menschen, die sich großzügig Zeit nahmen, um mir bei diesem Projekt zu helfen.

Dazu zählen alle auf diesen Seiten zitierten Wissenschaftler und Mütter. Aber am meisten habe ich sieben klugen Müttern zu verdanken: Kelly Lambert, die dieses Buch von Anfang an förderte und zahlreiche Anregungen beisteuerte; Michelle Tessler, die das Konzept mit ausarbeiten half; Amanda Cook, die zum Aufbau eine Menge beigetragen hat; Jo Ann Miller, die zahlreiche Verbesserungsvorschläge machte; Elizabeth Share, die den Titel fand, das Manuskript immer wieder gegenlas und mir eine hochgeschätzte Freundin wurde; und meiner wunderbaren Freundin und Schwester Jean Milofsky. Gewidmet ist dieser Buch aber voller Liebe und Bewunderung meiner Mutter Bernice Ellison.

Sechs gescheite Männer steuerten wichtige Einsichten und unverzichtbare Unterstützung bei: Craig H. Kinsley, Jeffrey Lorberbaum und Michael Merzenich sowie mein Vater Ellis und meine Brüder David und Jim.

Marian Diamond, Sarah B. Hrdy und Sara Ruddick gaben mir wesentliche Anregungen und nahmen sich Zeit, ihre Ideen mit mir zu diskutieren. Mein besonderer Dank gilt auch Bob Bridges, C. Sue Carter, Anne Gelbspan, Alison Fleming, Ravenna Helson, Marco Jacoboni, James Leckman, Michael Numan, Kevin Ochsner, Karen Parker, Stephanie Preston, Robert Sapolsky, Rhonda Staudt und Kerstin Uvnäs-Moberg, die freundlicherweise trotz ihrer vollen Terminkalender immer wieder meine Anrufe und E-Mails beantworteten. Ebenso wertvoll waren die professionellen Kenntnisse, die Jennifer Blakebrough-Raeburn, Ellen Garrison und Kay Mariea beisteuerten – und die große Geduld, die sie bewiesen. Unter den Freunden, mit denen ich viel zu lachen hatte – zweifellos begleitet von hohen Oxytozinausschüttungen –, möchte ich besonders Nancy Boughey, Michelle Bullard, Gretchen Daily, Nancy Efsaif, Emily Goldfarb und Norma del Rio sowie Laura Hamlin, Laura Lopez, Maria Newman und Idie und David Weinsoff erwähnen.

Und natürlich wäre dieses Buch nicht entstanden ohne Jack, meinen Mann und besten Freund, und unsere Söhne Joey und Joshua.